Reihe Praxis Deutsch
Herausgegeben von Jürgen Baurmann
und Clemens Kammler

AF875490

Ann Peyer

Sätze untersuchen

Lernorientierte Sprachreflexion und grammatisches Wissen

Klett | Kallmeyer

Bibliografische Information der Deutschen Nationalbibliothek
Die Deutsche Nationalbibliothek verzeichnet diese Publikation in der Deutschen Nationalbibliografie; detaillierte bibliografische Daten sind im Internet über http://dnb.d-nb.de abrufbar.

Impressum

Ann Peyer
Sätze untersuchen
Lernorientierte Sprachreflexion und grammatisches Wissen
In der Reihe Praxis Deutsch
Herausgegeben von Jürgen Baurmann und Clemens Kammler

1. Auflage 2011

Das Werk und seine Teile sind urheberrechtlich geschützt. Jede Nutzung in anderen als den gesetzlich zugelassenen Fällen bedarf der vorherigen schriftlichen Einwilligung des Verlages. Hinweis zu § 52 a UrhG: Weder das Werk noch seine Teile dürfen ohne eine solche Einwilligung eingescannt und in ein Netzwerk eingestellt werden. Dies gilt auch für Intranets von Schulen und sonstigen Bildungseinrichtungen. Fotomechanische oder andere Wiedergabeverfahren nur mit Genehmigung des Verlages.

© 2011. Kallmeyer in Verbindung mit Klett
Friedrich Verlag GmbH
D-30926 Seelze
Alle Rechte vorbehalten.
www.friedrich-verlag.de

Redaktion: Kathrin Massar, Frankfurt am Main
Realisation: Michaela Meyer
Druck: Kessler Druck + Medien GmbH & Co. KG, Bobingen
Printed in Germany

ISBN: 978-3-7800-1041-4

Nicht in allen Fällen war es uns möglich, den Rechteinhaber ausfindig zu machen.
Berechtigte Ansprüche werden selbstverständlich im Rahmen der üblichen Vereinbarungen abgegolten.

Reihe Praxis Deutsch
Herausgegeben von Jürgen Baurmann
und Clemens Kammler

Ann Peyer

Sätze untersuchen

Lernorientierte Sprachreflexion und grammatisches Wissen

Klett | Kallmeyer

Legende

(D) Kasten mit Dialogzitaten aus Schüleraussagen oder Internetdiskussionen zum Thema „Sätze"

(A) Aufgabenkasten

Einleitung

Sätze sind eine sprachliche Einheit, die uns im alltäglichen Handeln völlig vertraut ist. Sätze „benützen" wir nicht nur, wir gestalten sie bewusst und erzielen damit im Gespräch und beim Schreiben Wirkungen – oder wir sind von der Wirkung von Sätzen betroffen und reagieren entsprechend. Die systematische grammatische Auseinandersetzung mit Sätzen wird dagegen oft als abstrakt empfunden, und auch der Nutzen grammatischer Analyse, z. B. für das Verfassen von Texten, wird gelegentlich in Zweifel gezogen. In diesem Spannungsfeld setzt der vorliegende Band an.

Aus linguistischer Sicht wird gezeigt, welche Fragen an die Einheit „Satz" gestellt werden können. Selbstverständlich nimmt hier die Syntax einen prominenten Platz ein, aber auch Aspekte der Satzsemantik, Textlinguistik (Verknüpfung von Sätzen) und Pragmatik (Satzarten) werden thematisiert – immer mit der Frage: Wie funktionieren Sätze? Wie sind sie aufgebaut? Was weiß die Linguistik über Sätze? Dabei werden auch einige Schwierigkeiten angesprochen, die sich aus dem Versuch ergeben, komplexe Themen wie die Satzgliedstruktur für den Schulgebrauch zu vereinfachen. Die fachwissenschaftlichen Erläuterungen sind relativ ausführlich gehalten. Dank sicheren Grundlagenwissens kann eine Lehrperson flexibel mit dem Stoff umgehen und Lernprozesse adaptiv begleiten, statt von aufbereitetem Material und vorgegebenen Beispielen abhängig zu sein.

Im fachdidaktischen Teil gilt es herauszuarbeiten, mit welchen Zielen und Methoden die Einheit „Satz" in der Schule thematisiert werden kann. Dabei wird eingegangen auf verschiedene Konzepte von Grammatikunterricht und Sprachreflexion, auf die verschiedenen Ebenen des Wissens über Sprache und auf die bildungspolitischen Vorgaben, welche den Umgang mit dem Thema beeinflussen.

Das im dritten Teil des Buchs angebotene Arbeitsmaterial illustriert die fachdidaktischen Grundsätze und will insbesondere denjenigen Lernenden einen Zugang zu syntaktischen Phänomenen eröffnen, die mit den klassischen Bestimmungsübungen überfordert sind. Das Material ist ausführlich kommentiert; alle Arbeitsblätter sind sowohl im Buch abgedruckt als auch online (zum Downloaden) verfügbar.

Ziel ist, das große Potenzial aufzuzeigen, das die Einheit „Satz" für die Reflexion und für die bewusste Produktion von Sprache bietet. Als Bezugsrahmen ist das Konzept der „Language Awareness" wichtig. Es geht also nicht primär darum, wie sich linguistisch relevante Themen in die Schule transportieren lassen. Vielmehr ist die Perspektive der Lernenden zentral: Was fällt ihnen an ihrer Sprache bzw. an ihren Sprachen auf, wie interpretieren sie Sätze im Kontext von sprachlichen Handlungen und wie setzen sie sich mit den Normen (z. B. Interpunktion, Vollständigkeit) auseinander, die ihnen bereits früh im Schriftspracherwerb begegnen?

Um die Perspektive der Lernenden nicht nur theoretisch zu berücksichtigen, werden im fachwissenschaftlichen Teil kurze Texte von Jugendlichen einbezogen, die sich mit verschiedenen Fragen zum Thema auseinandersetzen. Schlaglichtartig soll damit immer wieder verdeutlicht werden, dass vor und neben dem wissenschaftlichen Zugang zur Syntax durchaus „Nachdenken über Sprache" stattfindet und dass sich die fachwissenschaftlich abgestützten Begriffe besser vermitteln lassen, wenn dieser Kontext mitgedacht wird. Außerdem bilden Ausschnitte aus einem Internetdiskussionsforum kleine Fenster zur Sprachreflexion im Alltag: Welche Fragen werden gestellt? Wo ist die Einheit „Satz" ein Problem?

Als Fazit ergibt sich, das Thema „Sätze" nicht strikt dem Grammatikunterricht im engeren Sinn zuzuweisen, sondern zwei Zugangsweisen offenzuhalten: einerseits das (bewusste) Handeln mit Sätzen in verschiedenen Zusammenhängen, z. B. beim Schreiben, und andererseits das gezielte Untersuchen und Erforschen der Einheit Satz, damit verbunden auch der Erwerb von Fachbegriffen. Selbstverständlich sollen sich die beiden Zugangsweisen im Unterricht abwechseln und gegenseitig beeinflussen.

In der Auseinandersetzung mit syntaktischen Fragen habe ich über lange Zeit von vielen Seiten Anregungen bekommen – es haben mich mehr Leute unterstützt, als dass ich sie einzeln aufzählen könnte. Neben der fachwissenschaftlichen Auseinandersetzung war immer auch die fachdidaktische Ebene wichtig, und diese wiederum wurde wesentlich beeinflusst von praktischen Erfahrungen beim eigenen Unterrichten, beim Beobachten von Unterricht und in Diskussionen anlässlich von Tagungen, Weiterbildungsveranstaltungen und Seminaren an der Universität und an der pädagogischen Hochschule Zürich. Auch die Möglichkeit, als Koautorin und Beraterin an Lehrmitteln mitzuarbeiten, bot wichtige Gelegenheiten, über Sätze und die schulische Arbeit mit ihnen nachzudenken. Dass diese Gespräche nicht nur fachlich, sondern auch menschlich wichtige Erfahrungen sind, weiß ich zu schätzen und möchte deshalb allen danken, die sich mit mir zusammen mit Sätzen befasst und mich auch sonst bei der Arbeit unterstützt haben. Ein besonderer Dank geht an die Herausgeber dieser Reihe, Herrn Prof. Dr. Jürgen Baurmann und Herrn Prof. Dr. Clemens Kammler, sowie an Frau Dr. Gabriela Holzmann und Frau Dr. Kathrin Massar vom Klett/Kallmeyer-Verlag. Widmen möchte ich dieses Buch Herrn Prof. Dr. Horst Sitta, dem ich über die Betreuung meiner Dissertation hinaus so vieles verdanke, und – als Vertretern der Schülergeneration – Alexandra, Cristina, Erik, Gil, Julian, June, Liv, Manosch, Manuel, Nadine, Serge, Simon und Vincent.

1 Fachwissenschaftliche Grundlagen

1.1 Grundsätzliches zur fachwissenschaftlichen Fragestellung

Es gibt zahlreiche Einführungen und Überblicksdarstellungen zur Syntax. Zu nennen sind hier Grammatiken – angefangen von Übersichten für die Schule bis hin zu differenzierten, nur für Fachleute in allen Details nachvollziehbaren wissenschaftlichen Werken – und Darstellungen zur Syntax als linguistischer Teildisziplin, auch hier in der ganzen Spannbreite von Einführungen für Studienanfänger bis zu aktuellen Hinweisen zur Forschung (hilfreich zu „Grammatiktheorien der modernen Linguistik" ist Linke/Nussbaumer/Portmann 2004, S. 58-61 und S. 93-93). Dazu kommen selbstverständlich die unzählbaren Arbeiten zu einzelnen Fragen, die oft auch grundsätzliche Aussagen zu Syntax und Grammatik enthalten.

Das vorliegende Buch befasst sich mit dem Thema „Sätze" im Deutschunterricht. Dafür ist es natürlich wichtig, einen Blick auf den Gegenstand und seine fachwissenschaftliche Erschließung zu werfen. Dieser soll einerseits von den Fragestellungen ausgehen, unter denen man sich linguistisch mit der Einheit „Satz" befasst, aber auch bereits auf den Unterricht, insbesondere auf Grammatikunterricht, Sprachreflexion und Schreiben gerichtet sein. Zu formulieren ist also weder eine Einführung in die Syntax als linguistische Disziplin noch eine vollständige Grammatik des deutschen Satzes, sondern ein Überblick über die Grundlagen: Mit welchen Fragestellungen werden Sätze untersucht, welche Begriffe spielen in der Schulgrammatik eine Rolle, wie sind sie einzuordnen, welche Rolle spielen sie für sprachliches Lernen und Sprachreflexion, und wo ergeben sich durch die Reduktionen, die eine Schulgrammatik zwangsläufig vornehmen muss, Schwierigkeiten, derer sich eine kompetente Lehrperson bewusst sein muss? Um dies herauszuarbeiten, referiert der fachwissenschaftliche Teil Grundlagen. Verweise auf differenziertere Darstellungen ermöglichen die Vertiefung, für die hier nicht Raum ist.

In diesem Kapitel sollen die folgenden Grundfragen geklärt werden: Wie lässt sich die Einheit „Satz" genauer fassen? Welche Fragen interessieren in der Schulgrammatik im Zusammenhang mit der Einheit „Satz"? (s. Abschnitt 1.1.1; dieser Abschnitt ist gleichzeitig die Übersicht über die Kapitel 1.2 bis 1.7). Wie unterscheiden sich deskriptiver und präskriptiver Zugang zu sprachlichen Phänomenen (1.1.2)? Welche Art von Beispielen illustrieren die Ausführungen im fachwissenschaftlichen Teil (1.1.3)?

1.1.1 Der Satz als Einheit zwischen Wort und Text

Der Satz ist ein klassischer Untersuchungsgegenstand der Grammatik, sowohl in der Schule als auch in der Sprachwissenschaft. Aber wonach fragen wir genau, wenn wir die Einheit „Satz" genauer untersuchen? Die folgenden Überlegungen von Schülerinnen und Schülern weisen darauf hin, unter wie vielen Perspektiven der Satz als sprachliche Einheit gesehen werden kann:

D

Was fällt dir ein zu „Satz"?

Ein Satz ist, wenn ich zum Beispiel sage: Mami, ich gehe einkaufen. Das ist einfach ein Satz. Dann muss man einfach einen Punkt machen. (Sabina, 3. Klasse)

Ein Satz ist für mich eine Bedeutung.
Wir haben viel über Sätze geredet.
Ich arbeite gerne mit Sätzen.
Eine Geschichte aufschreiben.
Die Sätze haben immer einen Punkt am Schluss.
Sätze sind super! (Yannik, 6. Klasse)

Dies alles weiß ich von einem Satz:
Am Schluss des Satzes hat es einen Punkt, ! und ein ?
Ein Satz ist, wenn man über etwas schreiben muss.
Ein Satz ist, wenn ein Kind mit dem Lehrer spricht. (Paulo, 5. Klasse)

Wie würdest du einem Kind erklären, was ein Satz ist?
Einem Kind würde ich erklären, dass ein Satz z. B. genau das ist, was ich jetzt sage. Ein Satz kann gesprochen oder geschrieben sein, doch muss man das Gesprochene oder Geschriebene ganz zu Ende bringen. Man kann nicht einfach irgendwo aufhören. (Helen, 7. Klasse)

Wie stellt man fest, dass mehrere Wörter einen Satz bilden?
Um festzustellen, ob der Wurm der Wörter ein Satz ist, muss man den Zusammenhang der Wörter erkennen. Die Wörter müssen auch eine bestimmte Reihenfolge haben. Wenn man dann weiß, was ein Satz ist, kann man auch feststellen, ob die Wörter einen Satz geben oder eben nur aneinandergereihte Wörter sind. (Susanne, 10. Klasse)

Aus diesen Schüleräußerungen können wir verschiedene Schlüsse ziehen: Ein Satz ist mehr als nur ein Haufen oder Wurm aus Buchstaben und Wörtern, er hat eine Struktur, ist mit besonderen Zeichen markiert, hat eine Bedeutung und ist wichtig für sprachliches Handeln. Für Sätze haben wir ein Gefühl – ein Satz ist einfach ein Satz, vor jeder systematischen Analyse. Auch die Erläuterungen in der Duden-Grammatik zeigen, dass der Satz eine Einheit mit vielen Facetten ist (zu unterschiedlichen Definitionen s. Dürscheid 2007, S. 57 f. und Linke/Nussbaumer/Portmann 2004, S. 85).

Sätze sind sprachliche Einheiten, die relativ selbständig und abgeschlossen sind. Sie bauen sich aus kleineren sprachlichen Einheiten auf, die ihrerseits schon einen gewissen Selbständigkeits-

grad haben, aus Wörtern und gegliederten Wortgruppen; und sie erscheinen normalerweise in größeren selbständigen und abgeschlossenen sprachlichen Einheiten, in Texten.

(Duden-Grammatik 1998, S. 609, (zit. n. Dürscheid 2007, S. 58))

Auffallend sind die Einschränkungen: „relativ" selbständig, „gewisser" Selbständigkeitsgrad, erscheinen „normalerweise" – mit dieser Unschärfe soll der Tatsache Rechnung getragen werden, dass neben den typischen Sätzen auch andere vorkommen, die zwar vom Normalbild abweichen, aber dennoch als Sätze gelten. Die aktuelle Auflage der Duden-Grammatik formuliert denn auch direkt:

Das Problem ist, dass hinter der Bezeichnung „Satz" nicht ein einzelner Begriff, sondern eine ganze Familie sich überschneidender Begriffe steht. (Duden-Grammatik 2009, S. 763)

Unbestritten ist, dass Sätze aus kleineren Einheiten (Wörtern, Satzgliedern) bestehen und dass sie nach den Regeln der Syntax gebildet werden und deshalb eine bestimmte Struktur aufweisen. Neben prototypischen Sätzen, die mindestens ein finites Verb und mehrere Satzglieder enthalten, gibt es auch Gebilde, die nicht alle Eigenschaften eines Satzes erfüllen, aber dennoch Gegenstand der Syntax sind (Duden-Grammatik 2009, S. 763 f.). Wie weit das Gebiet reicht, welches die Syntax abdeckt, macht folgendes Zitat deutlich: „Außerhalb des Gegenstandsbereichs der Syntax liegt alles, was kleiner als ein Wort und größer als ein Satz ist." (Duden-Grammatik 2009, S. 764) – Wir haben es also mit einem weiten Feld zu tun, umso mehr als der Begriff „Satz" in sich mehrdeutig ist und auch komplexe Gebilde aus mehreren Teilsätzen umfasst (s. Abschnitt 1.5).

Eine besondere Schwierigkeit bedeutet es, Sätze in gesprochener Sprache zu erkennen (zur Grammatik der gesprochenen Sprache s. Duden-Grammatik 2009, S. 1165-1244, v. a. S. 1165-1170 und S. 1198-1217). Wenn nicht auf kommunikative Einheiten (Äußerung, „kommunikative Minimaleinheit") Bezug genommen wird, sondern formale Merkmale gesucht werden, müssen Prosodie/Intonation und morphologische Markierung beigezogen werden. Ein Vorschlag:

Syntaktische Basiseinheiten sind in der Redekette relativ selbständig auftretende Konstruktionen, deren Grenzen mit formal-syntaktischen Mitteln feststellbar sind. (Gansel/Jürgens 2007, S. 180)

Diese Hinweise sollen zeigen, dass die Einheit „Satz", mit der wir im sprachlichen Alltag so problemlos operieren, sich einfachen systematischen Definitionen entzieht. Das muss nicht verunsichern – es soll einfach zur Vorsicht mahnen im Umgang mit einfachen Festlegungen. Vieles von dem, was wir über „den Satz" sagen und auch lehren und lernen, gilt nur für typische, „normale" und tendenziell schriftlich festgehaltene Beispiele.

Die Syntax befasst sich nicht nur mit der Frage, was ein Satz ist, sondern auch mit den Gesetzmäßigkeiten, „nach denen Wörter zu Wortgefügen und zu einfachen bzw. komplexen Sätzen zusammengefügt werden." Dies kann zu Beschreibungen auf verschiedenen Ebenen führen: solche der linearen Abfolge, solche der Beziehungen zwischen verbalen und nichtverbalen Elementen und solchen, welche die Einflüsse kommunikativer Faktoren auf syntaktische Strukturen beschreiben (Dürscheid 2007, S. 11 f.).

Die Vielfalt an Fragestellungen, die sich mit dem Begriff „Satz" verbindet, wird noch deutlicher, wenn wir versuchen, verschiedene Fachbegriffe der Schulgrammatik, die das Wort „Satz" enthalten, zu ordnen: *Hauptsatz, Satzglied, Kausalsatz, Satzfragment, Satzzeichen, Satzgefüge, Relativsatz, Fragesatz, Nebensatz* ... – bereits mit dieser kleinen Auswahl sind verschiedene Untersuchungsebenen angesprochen, und es lohnt sich, diese im Überblick zu klären, bevor auf jeder Ebene spezifische Fragen und Begriffe erläutert werden.

Leitend für die syntaktischen Schwerpunkte der Schulgrammatik sind folgende Fragestellungen:

- Welche Sprechhandlung wird typischerweise mit der Form des Satzes ausgedrückt?
- Aus welchen Elementen besteht der „einfache" Satz? Wie ist ihre Abfolge geregelt?
- Sind mehrere Sätze/Teilsätze zu einer größeren Einheit verknüpft?
- Wie hängen die Sätze in einem Text miteinander zusammen? Wie entstehen aus einzelnen Sätzen Texte?
- Welche Rolle spielen Satzzeichen? Nach welchen Regeln werden sie gesetzt?

Das Schema in Abbildung 1 hilft, die Fragestellungen mit den wichtigsten Begriffen zu verbinden und einen ersten Überblick zu schaffen. Im Zentrum des Schemas steht der Begriff „Satz". Darum herum sind in Feldern die zentralen Fragestellungen und einige wichtige Begriffe (im Sinn von Beispielen) angeordnet. Die Fragestellungen werden in den folgenden Kapiteln genauer entwickelt.

Drei dieser Fragen gehören zum Kernbereich der linguistischen und schulgrammatischen Untersuchung von Sätzen:

Welche Sprechhandlung wird typischerweise mit der Form des Satzes ausgedrückt?
Die Unterscheidung der sog. „Satzarten" bezieht sich auf den Handlungscharakter von Sätzen. Wie in den meisten Sprachen gibt es auch im Deutschen formale Kennzeichen für einige wichtige Sprechhandlungen, z. B. Frage und Befehl. Wenn wir allerdings sprachliches Handeln generell untersuchen, verlassen wir schnell den engen Bereich der grammatischen Betrachtung. Beispiele kennen wir aus dem Alltag: „Es ist zu laut." oder „Ist noch Brot da?" – sind das nun eine Aussage und eine Frage oder eher zwei Bitten resp. Befehle? Die differenzierte Auseinandersetzung mit solchen Beispielen verlangt nach einem sorgfältigen Umgang mit Begriffen (s. Abschnitt 1.2).

Aus welchen Elementen besteht der „einfache" Satz? In welcher Reihenfolge sind sie geordnet? Lassen sie sich umstellen? Welche Beziehung haben sie zueinander und zum Verb im Satz? Sind sie ihrerseits aus mehreren Elementen zusammengesetzt?
Der sogenannte „einfache" Satz kann ziemlich kompliziert sein, deshalb die Anfüh-

Um die deskriptive Perspektive zu illustrieren, hilft ein Vergleich mit einem naturwissenschaftlichen Zugang: Botanikerinnen und Botaniker interessieren sich grundsätzlich für Pflanzen. Evtl. sind Pflanzen besonders interessant, die als Unkraut gelten oder die neu in einem Gebiet auftauchen; es lässt sich untersuchen, wie sie sich ausbreiten und welche Eigenschaften ihnen dabei zugutekommen. Wer dagegen Landwirtschaft oder Gartenbau betreibt, wird sich über das „Unkraut" ärgern, sieht es als Bedrohung, möchte es loswerden und empfindet vielleicht das Interesse der Forscherinnen und Forscher als zynisch.

Wenn beide Gruppen ihr Interesse als solches kennen und vertreten, kann der Austausch fruchtbar sein. Dass bestimmte Phänomene als Gegenstand von wissenschaftlichen Untersuchungen interessant sind, heißt nicht, dass man in konkreten Situationen nicht kritisch auf sie reagieren soll. Grundsätzlich ist es aber sinnvoll, möglichst viel über ein Phänomen und seinen Kontext zu wissen, bevor man es bekämpft.

Entsprechend sollen auch die Informationen über den fachwissenschaftlichen Hintergrund gelesen werden: Syntax befasst sich deskriptiv mit Sätzen, sie will aufzeigen, wie Sätze grundsätzlich funktionieren. Ob bestimmte Typen von Sätzen oder konkrete Beispiele auch schön, passend und in ihrem Kontext angemessen sind, spielt dabei keine Rolle. Die Syntax stellt uns aber Beschreibungs- und Analyseinstrumente zur Verfügung, die nützlich und allgemein einsetzbar sind – auch für in der Diskussion über bessere oder weniger angemessene Formulierungen.

Diesen Punkt betonen wir deshalb so deutlich, weil in der Erfahrung vieler Schülerinnen und Schüler „Untersuchen" und „Beurteilen" zusammenfällt und Grammatik außerhalb der Schule ebenfalls klar normativ wahrgenommen wird (Eisenberg 2006, S. 2 f.): Grammatische Überlegungen werden gezielt eingesetzt, um Unsicherheiten zu klären oder Fehler zu kennzeichnen. Dass man, zumindest in der Schule, die grammatischen Beschreibungsinstrumente auch einsetzen könnte, um Geglücktes zu würdigen, ist zwar ein altes fachdidaktisches Postulat für den Grammatikunterricht, aber eines, das selten wirklich eingelöst wird.

1.1.3 Anmerkungen zu den Beispielen im fachwissenschaftlichen Teil

Wer im Unterricht oder in Publikationen grammatische Themen vermittelt, weiß um die Schwierigkeit, geeignete Beispielsätze zu finden. Beispielsätze sollten das Thema klar illustrieren, aber nicht allzu banal sein. Der Inhalt sollte ansprechend, zugänglich und einigermaßen originell sein, ohne zu verwirren oder Spezialkenntnisse vorauszusetzen. Auch allzu Geistreiches oder Wortspiele lenken vom grammatischen Thema ab. Außerdem sollten Beispielsätze möglichst authentisch sein, vielleicht aus einer Zeitung, aus literarischen Texten oder sogar aus einem einzigen größeren Text stammen – wobei sich dann wieder die Frage stellt, ob nicht der Text zum Steinbruch für illustratives Material degradiert wird. Für die vorliegende Darstellung wurde folgender Weg gewählt: Die eingesetzten Beispiele sind konstruiert, damit sie passgenau an die Erläuterungen anschließen. Um inhaltliche Kohärenz zu gewährleisten, beziehen sie sich alle auf eine einheitliche Situation – mehrere Personen gehen in einem italienischen Restaurant essen –, sie sind aber nicht so zu lesen, dass ein fortlaufender Text mit einem stringenten Handlungsbogen entsteht. Textlinguistisch betrachtet ordnen die Lesenden auch isolierte Einzelsätze in ihr Vorwissen ein, sie rufen Frames und Scripts auf (Linke/Nussbaumer/Portmann 2004, S. 265-267), die sie auch bei der Verarbeitung komplexerer Texte einsetzen. Wenn die Beispielsätze einen gemeinsamen Bezugsrahmen haben, sind die Lesenden inhaltlich entlastet, sie müssen nicht für jeden Beispielsatz neue Konzepte aktivieren. Dennoch wird nicht die gleiche Aufmerksamkeit für Kohärenz und Kohäsion verlangt, wie wenn die Sätze tatsächlich einen fortlaufenden Text bildeten.

Diese Art, Beispiele locker in einen situativen Kontext einzubetten, hat sich in der Arbeit mit Schülern und Studierenden bewährt; der Zugang kann auch produktiv genutzt werden, indem Lernende im gleichen Rahmen selber Beispielsätze bilden und sie auf bestimmte Phänomene hin untersuchen. Je nach Unterrichtssituation spielt der (fiktive) Kontext der Beispiele eine mehr oder weniger große Rolle.

Einzelne Fragestellungen werden zusätzlich mit Einschüben (Kasten) illustriert. Diese sind Reflexe des Nachdenkens über Sprache oder Kommentare zu sprachlichen Erscheinungen aus verschiedenen Quellen:

- Beobachtungen von Schülerinnen und Schülern zum Thema „Satz", schriftlich festgehalten (Peyer 1998, S. 12). Die Jugendlichen (v. a. 7.–9. Schuljahr) reagierten auf verschiedene Fragen, die nicht darauf abzielten, grammatisches Wissen abzurufen, z. B. *Wie erkennt man, dass mehrere Wörter zusammen einen Satz bilden?* Oder *Wie kommt es, das Sätze so unterschiedlich lang sind?* Die Antworten wurden von der Lehrperson z.T. mit Nachfragen versehen und mit der Klasse diskutiert. Das Ziel war, mit Schülerinnen und Schülern eine Basis für grammatisches Nachdenken über Sprache zu erarbeiten.
- Fragen zu verschiedenen Aspekten von „Satz" aus einem Internetforum. Hier werden – oft unter Handlungsdruck im Kontext von Bewerbungsschreiben oder Hausarbeiten – konkrete Fragen zu Formulierungsmöglichkeiten, Interpunktion oder grammatischem Begriffswissen gestellt. Der Verlauf der Diskussionen ermöglicht interessante Einblicke in den Umgang mit grammatischen Fragen außerhalb des schulischen Kontexts. Die Beispiele aus dem Forum sind anonymisiert und teilweise gekürzt. Der wiedergegebene Text entspricht bis auf einzelne Rechtschreibkorrekturen dem Original.

Diese Elemente werfen Schlaglichter auf eine andere als linguistisch-systematische Auseinandersetzung mit der Einheit „Satz". Sie zeigen, dass Sätze nicht nur ein Thema der Fachleute sind, und sie sollen anregen, auflockern sowie die fachwissenschaftliche Auseinandersetzung konkretisieren. Grundsätzlich können sie auch im Sprachunterricht eine Rolle spielen: Auf die Fragen aus dem Internetforum können ältere Schülerinnen und Schüler reagieren bzw. sich in die Forumdiskussion einschalten (s. die entsprechenden Arbeitsmaterialien); und wer im Unterricht Formen des dialogischen Lernens pflegt, kann Fragen zum Thema Satz an die Schülerinnen und Schüler richten und so eine vertiefte schriftliche oder mündliche Reflexion anregen. Die

Form hat sich vor allem dann bewährt, wenn nicht auf rasche oder abschließende Antworten gedrangt wird, sondern wenn Überlegungen mit Rückfragen ausdifferenziert werden und ein echter Dialog (oder ein Gespräch in der Gruppe) entsteht. Keinesfalls soll dieser Typ Fragen als Leistungsaufgabe eingesetzt werden.

Abschließend illustrieren zwei Beispiele aus dem Internetforum, wie breit das Bedeutungsspektrum von „Satz" im Alltag ist.

Die folgende Diskussion um den Satz „Wenn ich einen Eisbär sehe, ..." bezieht sich sowohl auf die inhaltliche als auch auf die grammatische Ebene: A, B und E beurteilen den „Sinn" des Satzes inhaltlich. C und F kategorisieren ihn als *wenn-dann*-Satz oder (falsch) Kausalsatz, ohne sich zu Logik oder Sinn zu äußern, und D macht einen Verbesserungsvorschlag mit Akkusativendung und *würde*-Form, allerdings ohne den Modus auch im Nebensatz anzupassen.

D

Ergibt dieser Satz Sinn ?!?

„Wenn ich einen Eisbär sehe, schwimme ich weg" <-- Der ist doch total unlogisch, oder ?

A: finde ich jetzt persönlich ned.. wenn ich einen eisbären sehe, während ich im wasser schwimme, dann schau ich doch, dass ich land gewinne, oder???

B: na eben.... also ergibt er ja sinn... apropos eisbären.. ich würd aber auch ned in dem kalten wasser schwimmen... (...)

C: Das gute „wenn,dann". Inhaltlich eher flach. =)

D: Wenn ich einen Eisbären sehe, würde ich wegschwimmen. So ist er richtig

E: Warum soll der satz keinen sinn ergeben? Wenn er ein eisbär sieht schwimmt er weg. Ist doch logisch oder?

F: das ist ein kausalsatz der ergibt von den wörtern her sinn

(www.gutefrage.net/frage/ergibt-dieser-satz-sinn, recherchiert am 2.3.2010)

Sammlungen mit besten, schönsten oder wichtigsten Sätzen sind beliebt. Auch im Forum werden entsprechende Sätze gesucht. Interessant ist in diesem Kontext, dass die Antworten oft nicht im engeren Sinn das Format eines Satzes haben, sondern dass „in einem Satz" alltagssprachlich großzügiger, oft im Sinn von „Äußerung", verstanden wird. Die Antworten B, C und E sind knapper als ein Satz, was C in Worten und mit einem Emoticon kommentiert.

D **Euer persönlicher Satz des Jahres 2008**

Wenn Ihr das Jahr 2008 – so wie Ihr es selbst erlebt habt – in einem Satz beschreiben müsstet. Wie würde dieser Satz lauten?

A: Yes, we can. –
B: Alles Scheiße. ganz im Ernst –
C: Ich brauch sogar nur ein wort xD: G E I L –
D: Das neue Jahr wird immer besser werden –
E: Auf ein Neues!

(www.gutefrage.net/frage/euer-persoenlicher-satz-des-jahres-2008, recherchiert am 2.3.2010)

1.2 Satzarten

1.2.1 Fragestellung

Hinter den klassischen „Satzarten" Aussagesatz, Fragesatz und Befehlssatz steht der Gedanke, dass wir mit Sätzen handeln können.

> *Vom Text her betrachtet, sind Sätze die kleinsten Einheiten, denen man eine eigenständige Äußerungsabsicht zuschreiben kann, z. B.: eine Aussage treffen, eine Drohung aussprechen, eine Frage stellen, einen Wunsch anbringen. Man spricht hier auch von der Satzfunktion oder dem Satzmodus.*
>
> (Duden-Grammatik 2006, S. 902)

Das stimmt jedoch nur bedingt: In einer Kommunikationssituation, die sich bereits entwickelt hat, lassen sich viele Handlungen auch mit sprachlichen Einheiten ausführen, die kleiner sind als ein Satz. So kann man in einem Gespräch eine Rückfrage in nur einem Wort stellen, mit wenigen Worten drohen etc. Die Duden-Grammatik nennt solche Elemente, „deren Eigenschaften denen der prototypischen Sätze nahekommen, ohne sie ganz zu treffen", Satzäquivalente (Duden-Grammatik 2006, S. 774; kürzer 2009, S. 763 f.). Für anspruchsvollere Handlungen sind dagegen manchmal mehre Sätze nötig. Dass sprachliches Handeln nicht an die strukturelle Einheit „Satz" gebunden ist, formuliert eine Schülerin in knapper Form:

D **Wie kommt es, dass Sätze so unterschiedlich lang sind?**

Ein Satz braucht nur ein Wort, um einer zu sein! Dies sieht man bei Kurzantworten, wie z. B.: „Ok, … ." Man kann diese aber auch umständlich beschreiben, was dann ungefähr so aussieht: „Ja, ok, ich komme gerne … ." (Lea, 7. Klasse)

Eine feuilletonistische Illustration bietet ein Interview mit Hans Magnus Enzensberger, welches der Interviewer im Hinblick auf die Form der Sätze kommentiert.

Plauderstunde mit Hans Magnus Enzensberger. Zum Warmwerden ein paar Entweder-oder-Fragen. (…)

1 Bier oder Wein?
Bier macht mich müde.
3 Blackberry oder iPhone?
Kein Handtelefon.
7 Können Sie jetzt sagen, wo sich der Kellerschlüssel befindet?
An einem Schlüsselbund. Vermutlich. Ich könnte das, wenn Sie darauf bestehen, natürlich nachprüfen.
45 Was ist ein Essay?
Das weiß niemand so genau. Ich verstehe darunter einen diskursiven Text, bei dem ich am Anfang noch nicht weiß, was am Schluss dabei herausspringt. Es kommt, wie der Name schon sagt, auf den Versuch an.
71 Sind die Schwabinger Frauen die schönsten auf der Welt?
Ja, sicher!
76 (…) Warum drängeln Menschen beim Betreten eines Flugzeugs?
Das Betreten eines Flugzeugs gehört offensichtlich zu den schwierigsten Übungen, denen der moderne Mensch ausgesetzt ist. Es wird genestelt, gedrängelt, gestopft, ja manchmal auch um sich geschlagen. Die riesigen Dinge, die mit an Bord genommen werden: Ich weiß nicht, was es ist. In dieser Büchse ist der Mensch offensichtlich nicht gerne.
88 Haben Sie einen Trick gefunden, wie man die vielen Bücher wieder loswird?
Ja, wegwerfen!
98 Eine Ahnung, wie viel Grad es hier in Ihrem Arbeitszimmer hat?
Ja.
Er greift nach einem weißen Stück Plastik, das vor ihm auf dem Tisch liegt, schaut auf die LCD-Anzeige. Das Plastikstück trägt die Aufschrift »Mitsubishi Electric«. Es ist die Fernbedienung seiner Klimaanlage.
21 Grad.

99 Welcher Gedanke muss heute noch zu Ende gedacht werden?
Du lieber Himmel. Die meisten.
(...) Nachbemerkung zum Enzensberger-Singsang: Er spricht eben keine fertigen, keine abgeschlossenen Sätze. Er spricht nicht druckreif. Stattdessen kann man dem Schriftsteller dabei zuhören, wie er sich in seinen Sätzen nach vorne tastet, mal hier, mal dort einen Weg versucht, stehen bleibt, strauchelt, sich umschaut, die schöne Aussicht genießt: die berühmte Verfertigung der Gedanken beim Sprechen. Manchmal wirkt es, als stelle der Sprach-Spaziergänger auch einfach mal einen Satz in die Luft, um sich dann amüsiert anzugucken, wie er dort halb fertig hängt. Die Gedanken sind halt keine fertigen, also muss sich das auch in der Sprache ausdrücken. (...)

(aus v. Uslar 2010)

Wir werden uns beim Stichwort Satzarten also mit Kategorien befassen, die sich nicht nur formal auf die Einheit „Satz", sondern auch auf die semantische und pragmatische Dimension von Sprache beziehen. Deshalb ist die Unterscheidung zwischen den Begriffen „Satz" und „Äußerung" wichtig: Der Satz ist eine Einheit, die sich mit formalen Kriterien fassen lässt, die Äußerung dagegen ist eine kommunikative Einheit, die in der Situation eine Bedeutung und eine Funktion hat (Linke/Nussbaumer/Portmann 2004, S. 210 f.). Für eine (schulische) Sprachreflexion, die sich nicht primär an engen syntaktischen Fragestellungen orientiert, sind die Bedeutung und das kommunikative Potenzial von Sätzen sogar wichtiger als ihre Struktur, weshalb die Frage nach dem Handlungscharakter von Sätzen hier auch als Erstes behandelt wird. Dass Handlungen nicht an die Einheit „Satz" gebunden sind, gilt es im Auge zu behalten.

Die Frage, wie viele Satzarten unterschieden werden können, wird nicht einheitlich beantwortet. Die Kategorisierung hängt von verschiedenen Kriterien ab, v.a. von der Form und der Stellung des Verbs, von der Bedeutung des Satzes oder von seiner Funktion als Sprechakt im kommunikativen Kontext (Eisenberg 2006, S. 396).

Die Duden-Grammatik unterscheidet fünf Satzarten: Aussagesatz (Deklarativsatz), Fragesatz (Interrogativsatz), Aufforderungssatz, Wunschsatz (Desiderativsatz) und Ausrufesatz (Exklamativsatz; die Reihenfolge entspricht nicht derjenigen der Duden-Grammatik). Allerdings wird dazu folgende Einschränkung formuliert:

Diese Einteilung ist je nach Fragestellung von unterschiedlichem Wert. Teilweise kann man damit Zusammenhänge zwischen Satzform und Satzfunktion darstellen; so haben typische Fragesätze einen ganz bestimmten Aufbau. Andere Bezeichnungen drücken nicht mehr aus, als dass ein Satz – mit irgendeiner beliebigen Struktur – eine bestimmte Satzfunktion ausweist; dies gilt etwa für den Wunschsatz. (Duden-Grammatik 2006, S. 902)

Dazu kommt, dass andere sprachliche Mittel, z. B. Abtönungspartikeln, die Intonation oder die Satzzeichen, die Satzfunktion verdeutlichen (Duden-Grammatik 2009, S. 887 f.).

Wir müssen uns bewusst sein, dass mit solchen Kategorisierungen nicht alle möglichen Funktionen von Äußerungen erfasst werden. Dies wäre nur zu leisten, wenn der kommunikative Kontext und der Verlauf der Sprechhandlung analysiert würden. Mit dem Konzept der Satzarten wird nur die Zuordnung von Satzformen und typischen Funktionen erfasst. Leitend ist bei der Kategorisierung die Form der Äußerung. Ausgehend von den typischen Zuordnungen können auch einige häufige Abweichungen erfasst werden. Hier soll die Einteilung der Duden-Grammatik dargestellt werden, da sie sich auch in Lehrplänen und Lehrmitteln spiegelt, mit dem Schwerpunkte auf Aussage-, Frage- und Befehlssatz und summarischen Hinweisen auf Wunsch- und Exklamativsätze (Dürscheid 2007, S. 63-66). Bei den einzelnen Kategorien wird darauf hingewiesen, dass es typische und weniger typische Beispiele gibt, die Diskussion der grundsätzlichen Schwierigkeiten des Umgangs mit Satzarten wird am Schluss wieder aufgegriffen. Die Stellungstypen Verberst-, Verbzweit- und Verbletztsatz werden hier als unproblematische formale Kategorien vorausgesetzt, genauer wird die Reihenfolge von verbalen Teilen und Satzgliedern weiter unten (1.4) dargestellt.

1.2.2 Aussagesatz

Aussagesätze sind üblicherweise Verbzweitsätze (Duden-Grammatik 2009, S. 888). Manche davon entsprechen typischen Aussagen, also Äußerungen, bei welchen entschieden werden kann, ob sie zutreffen oder nicht:

Gestern waren wir in einer Pizzeria essen. Das Lokal wurde kürzlich neu eröffnet. Wir waren mit dem Essen und der Bedienung sehr zufrieden. Die Preise sind sehr hoch.

Bei vielen Verbzweitsätzen ist die Beurteilbarkeit aber nicht so klar gegeben, sie haben z. B. den Charakter von Vermutungen, Versprechen oder Drohungen: *Wahrscheinlich war Tina noch nie dort. Zu ihrem Geburtstag lade ich euch beide dorthin ein. Sie darf das keinesfalls erfahren.*

Dennoch werden diese Beispiele der Kategorie „Aussagesatz" zugeordnet.

> *Unter dieser großzügigen Interpretation ist jeder Satz ein Aussagesatz, sofern er nicht einer der vier anderen, spezielleren Satzarten zugeordnet werden kann.*
>
> (Duden-Grammatik 2009, S. 888; Beispiele s. u. bei Fragesatz)

1.2.3 Fragesatz

Für Fragesätze werden typischerweise zwei Satzformen eingesetzt:

- Verbzweitsatz mit w-Einleitewort (Interrogativpronomen oder Pro-Adverb): Damit werden sog. Ergänzungsfragen ausgedrückt. Die Antwort ist ein Wort oder eine Wortgruppe (Duden-Grammatik 2009, S. 889); evtl. eingebettet in einen Satz, der Teile der Frage wiederholt. Das Fragewort steht gewissermaßen für eine Wissenslücke:
  Wo geht ihr essen? In der neuen Pizzeria. (evtl.: *Wir gehen in der neuen Pizzeria essen.*) *Wer hat sie euch empfohlen? Sabine.* (evtl.: *Sabine hat sie uns empfohlen.*)
- Verberstsatz: Damit werden vor allem sog. Entscheidungsfragen ausgedrückt. Die Antwort ist *Ja* oder *Nein*; evtl. ergänzt um die Frage oder Teile davon, in Form eines Aussagesatzes (Duden-Grammatik 2009, S. 889).

Geht ihr essen? Ja. (evtl.: *Ja, wir gehen essen.*)
Kommt Sabine auch? Nein. (evtl.: *Nein, Sabine nicht.* oder *Nein, Sabine kommt nicht.*)
Verberstsätze stehen auch für Alternativfragen – bei der Frage werden zwei mögliche Antworten vorgegeben, von denen eine ausgewählt wird:
Trinkst du zur Pizza lieber Wasser oder Cola? Wasser. (evtl.: *Lieber Wasser.* oder *Ich trinke lieber Wasser.*) Die Wiederholung des ganzen Ausgangssatzes würde in einer echten Gesprächssituation grotesk wirken: *Zur Pizza trinke ich lieber Wasser.*
Fragesätze dieser beiden Typen lassen sich problemlos als Fragesätze bestimmen. Komplizierter wird das Bild, wenn wir die – selteneren – Abweichungen mit berücksichtigen: Manche Fragen haben nicht die typische Form, und die typische Form (Verberstsatz oder Verbzweitsatz mit *w*-Einleitewort) kann auch eine andere Funktion haben (nach Duden-Grammatik 2009, S. 889 f.). Diese abweichenden Beispiele sind in der Übersicht in Abbildung 2 am rechten Rand (Funktion: Frage, Form: untypisch) und in der untersten Zeile (Form wie ein Fragesatz, andere Funktion) angeordnet.

1.2.4 Aufforderungssatz/Befehlssatz

Typische Aufforderungssätze enthalten eine Personalform im Imperativ und sind Verberstsätze, gelegentlich mit Partikeln oder Konjunktionen vor der Personalform. Wenn nach der Imperativform das Subjekt genannt wird (Pronomen *du*, *Sie* oder *ihr*), wird der Kontrast zu anderen Personen hervorgehoben. Ähnlich wie Fragesätze können auch Sätze mit Imperativ und Verberststellung eine andere Funktion haben (Duden-Grammatik 2009, S. 892), die derjenigen von konditionalen Nebensätzen gleicht. Neben der Form „Imperativsatz" können auch andere Formen die Funktion der Aufforderung haben, wie in Abbildung 3 dargestellt.

1.2.5 Wunschsatz

Für Wunschsätze ist nicht ein bestimmter Stellungstyp, sondern die Verwendung des Konjunktivs I oder II kennzeichnend (Duden-Grammatik 2009, S. 893):

Es lebe unser Geburtstagskind! (vergleichbar mit Aufforderungssatz *Man nehme …*).
Wenn doch meine Pizza endlich serviert würde!
Brächte der Kellner doch endlich den Wein!
Hätte ich doch auch die Lasagne bestellt!

Bedeutungsnah sind Aussagesätze wie die folgenden:

Ich hätte die Lasagne bestellen sollen. oder
Nächstes Mal will ich auch die Lasagne bestellen.

1.2.6 Ausrufesatz

Ausrufesätze sind nicht an eine bestimmte Form gebunden; diese Kategorie ist stark in der kommunikativen Situation begründet, und es kann ihr jeder Satz zugeordnet werden, „der mit Nachdruck geäußert wird (und nicht klar einer der anderen Satzarten, z. B. Aufforderungssatz, zugeordnet werden kann)" (Duden-Grammatik 2009, S. 891).

	Form: **Verbzweitsatz mit *w*-Einleitewort**	Form: **Verberstsatz**	Andere Formen:
Funktion: **Frage**	Ergänzungsfragen *Wo geht ihr essen?*	Entscheidungsfragen *Geht ihr essen?* Alternativfragen *Trinkst du zur Pizza lieber Wasser oder Cola?*	**Verbzweitsatz** Entscheidungsfragen oder Bestätigungsfragen *Du willst (wirklich) Pizza mit Ananas?* Vergewisserungsfragen *Ich kann doch diese Pizza ohne Schinken bekommen (nicht wahr)?* Echo-Fragen *Dafür soll ich wie viel bezahlen?*
			Verbletztsatz Abwägende Fragen *Ob das Geld wohl für diesen Wein reicht? Wie dieser Nachtisch wohl schmeckt?*
Andere Funktionen:	**Ausrufesatz** *Wie kannst du dich so schlecht benehmen!* *Was bildest du dir ein!*	**Ausrufesatz** *Habe ich es doch gewusst!* *Bist du aber klug!*	**Verbletztsatz** Ausrufesatz *Was du dir einbildest!* *Und ob das schmeckt!*

Abb. 2: Übersicht Fragesätze

Besonders häufig sind Satzformen, wie wir sie auch bei den Fragesätzen antreffen. Die Intonation und evtl. Abtönungspartikeln deuten darauf hin, dass die Funktion dieser Sätze nicht „Frage“ ist (Duden-Grammatik 2009, S. 891; Dürscheid 2007, S. 66); vgl. zu den Überschneidungen zwischen Form und Funktion die Übersicht über die Fragesätze:

Was hat denn dieser Kellner für eine Frisur!
Was dieser Kellner für eine Frisur hat!
Hast du aber schnell getrunken!
Und ob das schmeckt!

	Form: **Imperativ+ Verberstsatz**	Form: **Verbzweitsatz, Personalform im Konjunktiv I**	Andere Formen:
Funktion: **Aufforderung**	*Nimm die Serviette! Schmatzt nicht so laut! Und unterbrecht mich nicht immer! Wähle du einen Wein aus, aber achte auf den Preis. Kommt ihr mit zum Büffet mit den Torten, und bestell du für alle Kaffee.*	*Man nehme ein Pfund Weißmehl. Mit Beschwerden wende man sich an die Geschäftsleitung.*	**Verbzweitsatz** *Ihr benehmt euch jetzt anständig! Ich möchte bezahlen!* **Nicht satzwertig:** Infinitiv *Bitte alle mitsingen beim Geburtstagslied!* Partizip *Aufgestanden, sofort!* *Mahlzeit! Langsamer!*
Andere Funktionen:	*Iss noch mehr, und du wirst platzen.*		

Abb. 3: Übersicht Aufforderungssätze/Befehlssätze

1.2.7 Spezialfälle

Im sprachlichen Alltag sind über die Satzarten hinaus vor allem zwei Phänomene wichtig, deren Funktion sich nicht mit Begriffen aus der Syntax, sondern mit solchen aus der linguistischen Pragmatik, genauer: aus der Sprechakttheorie, präziser beschreiben lassen. Diese Phänomene sollen hier knapp anhand von Beispielen umrissen werden, ohne dass näher auf die Sprechakttheorie eingegangen wird (zur Sprechakttheorie s. Linke/Nussbaumer/Portmann 2004, S. 206-219).

1.2.7.1 Sprechaktbezeichnende (performative) Verben

Ich frage mich, ob ich Pizza Margherita oder Calzone bestellen soll.

Das Gefüge „Ich frage mich, ob …" wird geprägt vom Aussagesatz, obwohl wir hier auch einen Fragesatz formulieren könnten:

Soll ich Pizza Margherita oder Calzone bestellen?

Der Aussagesatz enthält ein Verb, das den Sprechakt „Frage" bezeichnet. Vergleichbare Beispiele sind *Wir fordern Sie auf, das Rauchen zu unterlassen. Ich wünsche mir, ich wäre schon zu Hause.*

Wenn im Unterricht mit solchen Beispielen gearbeitet wird, muss zwingend der Unterschied zwischen den verschiedenen Ausdrucksmitteln thematisiert werden. Werden

auch Ausdrücke wie „Ich frage mich, ob ..." als Fragesatz kategorisiert, verliert das Konzept der Satzarten definitiv seinen analytischen Wert.

1.2.7.2 Indirekte Sprechakte

Ist noch Brot im Körbchen? Du isst nicht besonders anständig.

Ein Frage- und ein Aussagesatz – aber verstehen die Angesprochenen wirklich Frage und Aussage, oder nicht eher *Reich mir bitte das Brot!* und *Iss nicht so unanständig!*, also zwei Aufforderungen? In der alltäglichen Kommunikation sind solche Beispiele häufig, wir verstehen und interpretieren sie meist problemlos richtig. Oft steht hinter der Verschiebung von Aufforderung zu Frage bzw. Aussage der Versuch, konfrontative Handlungen (z. B. Befehle) zu vermeiden: Auf einen Befehl können die Angesprochenen nur mit Gehorsam oder Verweigerung reagieren. Die Frage dagegen lässt Spielraum offen: Das Gegenüber kann das Brotkörbchen reichen oder auch „nur" auf die Frage reagieren: *Ja. / Nein, es ist keins mehr da.* Oft ist uns die Indirektheit dieser Handlungen gar nicht bewusst, wir fassen sie einfach als höfliche Sprechweise auf (Linke/Nussbaumer/Portmann 2004, S. 217).

Das Konzept der Satzarten sollte nicht so weit gedehnt werden, dass auch Sätze wie *Ist noch Brot im Körbchen? oder Wir fordern Sie auf, das Rauchen zu unterlassen.* als Aufforderungssätze kategorisiert werden. Dass der Fragesatz in der konkreten Situation eben nicht nur eine Frage ist, der Aussagesatz nicht nur eine Aussage, kann dagegen durchaus thematisiert werden (Dürscheid 2006, S. 64; die Duden-Grammatik (2009, S. 893) verfährt anders, *Kannst du mir mal das Salz reichen?* (Duden-Grammatik 2009, S. 893) und *Ich verlange (...) die Herausgabe der (...) Unterlagen.* gelten als Aufforderungssätze).

In der folgenden Forumsdiskussion wird nach einer sinnvollen „Antwort" auf einen Satz gefragt, der funktional durchaus Fragecharakter hat, aber formal ein Aussagesatz ist, was im Beitrag E angesprochen wird.

D

Antwort auf Satz: Schon lange nichts mehr von dir gehört...

Habt ihr ein paar Antwortvorschläge? (Ist wichtig...)

A: Ich von dir aber auch nicht!

B: Schreib halt du bist „mister/fräulein Wichtig und hattest viel zu tun" ^ ^

C: ... bin auch extra leise gewesen. ... wollte nicht deine Aufmerksamkeit wecken.
... ich habe gehofft, du vergisst mich.

D: Bist du taub?

E: Da dieser Satz keine Frage ist, musst du darauf auch nicht antworten. So einfach ist das.

F: Ja, leider weil...

(www.gutefrage.net/frage/antwort-auf-satz-schon-lange-nichts-mehr-von-dir-gehoert, recherchiert am 2.3.2010)

1.2.8 Fazit

Um beim Zuordnen von Beispielen zu den verschiedenen Satzarten angemessen mit den Kategorien umzugehen, muss immer klar sein, dass es nicht um eine differenzierte Interpretation aller Bedeutungs- und Funktionsnuancen von Sätzen bzw. Äußerungen in ihrem Handlungskontext geht, sondern um eine zusammenfassende Klassifikation an der Schnittstelle zwischen formalen und funktionalen Eigenschaften. Es ist deshalb gerade bei diesem Thema wichtig, im Grammatikunterricht die Grenzen der Systematisierung zu kennen und die Kriterien für die Zuordnung zu einer Kategorie explizit zu machen. Im Zentrum der Arbeit sollten typische, eindeutig klassifizierbare, aber nicht künstliche Beispiele stehen. Obwohl in der Begrifflichkeit traditionell gut verankert, zeigt die Unterscheidung von Satzarten doch die Grenzen des formalen Zugangs auf. Um die Funktionen genau zu erfassen, müssten auch die Möglichkeiten der Ko-Konstruktion von kommunikativer Bedeutung in der Interaktion zwischen Sprecher und Hörer einbezogen werden. Eine solche Zugangsweise ist allerdings nicht Sache der Grammatik, sondern der linguistischen Pragmatik.

1.3 Satzglieder

1.3.1 Struktur und Teile des Satzes

D

Wozu brauchen wir eigentlich Sätze? Genügen Wörter nicht?

Wenn ich keinen Satz machen könnte, würde es z. B. heißen: „Baum“, aber dann weiß ich ja nicht, was mit diesem Baum ist. Mindestens ein Verb brauche ich. Es ist sonst unverständlich. (Nachfrage: Wenn ich z. B. sage „Baum sehen“, ist ein Verb dabei. Findest du das verständlich?) Man merkt, dass jemand einen Baum sieht. Aber wer? Ich, du, sie, wir etc.? Mindestens ein konjugiertes Verb braucht es, und wenn es dann sogar ein Adjektiv hat, weiß man, was mit diesem Baum los ist, z. B. „(ich) sehe schönen Baum“. Dies ist schon ein Satz, und es ist ein Beweis dafür, dass Sätze nötig sind. (Dina, 9. Klasse)

Sind Sätze interessant? Wenn ja: warum, wenn nein: warum nicht?

Ich finde sie nicht wirklich interessant, weil sie zum Teil sehr kompliziert aufgebaut sind und man sehr viele verschiedene Satzglieder lernen muss. Mich interessieren Sätze deshalb nicht wirklich. Ich spreche aber trotzdem weiterhin in Sätzen. (Noëlle, 9. Klasse)

Beide Jugendlichen äußern sich zur Struktur von Sätzen. Während Dina darum ringt, die Struktur als diejenige Eigenschaft zu beschreiben, dank derer der Satz verständlich wird, betont Noëlle, dass sie die Analyse der Struktur und die dazugehörigen Begriffe kompliziert und nicht interessant findet.

Die Ursprünge des Gedankens, dass sich Sätze in Teile zerlegen lassen, gehen auf die klassische Logik, genauer auf die Urteilslehre, zurück. Die Ausdrücke „Subjekt" und „Prädikat" sind ein Reflex davon. Im Lauf der Zeit wurde das Konzept weiterentwickelt. In seiner aktuellen systematischen Form ist es wesentlich beeinflusst durch die Arbeiten von Hans Glinz. Grundlegend sind dabei die Unterscheidung zwischen verbalen Teilen (mit fester Stellung) einerseits und (beweglichen) Satzgliedern andererseits und die systematische Analyse von Beispielen mittels operationaler Verfahren, sogenannter Proben. Mit ihrer Hilfe werden Sätze zerlegt und Satzglieder sichtbar gemacht (segmentieren) und diese anschließend genauer bestimmt (kategorisieren) (nach Linke/Nussbaumer/Portmann 2004, S. 87 f.; zu den verschiedenen Proben s. auch Dürscheid 2007, S. 47-55, Boettcher 2009a, S. 87-98).

Wie ein Satz aufgebaut ist, lässt sich mit zwei verschiedenen Verfahren untersuchen:

a von außen, indem man ihn in seine Teile zerlegt und diese genauer bestimmt,
b von innen, von seinem Kern, dem Verb oder Prädikat aus, indem gefragt wird, welche Teile in welcher Form nötig sind, um einen vollständigen, formal korrekten Satz zu bilden.

In der Schulgrammatik werden oft beide Verfahren nebeneinander angewendet und anhand von Beispielen wie diesem erläutert:
Günther schenkte seinem Bruder zum 30. Geburtstag einen exklusiven Kochkurs.
Sie enthalten ein Verb wie *schenken* oder *geben*, welches neben dem Subjekt ein Akkusativ- und ein Dativobjekt verlangt, d. h. mehrere Satzglieder; problemlos lassen sich außerdem Präpositionalgruppen einbauen. Der Einsatz von maskulinen Nomen erklärt sich damit, dass bei ihnen am Artikel/Pronomen der Kasus klar abzulesen ist. Bei Neutra oder Feminina wären Ersatzproben nötig, um den Kasus eindeutig nachzuweisen. Zugang a setzt zum „Zerlegen" der Sätze die Verschiebeprobe ein (Abb. 4). Zugang b formuliert ausgehend vom Verb Fragen, die mit Teilen des Satzes beantwortet werden können (Abb. 5).

Günther	***schenkte***	*seinem Bruder*	*zum 30. Geburtstag*	*einen exklusiven Kochkurs*
Seinem Bruder	***schenkte***	*Günther*	*zum 30. Geburtstag*	*einen exklusiven Kochkurs*
Einen exklusiven Kochkurs	***schenkte***	*Günther*	*seinem Bruder*	*zum 30. Geburtstag*
Zum 30. Geburtstag	***schenkte***	*Günther*	*seinem Bruder*	*einen exklusiven Kochkurs*

Abb. 4: Verschiebeprobe

Wer	***schenkte***	*seinem Bruder zum 30. Geburtstag einen exklusiven Kochkurs?*	***Günther***
Wem	***schenkte***	*Günther zum 30. Geburtstag einen exklusiven Kochkurs?*	***Seinem Bruder***
Was (oder wen)	***schenkte***	*Günther seinem Bruder zum 30. Geburtstag?*	***Einen exklusiven Kochkurs***
Wann	***schenkte***	*Günther seinem Bruder einen exklusiven Kochkurs?*	***Zum 30. Geburtstag***

Abb. 5: Frageprobe

Die Frageprobe ist anspruchsvoll, da sie Vorwissen über die analytische Ebene „Satzglied" voraussetzt. Fragen dürfen nicht wie echte Informationsfragen oder solche im Rahmen der Erweiterungsprobe eingesetzt werden, sondern sie müssen sich auf das Material beschränken, das im Satz bereits vorhanden ist – was kommunikativ wenig sinnvoll ist. Dennoch sollen die beiden Analysemöglichkeiten hier nicht gegeneinander ausgespielt werden. Der „zerlegende" Zugang (a) hat den Vorteil, dass die Satzglieder relativ sicher voneinander getrennt werden können (segmentieren; Problemfälle s. Abschnitt 1.3.3.5). Wenn die Satzglieder als solche erkannt sind, kann man sie nach Form und Funktion bestimmen (kategorisieren). Selbstverständlich spielt auch hier das Verb bzw. die Personalform eine wichtige Rolle: Die Verschiebeprobe kann zum Segmentieren eingesetzt werden, weil – nach den Stellungsregularitäten, die für das Deutsche gelten – die Personalform das einzige platzfeste Element ist (s. Abschnitt 1.4.2) und sich fast alle Satzglieder in die Position vor der Personalform verschieben lassen. Der Inhalt der Personalform oder generell des Verbs und seine Beziehungen zu

den verschiedenen Satzgliedern spielt beim Segmentieren und beim Kategorisieren nach der Form keine große Rolle.
Zugänge, die vom Verb als Kern ausgehen (b), fokussieren dagegen die Beziehungen zwischen dem Verb und den verschiedenen Satzgliedern (zum Begriff „Valenzrahmen" s. Abschnitt 1.3.2.2.):

> *Nur wenn man die Bedeutung und – damit zusammenhängend – den Valenzrahmen des Verbs kennt, kann man die übrigen Bestandteile des Satzes richtig interpretieren. Das Verb bildet so inhaltlich den Kern des Satzes. Darüber hinaus gibt es mithilfe seiner Tempus-Modus-Flexion an, inwieweit diese Aussage gilt (für jetzt oder früher, als sicher oder als nur angenommen usw.). Von dieser inhaltlichen Leistung leitet sich der Fachausdruck Prädikat ab.*
>
> (Duden-Grammatik 2009, S. 844)

Diese Perspektive ist auch dann wichtig, wenn Deutsch für jemanden Fremd- oder Zweitsprache ist: Zusammen mit der Bedeutung der Verben gilt es zu lernen, wie viele Ergänzungen zu einem bestimmten Verb gehören und welche Form sie haben müssen. Entsprechende Lernleistungen muss erbringen, wer andere Sprachen lernt. Meistens prägen wir uns die Abweichungen vom Deutschen besonders ein: *Jemandem helfen* (mit indirektem Objekt/Dativobjekt) – *to help someone* (mit direktem Objekt) *oder jemanden (etwas) fragen* (mit direktem Objekt/Akkusativobjekt) – *demander (quelque chose) à quelqu'un* (mit indirektem Objekt).

Der Gedanke, dass das Verb das Zentrum des Satzes bildet, ist damit zentral für das Lernen der Sprache und für das Verstehen von Sätzen im sprachlichen Alltag. Auch für das wissenschaftliche Verständnis der Struktur und der Konstitution von Bedeutung ist dieser Zugang wichtig. Für das Erkennen und Bestimmen einzelner Satzglieder dagegen ist die Verschiebeprobe besser geeignet – Beherrschung der Sprache vorausgesetzt –, denn die Bestimmungsverfahren mit Fragen oder verbaler Wortkette sind schwieriger anzuwenden und eigentlich erst dann gut handhabbar, wenn jemand bereits verstanden hat, was das Ziel der Analyse ist: Satzglieder voneinander trennen, nicht den Inhalt genauer verstehen.

Die folgenden Beispiele illustrieren, wie leicht die Frageprobe aufs Glatteis führen kann. Zu beachten ist, dass nicht die Bestimmung aller Satzglieder verlangt wird, sondern nur Subjekt und Akkusativobjekt (=Wen/Was-Ergänzungen) erkannt werden müssen.

D

Deutsch Grammatik Hilfe

Hallo Leute, brauche kurz Hilfe. Und zwar muss ich bei diesem Satz hier Subjekt, Prädikat, Wen/Was Ergänzungen herausfinden. Hier ist der Satz:
„Von den Bienen bekommen wir Honig."
Ich bin in Deutsch eine Niete, darum brauche ich eure Hilfe Xp

A: Subjekt: „Wir“, Prädikat: „bekommen“, Akkusativ-Objekt: „Honig“, Dativ: „Bienen“
B: „Wer oder was“: Subjekt, „Wem“? Dativ-Objekt, Verb=Prädikat
C: Subjekt: „Wer oder was bekommt...Honig?“; Prädikat: Tätigkeitswort („bekommen“); Dativ: „Von wem bekommen wir Honig?“
D: „von den Bienen“ ist präpositionales Dativobjekt, Rest wurde gesagt.

(www.gutefrage.net/frage/deutsch-grammatik-hilfe, recherchiert am 2.3.2010)

Die Antworten A, B und C sind richtig, komplizieren die Situation aber dadurch, dass sie den Dativ bzw. das Dativobjekt ins Spiel bringen – davon ist in der Aufgabe nicht die Rede, und im Satz liegt zwar ein Dativ vor, aber kein Dativobjekt, denn der Dativ wird von der Präposition regiert. D versucht dies zu klären, greift aber daneben.

Am folgenden Beispiel wird deutlich, wie wichtig es ist, dass die Frage gezielt formuliert und auf den richtigen Teilsatz bezogen wird. Wenn nicht nur mit „wer“ operiert würde, sondern mit „wer ist ein Beispiel“ bzw. „wer kann sich schützen“, wäre die Chance auf die richtige Antwort höher. Die Antworten A und B illustrieren das Verfahren, während C eine Umwandlung vornimmt, die nicht im Sinn des Verfahrens ist.

D

Verwirrung Satzglieder Deutsch

Als ich eben meiner kleinen Schwester bei den Deutschhausaufgaben geholfen habe, haben wir einen Satz gefunden, bei dem wir total verwirrt sind: „Der Igel ist ein typisches Beispiel, wie ein Tier sich schützen kann.“
Es geht um „das Tier“. Jana sollte das Satzglied bestimmen und hatte zur Auswahl: Dativobjekt, Subjekt, Akkusativobjekt. Zuerst dachten wir, das wäre ein Subjekt. Doch wenn man die richtige Frage stellt, also „wer“, ist die Antwort ja „der Igel“. Dativ und Akkusativ ergeben aber ja auch keinen Sinn. (Wem, Wen oder was) Häääa? Allgemeine Verwirrung. Ich hoffe, ich konnte das so erklären, dass ihr versteht, was ich meine. Was ist denn jetzt richtig???
LG Lena und Jana

A: ... wie ein Tier sich schützen kann. Das ist ein Nebensatz und „ein Tier“ ist Subjekt dieses Nebensatzes. Frage: „Wer kann sich schützen: ein Tier“. So ist das, Lena und Jana. Ich hoffe, ich habe eure Verwirrung mindern – oder beseitigen – können.

B: Du musst die Frage nach dem „wen [sic!] oder was“ stellen, um an den Igel zu kommen: „Wer [sic!] oder was kann sich schützen“. Daher steht „ein Tier“ im Akkusativ.

C: Wen oder was schützt man hier? Ein Tier.

(www.gutefrage.net/frage/verwirrung-satzglieder-deutsch, recherchiert am 29.7.2010)

Eine Möglichkeit, anschließend an das Segmentieren mit der Verschiebeprobe die Satzglieder verschiedenen Fragen zuzuordnen, wird mit Arbeitsmaterial illustriert.

1.3.2 Verbale Teile, Prädikat

Mit „Prädikat" wird seit den Anfängen der Grammatikschreibung die Rolle des Verbs im Satz bezeichnet. Da im Deutschen relativ oft neben dem konjugierten Teil des Verbs zusätzliche verbale Elemente vorkommen, gibt es Fachbegriffe, die diesem Phänomen gerecht werden wollen, u. a. damit klar wird, ob jeweils alle Teile des Prädikats oder nur das konjugierte Element gemeint seien. Die Terminologie und die Genauigkeit im Gebrauch der Fachbegriffe sind aber nicht immer einheitlich. Gebräuchlich sind – neben „Prädikat" – für den konjugierten Teil „Finitum", „finites Verb" oder „Personalform". Die anderen Prädikatsteile werden als „weitere verbale Teile" zusammengefasst und spezifischer als Infinitiv, Partizip oder Verbpartikel/Verbzusatz bezeichnet (Boettcher 2009a, S. 71-86; Duden-Grammatik 2009 zum Prädikat S. 844-854, zu verschiedenen Verwendungen von Infinitiv und Partizip S. 852-855, zu nichtverbalen Prädikatsteilen S. 855-861).

Für die Auseinandersetzung mit Satzgliedern sind sowohl das Prädikat insgesamt als auch die Personalform wichtig: das Prädikat, weil von diesem syntaktisch-semantischen Zentrum aus der Satz vervollständigt wird, die Personalform, weil ihre feste Stellung (im Aussagesatz an zweiter Stelle, d. h. nach dem ersten Satzglied) der Ausgangspunkt für operationale Verfahren zum Segmentieren ist. Stellungseigenschaften werden im nächsten Kapitel behandelt.

1.3.3 Klassifikation der Satzglieder

Sind Satzglieder voneinander getrennt (segmentiert, mittels Verschiebeprobe), können sie nach ihrer Form und nach ihrer Funktion näher bestimmt werden.
Die formale oder morphologische Bestimmung ist relativ einfach: Das maßgebliche Element ist der Kern des Satzgliedes, ein Nomen, Pronomen, Adjektiv oder Adverb. Werden Satzglieder von einer Präposition oder von der Konjunktion *als* oder *wie* eingeleitet, ist dieses Element bestimmend, wir sprechen von Präpositional- oder Konjunktionalgruppen.

Die Bestimmung der Funktion ist anspruchsvoller, gilt es doch hier, die Beziehung zum Verb genauer zu klären. In der grammatischen Tradition überschneiden sich zwei Modelle, was in der schulischen Arbeit zu Schwierigkeiten führen kann: Unterschieden wird einerseits zwischen Subjekt, Objekt und Adverbiale, andererseits zwischen Ergänzungen und Angaben. Das Problem soll anschließend an dem tabellarischen Überblick genauer erläutert werden, wobei die Darstellung mit Vorschlägen zur sinnvollen, nicht falschen Vereinfachung in der Schule abschließt.

Die beiden Bestimmungskriterien „Form" und „Funktion" lassen sich am besten als Kreuzklassifikation in einer Tabelle darstellen. Da in die einzelnen Felder Beispiele eingefügt sind, erschließt sich die Kategorisierung relativ direkt. Die Tabelle in Abbildung 6 orientiert sich an den Darstellungen bei Gallmann/Sitta 1996, S. 119 und

Boettcher 2009a, S. 101. Bezüglich Ausführlichkeit steht sie zwischen der knapperen Tabelle von Gallmann/Sitta und der sehr systematischen Tabelle von Boettcher. Mit * gekennzeichnete Konstruktionen sind veraltet oder finden sich nur in festen Wendungen. Sie kommen ziemlich selten vor.

Die formalen Kategorien (in der Tabelle vertikal, Spalte links) beruhen auf dem Modell, das in einem ersten Angang fünf Wortarten unterscheidet. „Adjektiv" und „Adverb" sind so zu lesen, dass Adverbien nur auf die (satzgliedfähige) Untergruppe der Wortart „Partikel" bezogen wird; adverbial verwendete Adjektive werden nicht als Adverb kategorisiert. Die funktionalen Kategorien (horizontal, Zeilen oben) umfas-

Funktion →	**Ergänzungen**	
Form ↓	**Subjekt, Objekte**	**Prädikative Ergänzungen**
Nominalgruppe/ Pronomengruppe im Nominativ	Subjekt ***Der Salat*** *schmeckt wunderbar.* ***Alle*** *loben die Sauce.*	prädikative Nominativergänzung, Gleichsetzungsnominativ *Der Pizzabäcker ist* ***ein Künstler.***
im Genitiv	Genitivobjekt * *Wir bedürfen* ***einer guten Beratung.***	prädikative Genitivergänzung * *Er ist* ***guten Mutes****.*
im Dativ	Dativobjekt *Sie stellt* ***dem Kellner*** *eine Frage.* *Er gibt* ***ihr*** *einen Geheimtipp.*	
im Akkusativ	Akkusativobjekt *Jetzt wählen wir* ***den Nachtisch*** *aus.* *Soll ich* ***diesen*** *oder* ***jenen*** *nehmen?*	prädikative Akkusativergänzung, Gleichsetzungsakkusativ *Sie nennt den Salat* ***einen Traum.***
Adjektivgruppe		prädikative Adjektivergänzung *Die Pizza ist* ***riesig****.*
Adverbgruppe		
Präpositionalgruppe	Präpositionalobjekt *Wir warten* ***auf den Freund deiner Schwester.*** *Jana denkt* ***an ihn****.*	prädikative Präpositionalergänzung *Der Koch ist* ***unter großem Stress***
Konjunktionalgruppe		prädikative Konjunktionalergänzung *Der Schokokuchen gilt* ***als Geheimtipp.***

Abb. 6: Klassifikation der Satzglieder

sen Subjekt, Objekt, Prädikativ und Adverbiale, zusätzlich ist in der obersten Zeile die Unterscheidung von Ergänzung und Angabe einbezogen.

1.3.3.1 Unterscheidung der Funktion nach Subjekt, Objekt und Adverbiale

Diese klassische Kategorisierung fragt danach, welche Satzglieder vom Verb in einer bestimmten Form „verlangt" werden und welche formal freier dazukommen.

Praktisch alle deutschen Verben werden im Satz mit einem Subjekt (im Nominativ) kombiniert, viele verlangen ein Akkusativ- und/oder ein Dativobjekt oder sogenannte präpositionale Objekte. Genitivobjekte kommen in der Gegenwartssprache nur noch

	Angaben
dverbiale Ergänzungen	**Adverbiale Angaben**
	adverbialer Genitiv, Genitivangabe * ***Eines Tages*** *werde ich einen teuren Wein bestellen.*
	adverbialer Dativ, Dativangabe ***Dem Koch*** *ist die Sauce verbrannt.*
	adverbialer Akkusativ, Akkusativangabe *Das Lokal ist* ***den ganzen Tag*** *geöffnet.*
dverbiale Adjektivergänzung *ie Zubereitung von frischem Risotto dauert* ***lange****.*	adverbiale Adjektivangabe *Die Küchenbrigade arbeitet* ***schnell****.*
dverbiale Adverbergänzung *ie Toilette befindet sich* ***dort****.*	adverbiale Adverbangabe ***Vorgestern*** *habe ich Pizza Hawaii gegessen.*
dverbiale Präpositionalergänzung *ie Pizza liegt* ***auf dem Teller****.*	adverbiale Präpositionalangabe ***Beim Eingang*** *singen einige laute Gäste.*
dverbiale Konjunktionalergänzung *as Kind am Nebentisch führt sich auf* ***wie ein leiner Teufel****.*	adverbiale Konjunktionalangabe *Das Baby brüllt* ***wie am Spieß****.*

sehr selten vor; die Verben, welche Genitivobjekte verlangen, werden vermieden oder anders konstruiert, z. B. *Ich enthalte mich des übermäßigen Alkoholkonsums; wir entbehren einer tauglichen Ausrüstung; du bedarfst einer guten Beratung.* Die Information über die nötigen Objekte ist eng mit dem Verb verbunden und kann in Form von Lexikoneinträgen festgehalten werden, ohne dass konkrete Sätze vorliegen:

- *schmecken* – jemand/etwas schmeckt (Subjekt) – *Der Salat schmeckt sehr gut.*
- *auswählen* – jemand wählt etwas aus (Subjekt und Akkusativobjekt) – *Wir wählen den Nachtisch aus.*
- *geben* – jemand gibt jemandem etwas (Subjekt, Dativobjekt, Akkusativobjekt) – *Der Kellner gibt ihr einen Geheimtipp.*
- *schmecken* – etwas schmeckt jemandem (Subjekt, Dativobjekt) – *Der Salat schmeckt allen Gästen.*
- *warten* – jemand wartet auf jemanden/auf etwas (Subjekt, präpositionales Objekt) – *Wir warten auf den Freund deiner Schwester.*
- *denken* – jemand denkt an jemanden/an etwas (Subjekt, präpositionales Objekt) – *Jana denkt an ihn.*

Werden konkrete Sätze analysiert, enthalten sie meistens zusätzliche Satzglieder, die nicht in dieser Art vom Verb „verlangt" werden.

Die Kerze leuchtet **hell und mit warmem Schein**.
Wir loben **beim Abschied** *das wunderbare Essen.*
Als Dank *gibt Jens dem Kellner* **schmunzelnd** *ein Trinkgeld.*
Das Essen hat uns allen **sehr gut** *geschmeckt.*
Vor der Tür *warten wir* **im heftigen Regen** *auf Jana.*
Auf dem Heimweg *denke ich* **trotz meiner Müdigkeit lange** *über eine seltsame Bemerkung von Helga nach.*

Die Satzglieder, die in diesen Beispielsätzen hervorgehoben sind, bilden die Gruppe der Adverbialien oder „Umstandsbestimmungen". Traditionellerweise werden sie nicht nach ihrer Form, sondern nach ihrem Inhalt kategorisiert: Sie bestimmen das Geschehen temporal (zeitlich), lokal (örtlich), kausal (Ursache) oder modal (Art und Weise), und sie können mit den Fragewörtern *wann, wo, warum, wie* erfragt werden.

Die in den Beispielen in Abbildung 7 hervorgehobenen Satzglieder (Subjekt, Objekte) können nur durch Elemente mit der gleichen Form, d. h. dem gleichen Kasus/der gleichen Präposition, ersetzt werden.

Subjekt, Nominativ		**Objekt, Dativ**	**Objekt, Akkusativ**
Er	*gibt*	***ihm***	***etwas***
Sie		*der Bedienung*	*Geld*
Petra		*allen*	*ein paar Münzen*
Das Geburtstagskind			

Subjekt, Nominativ		**Objekt, präpositional (mit der Präp. *über* + Akk.)**	
Ihre beste Freundin	*denkt*	***über ihre Worte***	*nach*
Niemand		*über das Gehörte*	
Sie		*darüber*	

Abb. 7: Subjekt und Objekte ersetzen

Die Adverbialien in Abbildung 8 dagegen können mit Elementen unterschiedlicher Form ersetzt werden; die Beispiele sind nicht bedeutungsgleich, es geht darum, die Varianz der Formen zu demonstrieren.

Adverbiale				**Adverbiale**	
Als Dank	*gibt*	*Jens*	*dem Kellner*	***schmunzelnd***	*ein Trinkgeld*
Zum Abschied				*mit einem Lächeln*	
Zuletzt				*gern*	

Adverbiale			**Adverbiale**	
Vor der Tür	*warten*	*wir*	***im heftigen Regen***	*auf Jana*
Draußen			*verärgert*	
Anschließend			*lange*	
			umsonst	

Abb. 8: Adverbialien ersetzen

Dadurch, dass die Adverbialien nicht wie Subjekt und Objekt vom Verb vorgegeben sind, erscheinen sie als „weglassbar". Dies stimmt aber nur in diesem sehr engen Sinn. Grundsätzlich, und vor allem wenn man sich mit „echten", nicht konstruierten Beispielen auseinandersetzt, gibt es Einwände:

- Damit ein Satz, insbesondere in einem gegebenen Kontext, informativ und kommunikativ sinnvoll ist, sind Adverbialien oft sehr wichtig und im Alltagsverständnis eben nicht weglassbar. Dieser Einwand kann entkräftet werden mit dem Hinweis darauf, dass „weglassbar" nur in einem engeren, syntaktischen Sinn gemeint sei. Bei der Arbeit in der Schule spielt der Einwand dennoch eine recht große Rolle und führt zu Schwierigkeiten.
- Manche Verben verlangen Ergänzungen, die zwar nicht wie das Subjekt oder die Objekte eine bestimmte Form haben müssen, aber dennoch nötig sind, um syntaktisch vollständige Sätze zu bilden, z. B. *wohnen, dauern, schmecken* etc. Dieser Einwand muss im Rahmen syntaktischer Modelle geklärt werden, da er aber nur im Zusammenhang mit ganz bestimmten Verben auftaucht, ist er für die Schule weniger relevant (s. dazu Abschnitt 1.3.3.2).

Halten wir fest: Es ist sinnvoll, Subjekt und Objekte über ihre enge formale Bindung ans Verb zu definieren, nicht über die Frage, ob sie in einem gegebenen Satz weglassbar sind.

1.3.3.2 Unterscheidung der Funktion nach Ergänzung und Angabe: Valenz

Ein anderes Modell für die Beschreibung syntaktischer Funktionen, die sog. Valenztheorie, setzt primär bei der Frage der „Weglassbarkeit" von Satzgliedern an. Auch hier wird das Verb ins Zentrum gestellt. Alle Elemente, die nötig sind, um ausgehend von einem gegebenen Verb einen grammatisch korrekten Satz zu bilden, gelten als „Ergänzungen", bei den anderen handelt es sich um „Angaben" (Dürscheid 2007, S. 109-126, Duden-Grammatik 2009, S. 775-779, Eisenberg 2006, S. 56-99).

- Ergänzungen: **Wir** *wählen* **den Nachtisch** *aus.* **Wir** *warten* **auf den Freund deiner Schwester. Der Pizzabäcker** *ist* **ein Künstler.**
- Angaben: **Vorgestern** *habe ich Pizza Hawaii gegessen. Das Lokal ist* **den ganzen Tag** *geöffnet.* **Beim Eingang** *singen einige laute Gäste.*

In einem zweiten Schritt wird unterschieden, welche Vorgaben für diese Ergänzungen gelten: Müssen sie eine bestimmte Form haben (z. B. Nominativ, Akkusativ, Präpositionalgruppe) oder müssen sie bestimmte inhaltliche Beiträge leisten (z. B. Information zum Ort bei *wohnen*, zur Dauer bei *dauern*, zur Art und Weise bei *schmecken*)?

- Ergänzungen mit vorgegebener Form:
  Er gibt ihr einen Geheimtipp/ein hübsches Geschenk/eine Ohrfeige (*geben* verlangt eine Ergänzung im Nominativ, eine im Akkusativ und eine im Dativ); *Jana denkt an ihn/an ihre Arbeit/an das unerfreuliche Gespräch vom Vormittag* (*denken* verlangt eine Ergänzung im Nominativ und eine mit der Präposition *an*+Akkusativ).
- Ergänzungen, die inhaltlich bestimmt sind: *Der Salat schmeckt wunderbar/nach nassem Gras/wie junger Spinat; Jens wohnt weit weg/in einem Hochhaus/dort.*

Des Weiteren kann erfasst werden, wie notwendig eine Ergänzung ist, was nicht selten von der Bedeutungsnuance des Verbs abhängt: *Er raucht eine Zigarette* (konkrete Handlung, zwei Ergänzungen im Nominativ und im Akkusativ), aber *Er raucht* (Gewohnheit, eine Ergänzung im Nominativ). Die Valenztheorie bezeichnet Satzglieder, die in konkreten Sätzen vorkommen, aber keine Ergänzungen sind, als „Angaben".

1.3.3.3 Klassische Satzgliedlehre und Valenztheorie

Die beiden oben kurz umrissenen Modelle wollen die gleichen Phänomene erfassen, aber sie gewichten unterschiedlich. Kombiniert man die beiden Modelle vergröbernd (und inhaltlich ungenau), scheint es so, als ob Ergänzungen immer Subjekte und Objekte seien und Angaben mit Adverbialien gleichzusetzen seien. Falsch ist das in denjenigen Fällen, wo ein Verb eine Ergänzung verlangt, deren Form aber nicht spezifiziert: *Wir wohnen in der Nähe des Restaurants/dort. Der Heimweg dauert trotzdem eine Viertelstunde/lange. Dafür hat das Essen prima/wie in Italien geschmeckt.* Die hervorgehobenen Elemente sind Ergänzungen, aber nicht Objekte, sondern Adverbialien.

Die Valenztheorie bietet interesssante Möglichkeiten, die Verbindungen zwischen Verben und Satzgliedern auf verschiedenen Ebenen zu modellieren und auch Brücken zur Semantik und zur Textlinguistik und Pragmatik zu schlagen: Unter welchen Bedingungen kann ein Satzglied weggelassen werden? Ergänzen wir es in der Rezeption aus dem Kontext oder aus unserem Vorwissen? Lohnt es sich, Verben je nach Valenzrahmen mehrfach in einem Wörterbuch aufzuführen (z. B. *rauchen* mit und ohne Akkusativergänzung)? Die vertiefte Auseinandersetzung mit solchen Fragen setzt aber einiges Vorwissen voraus und darüber hinaus einen sicheren Umgang mit theoretischen Fragestellungen. Für den Gebrauch in der Schule sind die Differenzierungen der Valenztheorie anspruchsvoll, da Schülerinnen und Schüler ja über dieses Hintergrundwissen und die damit verbundene Distanz zu sprachlichen Strukturen noch nicht verfügen.

Für die Arbeit in der Schule müssen wir realistisch sein: Ein wichtiger Schritt ist, die Ebene des Satzglieds für Lernende generell greifbar zu machen – im buchstäblichen Sinn: Schülerinnen und Schüler sollen Sätze als Einheit verstehen, die sie um- und ausbauen können, u. a. auf der Ebene der Satzglieder. In einem zweiten Schritt soll ihnen klar werden, dass Satzglieder (anders als Wortarten) relationale Größen sind, dass man sie also immer nur mit Bezug zum Verb kategorisieren kann. Das bedeutet, dass sie bei den Sätzen, die sie analysieren, Satzglieder um die Personalform herum gruppieren. Es bedeutet auch, dass sie bei Verben ansetzen und – anhand ihres sprachlichen Wissens und evtl. mithilfe von Wörterbüchern – sehen, wie viel Information über mögliche Sätze bereits im Verb allein steckt. In einem dritten Schritt können dann wichtige, häufige Satzglieder einen Namen bekommen.

Mit den oben dargestellten Kategorien können viele, aber nicht alle Satzglieder erfasst werden. Im Folgenden geht es deshalb um „besondere" Gruppen, die oft in schulgrammatischen Darstellungen weggelassen werden. Die eine Gruppe sind die prädikativen Satzglieder (1.3.3.4), die anderen solche, die in der Verschiebeprobe oft Probleme bereiten (1.3.3.5).

1.3.3.4 Prädikative Satzglieder

Mit den bisher erarbeiteten Kategorien können wir Satzglieder in Sätzen wie den folgenden nicht einordnen: *Die Köchin ist manchmal ein wenig seltsam. Nennt man das schlechten Stil? Eine große Künstlerin ist sie auf jeden Fall.*

Die Elemente *ein wenig seltsam, schlechten Stil* und *eine große Künstlerin* sind Satzglieder (sie lassen sich in die erste Position verschieben und erfragen).

Die Köchin	*ist*	**eine große Künstlerin.**
Sie	*ist*	**sehr begabt.**
Der Koch	*ist*	**ein großer Künstler.**

Experten	*nennen*	*ihren Wolfsbarsch*	**den Knüller des Jahres.**
Sie	*nennen*	*die Köchin*	**einen Geheimtipp mit Zukunft.**
Sie	*nennen*	*die Köchin*	**eine Frau mit Zukunft.**
Sie	*nennen*	*den Koch*	**einen Mann mit Zukunft.**

Dieser Typ Satzglied hat den gleichen Kasus wie das Subjekt bzw. das Akkusativobjekt, oft wird auch das Genus angeglichen: *Er ist ein großer Künstler, sie ist eine große Künstlerin* (aber auch: *Sie will Ingenieur werden*). Verben, mit denen solche Konstruktionen verbunden sind, gehören zu einer Gruppe, deren Bedeutung man mit „Gleichsetzung" umschreiben kann: Dem Subjekt bzw. dem Akkusativobjekt wird eine Eigenschaft zugeschrieben. Entsprechend werden diese Satzglieder gelegentlich als „Gleichsetzungsnominativ" oder „Gleichsetzungsakkusativ" bezeichnet, was verständlicher klingt als der Fachausdruck „Prädikativ".

Da prädikative Satzglieder in der Schulgrammatik oft nicht thematisiert werden, solche Konstruktionen aber in Alltagstexten relativ häufig vorkommen, kann es sein, dass Schülerinnen und Schüler bei der Arbeit mit eigenen Beispielsätzen ein Prädikativ für das Subjekt oder das Akkusativobjekt halten. Es muss deshalb für Lehrpersonen und auch für die Schülerinnen und Schüler klar sein, dass mit Schulgrammatikmodellen nicht alle Satzglieder einen Namen bekommen und dass nicht jede Wortgruppe im Nominativ ein Subjekt, nicht jede Gruppe im Akkusativ ein Akkusativobjekt ist.

1.3.3.5 Problemfälle

Bei der Bestimmung in der Schule können vor allem an zwei Stellen Schwierigkeiten auftreten: wenn Satzglieder nicht vorfeldfähig sind und wenn sie mit einer Präposition eingeleitet sind.

Problem „Vorfeld"

Oben wurde die Verschiebeprobe als relativ einfach zu handhabendes Verfahren zum Segmentieren von Sätzen, also zum Sichtbarmachen von Satzgliedern, dargestellt. Dazu gibt es einige Einschränkungen zu formulieren:

> *(1) Satzgliedverdächtige Wörter lassen sich manchmal nicht ins Vorfeld verschieben, (2) manchmal scheint im Vorfeld mehr als ein Satzglied stehen zu können und (3) manchmal kann dort offenbar auch weniger als ein Satzglied stehen.* (Boettcher 2009a, S. 91)

Elemente, die Satzglieder sein könnten, aber nicht ins Vorfeld verschoben werden können, sind z. B. Modalpartikeln und bestimmte Pronomen, die nicht betont sind:
Du möchtest **wohl** *gerne nächstes Jahr wieder nach Italien fahren! Ich hätte* **ja** *nie gedacht, dass Tintenfisch so gut schmeckt! – Wir haben es dir* **doch** *gesagt! Jetzt weißt du es.*

Mehr als ein Satzglied im Vorfeld ist insbesondere dann möglich, wenn lokale und temporale Angaben kombiniert werden: **Letztes Jahr/in Italien** *haben wir immer so spät gegessen.* (Boettcher 2009a, S. 93 f.)
Weniger als ein Satzglied im Vorfeld kommt nur unter speziellen Bedingungen vor: So kann ein Nomen vom dazugehörigen Attribut getrennt werden, um einen Kontrast im Kontext zu betonen: *(Bittere Getränke mag ich nicht, aber)* **Gemüse** *esse ich nur* **bitteres**. (Boettcher 2009a, S. 94 f.). Außerdem können sogenannte diskontinuierliche Satzglieder im Satz verteilt vorkommen: **Alle** *haben* **von unserer Tafelrunde** *den Abend sehr genossen.* **Niemand** *wurde* **aus der ganzen Gruppe** *enttäuscht.* (Boettcher 2009a, S. 95 f).

Mit den geläufigen Proben ebenfalls schwer zu erfassen ist eine Untergruppe der Adverbialien, die Boettcher als „Spezialisten" bezeichnet. Diese Adverbialien kommentieren Sachverhalte oder einen Sprechakt und signalisieren Einstellungen (Boettcher 2009a, S. 194-202); Boettcher bezeichnet diese Gruppe nicht als Satzglieder, sondern als „Satzteile" (ebd. S. 195). Auf diese Differenzierung soll hier verzichtet werden, wichtig ist einfach zu sehen, dass hier nicht typische Satzglieder vorliegen; viele von ihnen lassen sich z. B. schlecht ins Vorfeld verschieben:
Marko kann seine riesige Eisportion **kaum** *aufessen. Er kapituliert* **sozusagen** *vor der süßen Wonne. Tina neckt ihn: „Du bist doch* **wohl** *nicht schon satt?"*

Problem „Präpositionalgruppe"

Formal lassen sich Wortgruppen mit einer Präposition relativ leicht erkennen. Schwierig ist gelegentlich, zwischen Satzglied und Attribut zu unterscheiden, und schwierig ist sehr oft, ihre Funktion (Objekt oder Adverbiale) richtig zu bestimmen. Für das erste Problem kann die Verschiebeprobe Klarheit bringen; es gibt jedoch Beispiele, in denen – mindestens in der Optik von Schülerinnen und Schülern – beide Lesarten möglich sind:

Letzte Woche haben wir in der Pizzeria am Stadtsee gegessen.
a In der Pizzeria am Stadtsee haben wir letzte Woche gegessen.
b1 Am Stadtsee haben wir letzte Woche in der Pizzeria gegessen.
b2 In der Pizzeria haben wir letzte Woche am Stadtsee gegessen.

Auch wenn Sprachgefühl und Stellungsregularitäten im Mittelfeld (s. Abschnitt 1.4.3.2) für die Lesart a sprechen, lässt sich nicht bestreiten, dass die Verschiebe-Varianten b1 und b2 möglich sind, und damit auch die Lesart mit zwei lokalen Adverbialien.

Eine weitere Schwierigkeit besteht darin, die Funktion von Präpositionalgruppen zu bestimmen: Sind sie Objekt oder Adverbiale? Für die Unterscheidung zwischen Objekt und Adverbiale (vgl. Duden-Grammatik 2009, S. 838-841, Boettcher 2009a, S. 160-164) muss geklärt werden, welche Valenzstellen das Verb im konkreten Beispiel hat, am besten mit der entsprechenden Frage oder mit dem Blick ins Wörterbuch. Gelegentlich wird zur Unterscheidung eine spezifische Art der Frageprobe empfohlen: Nach einem präpositionalen Objekt wird gefragt mit Präposition+Pronomen/Proadverb mit Präposition (*An wen denkt sie? Worüber denkt sie nach?*), nach dem Adverbiale wird ohne Präposition gefragt: *Wie denkt sie an ihn, wann denkt sie nach?* Diese Variante der Frageprobe setzt aber sehr viel spezifisches Wissen voraus und ist für den Einsatz in der Schule nicht zu empfehlen.

- *Jana denkt mit einem Lächeln* **an ihren Freund**. – *Jana denkt* **an ihrem Geburtstag** *über ihre Zukunftspläne nach.*
  Denken an jemanden → *an ihren Freund* ist Objekt, *mit einem Lächeln* ist Adverbiale.
  Nachdenken über etwas → *über ihre Zukunftspläne* ist Objekt, *an ihrem Geburtstag* ist Adverbiale.

Das setzt eine gewisse Souveränität im Umgang mit operationalen Verfahren voraus und kann im Einzelfall schwierig sein:

- *Beim letzten Urlaub in Rom habe ich mich* **über die Arroganz der Bedienung** *geärgert. Heute finde ich, dass ich mich* **über das richtige Maß (hinaus)** *aufgeregt habe, so schlimm war es gar nicht.*

Fazit zum Umgang mit Problemfällen

Bei der Arbeit am Thema Satzglieder lässt es sich nicht immer vermeiden, auf Problemfälle wie die oben erwähnten zu stoßen, v. a. dann nicht, wenn Beispiele aus Schülertexten oder anderen Quellen einbezogen werden. Es gilt im Auge zu behalten, dass insbesondere für jüngere Lernende die vollständige Analyse nicht das Ziel sein kann. Vielmehr gilt es, eine Vorstellung von der Satzgliedstruktur insgesamt und von wichtigen Kategorien zu entwickeln. Daraus ergeben sich folgende Konsequenzen:

- Die Lehrperson muss wissen, dass es neben typischen auch Elemente gibt, die sich nur mit erhöhtem Beschreibungsaufwand erfassen lassen.
- Für die Einführung von Fachbegriffen (z. B. „Satzglied") und Bestimmungsmethoden (z. B. Verschiebeprobe, Frageprobe) müssen passende Beispiele verwendet werden, d. h. solche, die keine untypischen Satzglieder enthalten.

- Wenn Lernende die Proben auf beliebige Sätze aus eigenen oder anderen Texten anwenden, müssen sie in der Arbeit mit „untypischen" Satzgliedern unterstützt werden. Da dies eine Verunsicherung bedeutet, sollen am Anfang, bis die Bestimmungsmethoden vertraut sind, überschaubare Beispiele eingesetzt werden.
- Bei Leistungsaufgaben/Tests sollen Beispiele vorgelegt werden, die den Horizont des Gelernten und Geübten nicht sprengen, sodass die Schülerinnen und Schüler an geeigneten Beispielen zeigen können, was sie gelernt haben.
- Sowohl die Lehrperson wie auch die Lernenden sollen wissen, dass mit den in der Schule vermittelten Begriffen nicht restlos alle Phänomene erfasst werden können – so, wie man nach einem ersten kurzen Kurs zur Bestimmung von Pflanzen nicht gleich alle Kräuter und Unkräuter klassifizieren kann.

Diese Überlegungen mögen trivial erscheinen. Sie sind aber unbedingt zu beherzigen, denn der Wunsch, im Grammatikunterricht möglichst rasch mit „echten" Beispielen zu arbeiten, kann bei Lernenden und bei Lehrpersonen zu den beschriebenen Verunsicherungen führen. Damit soll keinesfalls langweiligen und banalen Übungsbeispielen das Wort geredet werden – wichtig ist einfach, einen klaren Fokus zu legen und sich bewusst zu sein, welche Nachteile der Anspruch nach authentischen Beispielen in diesem Kontext haben kann: Im schlimmsten Fall haben die Lernenden den Eindruck, die erworbenen Verfahren und Begriffe taugten nichts und Grammatik sei generell ein eher verwirrendes Geschäft.

1.3.4 Attribut

Auch „einfache" Sätze können unübersichtliche, also komplizierte oder schwer verständliche Sätze sein. Das kann entweder daran liegen, dass sie mehr als die valenznotwendigen Satzglieder enthalten, oder daran, dass die einzelnen Satzglieder ihrerseits mehrere Teile enthalten und komplex strukturiert sind:

Dem soeben von einer längeren Geschäftsreise mit vielen anstrengenden, aber erfolgreichen Verhandlungen zurückgekehrten Manager schmeckten die mit höchster Sorgfalt und unter Verwendung ausgewählter frisch importierter Zutaten zubereiteten Cannelloni wie bei unserem ersten Besuch in diesem Restaurant vor drei Jahren hervorragend.

Der Innenbau von Satzgliedern kann nur untersucht werden, wenn die Segmentierung des Satzes in Satzglieder geklärt ist. Auf umfangreichere Satzglieder können dann Weglass- und die Ersatzprobe angewendet werden (Boettcher 2009a, S. 218 f.). Mit der mehrfachen Anwendung der Weglassprobe kann eruiert werden, welche Teile sukzessive wegfallen können, ohne dass der Satz ungrammatisch wird oder seinen Sinn ändert. So kann der Kern oder der Kopf des Satzglieds herausgearbeitet werden.

- *Dem soeben von einer längeren Geschäftsreise mit vielen anstrengenden, aber erfolgreichen Verhandlungen zurückgekehrten Manager*
- *Dem soeben von einer längeren Geschäftsreise mit vielen Verhandlungen zurückgekehrten Manager*
- *Dem von einer Geschäftsreise zurückgekehrten Manager*

- *Dem zurückgekehrten Manager*
- *Dem Manager*

Attribute können formal unterschiedlich gestaltet und kombiniert werden: Nomen (im Genitiv oder als Apposition in der Form des Bezugswortes), Adjektive und Partizipien, Präpositionalgruppen, Konjunktionalgruppen und Adverbien.

Interessanter als die formale Bestimmung ist die Frage, wie komplexe Attributstrukturen Sätze ineinander verschachteln können. Partizipiale Attribute und Nominalisierungen von Verben stehen oft nicht allein – *die zubereiteten Cannelloni* –, sondern übergeordnet zu weiteren Attributen, die man sich als Satzglieder eines oder mehrerer eigenständiger Sätze vorstellen kann: *die mit höchster Sorgfalt und unter Verwendung ausgewählter frisch importierter Zutaten zubereiteten Cannelloni – Die Cannelloni wurden mit höchster Sorgfalt zubereitet, wobei ausgewählte frisch importierte Zutaten verwendet wurden.* oder *Die Cannelloni wurden mit höchster Sorgfalt zubereitet. Es wurden ausgewählte frisch importierte Zutaten verwendet.*

In fachsprachlichen Texten werden solche Verfahren oft eingesetzt, um Information zu verdichten. „Einfache" Sätze, d. h. solche mit nur einer Personalform, enthalten dann so viel Information wie ein Satzgefüge oder eine Reihe aus mehreren Sätzen. Für solche Strukturen wurde neben dem einfachen und dem komplexen Satz eine eigene Kategorie angesetzt, der sogenannte „komprimierte" Satz (v. Polenz 1985, S. 42 f.). Solche Beispiele sollen nicht zur Basis von Grammatikübungen werden. Sie illustrieren jedoch eine Möglichkeit, Satzstrukturen zu variieren, welche über die rein quantitative Erweiterung um Attribute hinausgeht und welche typisch ist für die Gestaltung von konzeptionell schriftlichen Texten (s. Abschnitt 1.6.2). Die Arbeit mit verschiedenen Typen von Attributen berührt sich an dieser Stelle mit dem Gestalten von komplexen Sätzen (s. Abschnitt 1.5.3.5) und dem Entfalten von unterschiedlichen Formulierungsmöglichkeiten in Texten (s. Abschnitt 1.5.3.6).

1.4 Reihenfolge (Topologie) der Satzglieder

1.4.1 Fragestellung

Über die Reihenfolge der Satzglieder machen wir uns im Normalfall nicht viele Gedanken. Gelegentlich suchen wir beim Überarbeiten von Texten nach Alternativen (z. B. dann, wenn es gilt, Sätze in Briefen nicht zu oft mit *ich* anzufangen). Manchmal bemerken wir auch, dass Fremdsprachige eine auffällige oder falsche Reihenfolge wählen – wir können ihnen zwar Verbesserungsvorschläge machen, aber oft nicht genau sagen, auf welche Regeln wir uns berufen. Daraus lässt sich schließen: Im Deutschen sind die Regeln nicht so eng, dass es nur eine Möglichkeit gäbe, Satzglieder anzuordnen – sonst könnten wir nicht unterschiedliche Reihenfolgen ausprobieren. Dennoch ist die Reihenfolge nicht völlig frei – sonst könnten wir keine Fehler feststellen.

D

Kurze Texte von DaF-Studierenden

In der frühen Gesellschaft die Mutter war meistens alleine mit den Kindern. (Ecuador)

Kritiker von zu viele Autos fragen, wozu man braucht 200 km schnell Auto, wenn man in 30- und 50-km-Zonen nicht benutzen kann.

Wenn Mann immer müßig geht, er kann keine intelligente Mensch werden. (Japan)

(Pflaum 2003, S. 25 u. 41)

Einige der Regeln, die hinter der Reihenfolge der Satzglieder stehen, sind im Einzelnen ziemlich kompliziert. Sie sollen hier knapp dargestellt werden, aber nicht mit der Idee, dass sie so explizit an Schülerinnen und Schüler vermittelt werden, vor allem nicht an solche mit Deutsch als L1. Deshalb sollen hier nicht alle Phänomene in ihrer Komplexität erläutert werden, sondern es wird herausgearbeitet, welche Rolle Stellungseigenschaften im syntaktischen Kontext spielen und weshalb zwar nicht völlige Freiheit, aber doch Spielraum besteht. Bei diesem Thema zeigt sich besonders deutlich, wie unterschiedlich eine formal orientierte und eine funktionale Beschreibung ausfallen: Auf der formalen Seite ermöglichen Feldermodell und Klammerstruktur anspruchsvolle detaillierte Aussagen darüber, welche Elemente (z. B. Satzgliedtypen) wo stehen können – unter dieser Perspektive fällt es schwer, sich ein konkretes Bild von den Regularitäten zu machen. Auf der anderen Seite versucht die funktionale Perspektive, ein Grundprinzip zu formulieren und die beschreibbaren Phänomene diesen zuzuordnen, um sie schlüssig zu erklären. Allerdings gibt es auch funktional nicht ein einzelnes Grundprinzip, sondern Tendenzen.

Nebeneinander finden wir unterschiedliche Termini für Stellungsregularitäten: Wortstellung – Reihenfolge oder Topologie (Altmann/Hofmann 2008, S. 22). Das alltagsnahe „Wortstellung" ist ungenau, denn es geht primär um die Stellung ganzer Wortgruppen, also der Satzglieder, oder um die Ausprägung der Satzklammer; „Topologie" hat dagegen den Nachteil, als Ausdruck nicht allgemein bekannt zu sein und deshalb Abwehrreflexe auszulösen.

Gründe dafür, dass Stellungseigenschaften schwer auf den Punkt zu bringen sind, gibt es mehrere:

- In manchen Sprachen werden die syntaktischen Rollen der Elemente im Satz morphologisch sehr deutlich gekennzeichnet. Latein z. B. kennt viele ausgeprägte Flexionsendungen. Der syntaktische Zusammenhang zwischen den Teilen eines Satzes lässt sich deshalb unabhängig von ihrer Reihenfolge gut erkennen. Andere Sprachen, z. B. Englisch, kennen nur wenige Flexionsendungen. Ohne fix geregelte Abfolgen der Satzglieder gäbe es viele Unklarheiten. Bezüglich morphosyntaktischer Markierung liegt die deutsche Sprache zwischen diesen beiden Extremen. Manchmal können wir den Kasus an den Wörtern und Wortgruppen ablesen, manchmal nicht. Entsprechend ist es hilfreich, wenn die Reihenfolge nicht ohne Grund verändert wird, sie muss aber auch nicht immer starr gleich sein (Altmann/Hofmann 2008, S. 17, 109 f.).

- Die Reihenfolge der Elemente im Satz hat einerseits eine syntaktische Funktion, indem sie also den Satz als Konstruktion verständlich und eindeutig macht, andererseits werden mit der Reihenfolge auch Bedeutung (z. B. der Bezug/Skopus von Negationswörtern), stilistische Variation und die Gliederung des Texts (z. B. Fokus-Hintergrund) signalisiert. Entsprechend komplex ist das Zusammenspiel der Ebenen.
- Da die Reihenfolge der Satzglieder nicht eng beschränkt ist, kann sie als Ausdrucksmittel genutzt werden für die kommunikative Gewichtung der Information. Damit ist angesprochen, dass Reihenfolgebeziehungen eigentlich nicht kontextfrei diskutiert werden können.

Wer gewichtet, setzt etwas anderes voraus, das eine Folie für die Gewichtung bildet. Kommunikative Gewichtung leistet eine Ausdifferenzierung des Gesagten in Vordergrund und Hintergrund, mit der das vermittelte Wissen bewertet wird. Der Hintergrund kann die Umgebung eines in den Vordergrund gerückten Satzes oder einer Äußerung sein, meist aber hat ein Satz selbst eine Vordergrund-Hintergrund-Strukturierung. Unter dem Vordergrund verstehen wir den Teil des Gesagten, der für den Adressaten durch spezifische Mittel als gewichtet markiert ist. (...) Mit Akten des Gewichtens lenken Sprecher/Autor aufgrund vorgängiger Bewertung die Adressaten auf Elemente des Gesagten, die in ihrem Wissen einen spezifischen Stellenwert erhalten sollen.

(Hoffmann 2003b, S. 105)

- Reihenfolgebeziehungen müssen unter zwei Perspektiven diskutiert werden: Einerseits stellt sich jeweils die Frage, ob ein Satz punkto Reihenfolge grammatisch korrekt sei, andererseits kann beurteilt werden, ob er stilistisch markiert sei. Damit ist gemeint, dass die Reihenfolge der Satzglieder auffällig ist und dass sie nur in besonderen Kontexten denkbar ist. Meist schlägt sich das nicht nur in der Reihenfolge, sondern auch in der besonderen Betonung einzelner Elemente nieder (Boettcher 2009a, S. 10-12). Wenn experimentiert wird, muss dieser Unterschied immer sorgfältig beachtet werden – markiert heißt nicht ungrammatisch!

Eine vollständige Diskussion topologischer Eigenschaften des Satzes behandelt die Verbstellung im Satz (s. Abschnitt 1.2), die verbale Klammer/Klammerstruktur des Satzes sowie seine Stellungsfelder (1.4.2, 1.4.3), insbesondere die Abfolge der Satzglieder im Mittelfeld (1.4.3.2) und die Ausklammerung (1.4.4; Altmann/Hofmann 2008, S. 121f.). Bei dieser Aufzählung wird auch deutlich, dass sich die Frage nach topologischen Eigenschaften nicht unabhängig von anderen Stichwörtern (Satzarten, Satzgliedern etc.) diskutieren lässt.

1.4.2 Stellung des Verbs und Stellungsfelder-Modell

Systematisch klar festgelegt ist der Rahmen für den ganzen Satz, der mit dem sogenannten Stellungsfelder-Modell beschrieben wird. Ganz neutral ist es, die verschiedenen Satztypen nach der Stellung des finiten Verbs/der Personalform zu benennen: Verberstsatz, Verbzweitsatz und Verbletztsatz – meist illustriert mit Frage-, Aussage- und Nebensatz (s. Abschnitt 1.2). Es spricht nichts dagegen, sich solche Beispiele einzuprägen. Wichtig ist aber, dass die Zuordnungen zwischen Satzart und Stellungstyp nicht ausschließlich verstanden werden, denn es sind auch andere Zuordnungen möglich: Ergänzungsfragen werden mit Verbzweitsätzen gebildet: *Wann müsst ihr aufbrechen? Wo bleibt bloß Jana?*; einige Nebensatztypen sind Verberst- oder Verbzweitsätze. Im Gefüge können sie durch einen Verbletztsatz mit *wenn* oder *dass* als Einleitewort ersetzt werden. Deshalb werden, wenn es um die Stellung des finiten Verbs/der Personalform geht, die neutralen Bezeichnungen Verberst-, Verbzweit- und Verbletztsatz verwendet (s. Abb. 9).

Stellungstyp	Typische Beispiele	Andere Beispiele
Verberstsatz	**Fragesätze** (Entscheidungsfragen): ***Möchtest** du auch einen Salat bestellen als Vorspeise?* **Befehlssätze:** ***Vergiss** deine Handtasche nicht!*	**Nebensätze** ohne Einleitewort: ***Wird** der Ofen gut geheizt, ist die Pizza in 10 Minuten fertig gebacken.*
Verbzweitsatz	**Aussagesätze:** *Der Kellner **wird** gleich unser Essen bringen. Auf den Nachtisch **freue** ich mich besonders.*	**Fragesätze** (Ergänzungsfragen): *Wann **müsst** ihr aufbrechen?* *Wo **bleibt** bloß Jana?* **Nebensätze** ohne Einleitewort: *Marko sagt, er **wolle** keinen Salat.*
Verbletztsatz	**Nebensätze** mit einer Konjunktion oder einem Pronomen als Einleitewort: *Marko freut sich, dass er heute Abend Pommes bestellen **darf**. Weil er so hungrig **ist** nach dem Fußballtraining, vertilgt er gleich die ganze Portion.* *Die Pommes, die hier serviert **werden**, sind besonders knusprig.*	

Abb. 9: Übersicht über die Stellungstypen

Das sog. Stellungsfeldermodell hilft, alle drei Stellungstypen einem einheitlichen Grundmuster zuzuordnen. In Abbildung 10 wird eine einfache Form dargestellt, weiter unten (1.4.4) folgt eine Ausdifferenzierung, mit welcher auch zusätzliche topologische Besonderheiten erfasst werden können.

Vorfeld	Klammer Verb	Mittelfeld	Klammer Verb	Nachfeld
	Möchtest	*du auch einen Salat*	***bestellen***	*als Vorspeise*
	Vergiss	*deine Hand-tasche nicht*		
	Ist	*der Ofen heiß*		
Der Kellner	***wird***	*gleich unser Essen*	***bringen***	
Auf den Nachtisch	***freue***	*ich mich besonders*		
Er	***wolle***	*keinen Salat*		
Dass		*er heute Abend Pommes*	***bestellen darf***	
Weil		*er so hungrig*	***ist***	*nach dem Fußballtraining*

Abb. 10: Stellungsfelder – Vorfeld, Mittelfeld, Nachfeld

Dabei wird sichtbar, dass nicht immer alle Felder besetzt sein müssen. Insbesondere das Nachfeld bleibt oft leer, es gibt keine Elemente, die zwingend hier stehen müssen. Wenn es besetzt wird, ist dies oft ein Zeichen für konzeptionelle Mündlichkeit (s. Abschnitt 1.6.2).

Die Verschiebeprobe, welche für das Erarbeiten der Satzglieder zentral ist, beruht auf den Stellungseigenschaften des Aussagesatzes. Deshalb sollen diese im Folgenden genauer dargestellt werden, wobei auch auf Schwierigkeiten beim Einsatz der Verschiebeprobe hingewiesen wird.

1.4.3 Satzglieder im Vorfeld, im Nachfeld und im Mittelfeld

1.4.3.1 Satzglieder im Vorfeld

Für die Besetzung des Vorfelds gilt, dass nur ein Satzglied dort stehen kann. Welches Satzglied das sein muss, ist nicht definiert, es gibt im Gegenteil fast unbeschränkt viele Möglichkeiten, die im Textverlauf kommunikativ unauffällig sind. Oft wird das Subjekt als typisches Element im Vorfeld genannt, ausgehend von einer „Grundstellung" Subjekt – Finitum – Objekt (Boettcher 2009a, S. 15-17, anders Altmann/Hofmann 2008, S. 84). Präziser ist es, zwischen Textanfang und -fortsetzung zu unterscheiden:

Am Anfang von Texten stehen oft Satzglieder im Vorfeld, die es ermöglichen, die Äußerung persönlich, zeitlich oder örtlich einzuordnen. Bei Sätzen im Textinnern knüpft das Satzglied im Vorfeld vorwiegend an die vorangegangenen Äußerungen an, nimmt also Vorerwähntes wieder auf.

(Duden-Grammatik 2006, S. 891)

Typischerweise findet sich im Vorfeld bereits bekannte Information, das sogenannte Thema (im textlinguistischen Sinn, s. Abschnitt 1.6.3), die neue Information folgt dann am Ende des Mittelfelds.

Einige wenige Satzglieder können grundsätzlich nicht ins Vorfeld gerückt werden, auch nicht bei starker Betonung, z. B. Modalpartikeln oder die Satznegation (s. Abschnitt 1.3.3.5; Altmann/Hofmann 2008, S. 89).

Du möchtest **wohl** *gerne nächstes Jahr wieder nach Italien fahren! Ich hätte* **ja** *nie gedacht, dass Tintenfisch so gut schmeckt! – Wir haben es dir* **doch** *gesagt! Du hast es* **nicht** *geglaubt.*

Wenn die Verschiebeprobe eingeführt wird, müssen solche Beispiele vermieden werden. Bearbeiten Schülerinnen und Schüler später eigene Beispiele, muss deutlich gemacht werden, dass die Verschiebeprobe die meisten Satzglieder erfasst, dass es aber (begrenzte und begründete) Ausnahmen gibt, die sich mit der Verschiebeprobe nicht erfassen lassen. Wichtig ist, dass die Lehrperson Verschiebbarkeit als wichtige Eigenschaft von Satzgliedern kennt, aber darum weiß, dass sich der Satzgliedstatus nicht darauf reduzieren lässt.

1.4.3.2 Satzglieder im Mittelfeld

Da nur ein Satzglied im Vorfeld stehen kann, befinden sich im Mittelfeld normalerweise alle übrigen Satzglieder. Da nur hier, weder im Vor- noch im Nachfeld, überhaupt mehrere Satzglieder geordnet werden müssen, wirken sich die oben erläuterten Eigenschaften des Deutschen keine ganz starre Reihenfolge, aber auch keine völlige Freiheit – insbesondere hier aus, d. h., die Reihenfolge der Satzglieder im Mittelfeld muss genauer untersucht werden. Dass die Abfolge der Satzglieder von verschiedenen Faktoren abhängig ist, macht die Regeln relativ kompliziert.

Wichtig ist einerseits die Funktion eines Satzglieds, also seine Beziehung zum Verb, andererseits die konkrete Realisierung: Besteht ein Satzglied aus einer Nominalgruppe, einer Präpositionalgruppe oder „nur" aus einem Pronomen? Und zusätzlich: Wie lang bzw. wie komplex ist ein Satzglied? Ähnlich wie bei der Besetzung des Vorfelds kann zudem die Wichtigkeit eines Satzgliedes im kommunikativen Kontext eine Rolle spielen. Es überlagern sich also verschiedene Faktoren, was vor allem bei Sätzen mit vielen Satzgliedern schwer zu analysieren ist.

Normalerweise gelten die folgenden Tendenzen (sog. Präzendenzprinzipien, die angeben, welche Satzglieder vor anderen stehen). Zu Illustrationszwecken wird hier von einem Verb-End-Satz/Nebensatz ausgegangen, weil hier kein Satzglied ins Vorfeld gerückt werden muss (Boettcher 2009a, S. 24); vollständig wäre eine Darstellung mit allen drei Stellungstypen.

- das Subjekt steht vor den anderen Satzgliedern ..., *dass der Koch mit viel Liebe eine besondere Sauce zubereitet.*
- Dativobjekt vor Akkusativobjekt vor Präpositionalobjekt ..., *dass der Koch seinen Gästen eine besondere Sauce zubereitet ..., dass der Koch seinen Neffen in die Kunst des Dünstens einführt.*
- Adverbiale stehen zwischen den Objekten: temporales Adverbiale vor Dativobjekt vor Akkusativobjekt vor lokalem Adverbiale vor Präpositionalobjekt ..., *dass der Koch gestern Abend seinen Gästen eine besondere Sauce vorschlägt; ..., dass der Koch heute seine Gäste an das schöne Fest erinnerte.*
- Für Personalpronomen gelten andere Stellungsregeln, so z. B. Akkusativ- vor Dativobjekt: ..., *dass er sie ihnen zubereitet.*

Abfolge-Regularitäten können auch weniger direkt auf Satzgliedtypen bezogen werden: Satzglieder ohne Akzent stehen vor solchen mit Akzent, Belebtes steht vor Unbelebtem, bei zeitlichen und örtlichen Abfolgen wird die tatsächliche Reihenfolge abgebildet, und kurze Satzglieder stehen vor längeren, wie die Beispiele in Abbildung 11 illustrieren (Boettcher 2009a, S. 26 f.).

> *Einige dieser Tendenzen lassen sich – mit aller Vorsicht – noch einmal semantisch zusammenfassen: Schwerere Satzglieder stehen nach leichteren. Schwerer kann dabei heißen: informatorisch schwerer (=rhematischer), morphologisch schwerer (=länger), kontextuell schwerer (=Demonstrativum gegenüber Personale [Pronomen, Anm. d. A.], tonal schwerer (=akzenthaltiger).*
>
> (Boettcher 2009a, S. 27)

Die vorliegenden Ausführungen sind nicht mehr als Hinweise mit dem Ziel, zu zeigen, dass es zwar Regularitäten für die Abfolge der Satzglieder im Mittelfeld gibt, dass diese aber auf unterschiedlichen Ebenen operieren und deshalb schwer darstellbar sind. Deshalb soll dieser Bereich nicht systematisch erarbeitet werden. Wichtiger ist es, in der Arbeit an Texten auf Stellungsmöglichkeiten zu achten und Varianten auszuprobieren. Da auch pragmatische Gesichtspunkte wichtig sind, also der Stellenwert der Elemente im Text und in der Situation, soll das Thema „Reihenfolge der Satzglieder" nicht anhand isolierter Sätze bearbeitet werden.

1.4.3.3 Satzglieder im Nachfeld

Das Nachfeld muss nicht, kann aber besetzt sein, insbesondere bei konzeptioneller Mündlichkeit oder als Besonderheit in literarischen Texten. Die Elemente im Nachfeld sind in der Regel Angaben – also nicht valenzgebundene Elemente (s. Abschnitt 3.2.2). Das heißt, dass nur solche Adverbialien im Nachfeld stehen können, die nicht fest mit dem Verb verbunden sind (Altmann/Hofmann 2008, S. 100; Boettcher 2009a, S. 28).

Ich frage mich, was die wohl diskutieren an jenem Tisch dort drüben.

Diese Spaghetti haben wunderbar geschmeckt wegen der besonderen Sauce.

Wie die anderen Stellungsfelder ist das Nachfeld bezüglich Intonation und Interpunktion nicht vom Rest des Satzes abgetrennt. Nicht zu verwechseln mit dem Nach-

Beispiel	Satzglieder	Grundprinzip „Gewicht“
Alle haben ***sich langsam*** *gemäß den Tischkarten* ***an den Tisch*** *gesetzt,*	temporales Adverbiale – lokales Adverbiale	längere Satzglieder nach kurzen
und Jens hat ***seine Gäste in seinem Lieblingslokal*** *begrüßt.*	Akkusativobjekt – lokales Adverbiale	längere Satzglieder nach kurzen, rhematische Satzglieder weiter rechts
Unter anderem wies ***er sie auf eine ausgedruckte Mail von seinem Bruder*** *hin.*	Subjekt – Akkusativobjekt – Präpositionalobjekt	längere Satzglieder nach kurzen, rhematisches Satzglied weiter rechts
a *Schmunzelnd las* ***er sie ihnen*** *vor.* b *Schmunzelnd las* ***er ihnen diese*** *vor.*	a Subjekt – Akkusativobjekt (Personalpronomen) – Dativobjekt (Personalpronomen), aber b Subjekt – Dativobjekt – Akkusativobjekt (Demonstrativpronomen)	Akzent und kontextuelles Gewicht
Sein Bruder hatte ***heute Mittag diesen modernen elektronischen Weg für seine Nachricht*** *gewählt,*	temporales Adverbiale – Akkusativobjekt	längere Satzglieder nach kurzen
denn am Kommen war ***er wegen einer Erkältung und wegen seiner chronisch schlechten Zeitplanung*** *gehindert.*	Subjekt vor anderen Satzgliedern	längere Satzglieder nach kurzen
Jens nahm ***seinem Bruder diese Panne nicht*** *übel.*	Dativobjekt vor Akkusativobjekt	rhematisches Satzglied weiter rechts

Abb. 11: Satzglieder im Mittelfeld – Beispiele

feld sind deshalb Herausstellungen am rechten Rand des Satzes, die eine solche Pause aufweisen; auf sie wird im folgenden Abschnitt eingegangen.

1.4.4 Kommunikative Gewichtung und Herausstellungen

Bereits die Diskussion des Vor- und Nachfeldes hat gezeigt, dass die Stellungsmöglichkeiten der Elemente Spielraum eröffnen für die kommunikative Gewichtung von Informationseinheiten im Satz. Hörer und Leser können auf bestimmte Schwerpunkte aufmerksam gemacht werden, wer spricht oder schreibt, kann mit der Reihenfolge der

Elemente seine Äußerung strukturieren. Tendenziell stehen die bekannten Elemente vorn im Satz, die neuen weiter hinten (das gilt allerdings nicht für Antworten auf Fragen oder besondere Hervorhebungen im Kontrast). Besonders wenn gesprochene oder mündlichkeitsnahe Sprache analysiert wird, genügt allerdings das oben erläuterte Stellungsfeldermodell nicht mehr. An beiden Rändern des Satzes können Elemente platziert werden, die nicht vollständig in den Satz integriert sind, sondern für sich stehen. Sie werden mittels Intonation und Pausen, geschrieben als Satzzeichen (Komma, Doppelpunkt, Gedankenstrich, Klammer) vom Rest des Satzes abgetrennt (Altmann/Hofmann 2008, S. 144-154 und S. 158-162). Die Erscheinung, dass ein Element innerhalb des Satzes als Pronomen realisiert ist und vor oder nach dem Satz wiederholt wird (Beispiele in den Abbildungen 12 und 13 mit *), nennt man Links- bzw. Rechtsversetzung (left/right dislocation). Durch die Pronomen wird ein ana- bzw. kataphorischer Bezug hergestellt, die herausgestellten Elemente sind hier also nicht so stark isoliert wie in den anderen Beispielen (Altmann/Hofmann 2008, S. 148 f., 158).

Vor-Vorfeld	**Vorfeld**	**Klammer Verb**	**Mittelfeld**	**Klammer Verb**	**Nachfeld**
Diese Espresso-maschine,	*die**	*hätte*	*ich auch gerne zu Hause*		
Du Vielfraß,	*bei diesem Tempo*	*kannst*	*du doch die Pizza gar nicht*	*genießen*	
Apropos Wein,	*mir*	*wurde*	*ein sehr interessantes Buch*	*empfohlen*	*bei meinem letzten Wein-seminar*
Um das klar zu sagen:	*diese Papier-servietten*	*sind*	*in einem so teuren Restaurant ein schlimmer Stilbruch*		

Abb. 12: Herausstellung nach links

Vorfeld	Klammer, Verb	Mittelfeld	Klammer, Verb	Nachfeld	Nach-Nachfeld
*Das**	*hat*	*mir wieder mal wunderbar*	*ge-schmeckt,*		***dieses Essen***
	Hat	*er* uns nicht wunderbar*	*bedient,*		***der nette alte Kellner?***
Hier	*kann*	*ich mich immer ein wenig*	*erinnern*	*an den Urlaub in Italien,*	***dank all den Düften und der Musik***
Bestimmt	*werden*	*wir bald wieder einmal hier*	*essen,*		***und zwar bald***

Abb. 13: Herausstellung nach rechts

Zusammenfassend soll der Blick noch einmal auf den Satz als Ganzes gerichtet werden. Wenn die kommunikative Gewichtung als bestimmend für die Reihenfolge der Satzglieder gesehen wird, ergibt sich folgendes Bild: Bekannte Informationsteile stehen eher am Anfang, Neues eher am Schluss, der wichtigste Informationsteil steht nahe bei der zweiten Klammer, und wenn ein weiterer Teil hervorgehoben werden soll, steht er im Vorfeld (Hoffmann 2003b, S. 108-111).

Die Arbeit am Thema „Reihenfolge der Satzglieder" muss unbedingt anwendungsbezogen in der Arbeit am Text erfolgen; die Schülerinnen und Schüler sollen die Möglichkeiten der Topologie nutzen können, ohne sich mit zu komplexen oder zu ungenauen Regeln zu befassen. Schülerinnen und Schüler sollen dazu angeregt werden, die topologischen Möglichkeiten auch stilistisch und kommunikativ zu nutzen, aber klar falsche Formulierungen müssen korrigiert werden, auch wenn damit kein Regellernen verbunden ist. Wichtig ist, bei Korrekturen zu präzisieren, ob die bemängelte Lösung wirklich falsch ist, also unter keinen Umständen möglich, oder ob sie ungewöhnlich bzw. kommunikativ nicht angemessen sei.

1.5 Zusammengesetzter Satz, Haupt- und Nebensätze

1.5.1 Vorbemerkung zur Relevanz des Themas für die Schule

D

Wie kommt es, dass Sätze so unterschiedlich lang sind?

Sätze sind unterschiedlich lang, weil sie nicht immer dasselbe bedeuten oder aussagen und weil man sie zusammenziehen oder zusammenhängen kann. Es kommt auch ganz darauf an, für welche Situation man den Satz braucht. (Adrian, 9. Klasse)

Der zusammengesetzte Satz wäre ein wichtiges und interessantes Thema für die Sprachreflexion: Hier lassen sich Erkenntnisse gewinnen, die direkt für das Schreiben nutzbar gemacht werden können, denn zusammengesetzte Sätze sind ein typisches Merkmal von konzeptioneller Schriftlichkeit, und solche Ausdrucksmittel müssen Schülerinnen und Schüler gezielt erwerben und ausbauen. Wenn jedoch textbezogen am zusammengesetzten Satz gearbeitet wird, geschieht dies im Rahmen von Textüberarbeitungen, oft ohne systematischen Fokus und ohne dass die Begriffe aus dem Grammatikunterricht zum Tragen kommen. Im Grammatikunterricht dagegen lässt sich eine mehrfache Reduktion beobachten:

- Ausgangspunkt für viele syntaktische Fragen ist nur der einfache Satz, insbesondere der Aussagesatz (s. Abschnitt 1.5.2). Dies gilt auch für linguistische Darstellungen (z. B. Dürscheid 2007, S. 58, Eisenberg 2006).
- Wo der zusammengesetzte Satz thematisiert wird, liegt der Fokus beim Satzgefüge (aus Haupt- und Nebensatz), andere Formen des zusammengesetzten Satzes werden nicht systematisch einbezogen. Gut entwickelte Schriftlichkeit zeichnet sich aber gerade dadurch aus, dass Schreibende ein breites Repertoire an syntaktischen Strukturen einsetzen können, d. h. neben Satzgefügen auch Nominalisierungen und verschiedene Formen der Satzverbindung und der Strukturierung größerer Einheiten im Text.
- Satzgefüge werden nicht als Ganzes gesehen, sondern man konzentriert sich auf Klassifikation von Nebensätzen nach verschiedenen Kriterien.
- Statt Text oder Abschnitt wird für Fragen der Verknüpfung nur der zusammengesetzte Satz, also eine sehr kleine Einheit, untersucht; Verbindungen von Satz zu Satz (über den Punkt hinaus) werden ausgeblendet. Die Frage, wie der Blick in diese Richtung erweitert werden kann, ist Thema von Abschnitt 1.6.

Diese Reduktionen sind dann nachvollziehbar, wenn es um die systematische Auseinandersetzung mit den Phänomenen und den Erwerb von Begriffswissen geht: Einheiten wie Satzglieder sind am besten kategorisierbar, wenn sie mittels Verschiebeprobe sichtbar gemacht werden, was wiederum am einfachsten mit Aussagesätzen zu bewerkstelligen ist. Wenn Teilsätze genauer systematisch untersucht werden, ist die Begrifflichkeit traditionellerweise im Bereich der Nebensätze gut entwickelt, auch diese Fokussierung hat also ihre Logik. Allerdings zeigt sich hier besonders deutlich, dass die enge Ausrichtung auf Begriffswissen in eine Sackgasse führen kann – es ist Begriffswissen, das für das Schreiben von Texten nur bedingt einsetzbar ist. In der vorliegenden Darstellung wird das Problem so gelöst, dass in diesem Kapitel der zusammengesetzte Satz, insbesondere das Satzgefüge und verschiedene Nebensatztypen, behandelt werden, dass aber ein zusätzliches Kapitel (1.6) die Perspektive Text einbezieht. Entsprechend sind die hier vermittelten Überlegungen eher systematisch ausgerichtet, das nächste Kapitel hat einen Bezug zur Anwendung beim Schreiben.

1.5.2 Einfacher und zusammengesetzter Satz

Bisher haben wir den Bau sogenannter einfacher Sätze untersucht. Der Ausdruck „Satz" wird aber auch für größere Einheiten verwendet, sogenannte zusammengesetzte Sätze. Von Glinz stammt der Vorschlag, in Anlehnung an die romanischen Sprachen und das Englische zu unterscheiden zwischen der Einheit für das Hören („phrase", „sentence") und der grammatischen Struktureinheit („proposition", „clause") und Letztere mit dem Terminus „Proposition" zu bezeichnen (Glinz 1994, S. 36-38), dies ist jedoch in der Schulgrammatik nicht zur Praxis geworden. Das heißt, dass im jeweiligen Kontext präzisiert werden muss, wie „Satz" gemeint ist: als kleine Einheit im Sinn des einfachen Satzes (mit nur einer Personalform) oder offener, sodass auch zusammengesetzte Sätze mit gemeint sind. Wichtig ist diese Klärung auch dann, wenn es um das Auswählen und Bearbeiten von Beispielen geht. Die Bestimmung der Satzart und die Analyse von Satzgliedern oder Valenzeigenschaften werden vor allem für Anfänger normalerweise an sog. einfachen Sätzen erarbeitet. Sie sind übersichtlicher, aber es sollte dadurch nicht der Eindruck entstehen, dass die Frage nach der Satzart oder nach dem Aufbau aus Satzgliedern bei zusammengesetzten Sätzen nicht möglich sei. Der zusammengesetzte Satz als Ganzes lässt sich durchaus einer typischen Sprechhandlung zuordnen:

- Aussagesatz:
  Ihr nehmt nachher ein Taxi, wenn das Geld reicht.
  Er erkundigte sich, ob der Fruchtsalat mit Likör serviert werde.
  Ich schlage vor, dass jeder eine andere Vorspeise wählt.
- Fragesatz:
  Darf ich von dem Gemüse kosten, das links auf deinem Teller liegt?
  Weißt du, warum es mir hier so gut gefällt?
  Wie arbeiten die Köche in der kleinen Küche, wenn das Lokal voll ist?
  Warum können Sie mir nicht sagen, wie die Sauce zubereitet wird?
- Befehlssatz:
  Servieren Sie den Salat erst dann, wenn wir den Prosecco getrunken haben!
  Sag mir, weshalb du heute Abend so schweigsam bist!

Auch die Analyse der Satzglieder ist für jeden Teilsatz möglich, wenn auch bei Nebensätzen für Anfänger nicht einfach, da sie sich die Verschiebprobe ausgehend von Aussagesätzen mit Verbzweitstellung aneignen. Zusätzlich zur Analyse der Teilsätze ist zu klären, welche Satzgliedbeziehung zwischen Haupt- und Nebensatz besteht (die meisten Nebensätze sind als Satzglied oder Attribut in den Hauptsatz integriert, aber nicht alle, s. Abschnitt 1.5.3.3).

Hauptsatz				**Nebensatz**		
Ihr	*nehmt*	*nachher*	*ein Taxi*	*wenn*	*das Geld*	*reicht*
Subjekt	Personalform	Adverbiale	Akkusativobjekt	(Konjunktion, kein SG)	Subjekt	Personalform
				NS ist Adverbiale im Verhältnis zum HS		

Hauptsatz		**Nebensatz**			
Ich	*schlage vor*	*dass*	*jeder*	*eine andere Vorspeise*	*wählt*
Subjekt	Personalform	(Konjunktion, kein SG)	Subjekt	Akkusativobjekt	Personalform
		NS ist Akkusativobjekt im Verhältnis zum HS			

Abb. 14: Satzglieder in zusammengesetzten Sätzen

Wenn mehrere Teilsätze zu einer größeren Einheit zusammengefasst werden, gibt es grundsätzlich zwei Möglichkeiten: Parataxe (Nebenordnung) und Hypotaxe (Unterordnung). Im Bereich der Parataxe reicht das Spektrum von unverbunden (asyndetisch) nebeneinandergestellten Sätzen bis zu Sätzen mit parenthetischen Einschüben. Ihre inhaltliche Beziehung kann mit koordinierenden Konjunktionen oder anderen Verknüpfungsmitteln (Adverbien, Partikeln) verdeutlicht werden.
Jens bestellt eine Pizza, Tina wählt das Risotto, Branko entscheidet sich – **aber** *er muss lange überlegen – für die Scaloppine al Limone. Alle freuen sich auf das Essen,* **denn** *sie sind hungrig,* **und** *die Beschreibungen auf der Karte klingen verlockend. Die Gerichte werden frisch zubereitet,* **deshalb** *überbrücken sie die Wartezeit mit einer Vorspeise aus gemischten Oliven und Käsehäppchen. Jana nimmt* **aber** *keine Oliven, sie hat sich* **nämlich** *einmal einen Zahn ausgebissen an einem Olivenkern.*

In die Untersuchung parataktischer Strukturen ist unbedingt auch der zusammengezogene Satz einzubeziehen. Innerhalb eines Texts ist es völlig normal, beim Reihen von Sätzen Elemente wegzulassen, die aus dem Kontext ergänzt werden können:
Jens bestellt eine Pizza und nimmt dazu eine Extraportion scharfe Salami. Tina wägt lange ab, entscheidet sich aber schließlich für das Risotto mit Pilzen. Sie müssen etwas warten und überbrücken die Zeit mit Weißwein und ein paar Oliven.
Solche Sätze sind nicht „unvollständig", sie sind vielmehr situativ völlig angemessen. Es ist deshalb darauf zu achten, dass Beispiele wie aus dem ersten kleinen Textblock nicht als normative Vorgabe gedeutet werden (zum Begriff der Ellipse unter textgrammatischen Gesichtspunkten: Gansel/Jürgens 2007, S. 184-193).

1.5.3 Nebensätze im Satzgefüge

1.5.3.1 Nebensätze erkennen

Um Satzglieder zu erkennen, gibt es das bewährte Verfahren der Verschiebeprobe. Nebensätze zu erkennen ist nicht immer gleich einfach, ein festes Verfahren hat sich in der Schulgrammatik nicht etabliert. Meist wird anhand von Mustern und typischen Beispielen operiert. So unproblematisch die Bestimmung häufig ist, es gibt Fälle, die Schwierigkeiten machen, insbesondere wenn der Nebensatz nicht von einer typischen Konjunktion eingeleitet wird. Häufig werden auch falschen Analogien zum Problem – wer eine Kategorie wie „Kausalsatz" semantisch als „kausale Verknüpfung" missversteht und versucht, Nebensätze zu finden, wird auch nebengeordnete Teilsätze als Nebensätze bestimmen.
Jana meidet Oliven, **weil** *sie sich einmal einen Zahn an einem Kern ausgebissen hat. Das war sehr schmerzhaft, und die Zahnbehandlung war teuer,* **deshalb** *ist sie jetzt lieber vorsichtig. Maik findet das übertrieben,* **denn** *er findet, man könne* **ja schließlich** *aufpassen beim Kauen.*
Sinnvoll wäre es, ähnlich wie bei der Arbeit mit Satzgliedern, zuerst zu segmentieren, d. h. einen zusammengesetzten Satz daraufhin zu untersuchen, ob er Nebensätze enthält, die Nebensätze sichtbar zu machen und sie erst dann zu klassifizieren. Das Schema in Abbildung 15 kann dafür eingesetzt werden, es orientiert sich an der Form von Nebensätzen und erfasst auch Beispiele, die kein Einleitewort haben. Zu klären ist allenfalls, ob periphere Vertreter der Kategorie in die Analyse einbezogen werden, insbesondere Teilsätze, die zwar wie Nebensätze eingeleitet sind mit der Konjunktion *weil* oder einem Relativpronomen, aber nicht Verbend-, sondern Verbzweitstellung aufweisen (s. Abschnitt 1.5.3.3).

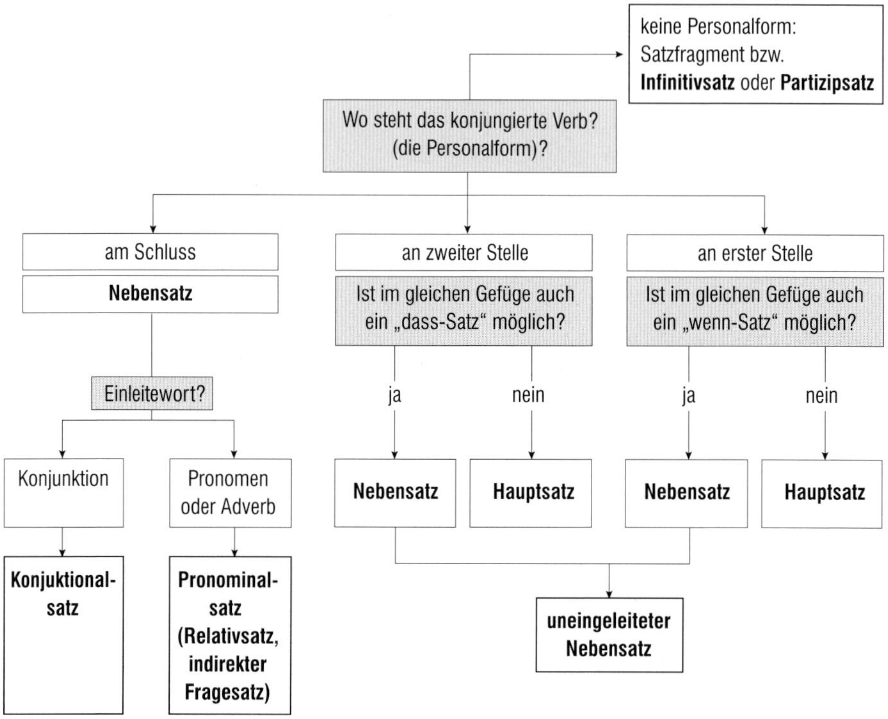

Abb. 15: Schritte zur Unterscheidung von Haupt- und Nebensätzen

Beispiele:

- *Du* **hast** *keine Lust, dauernd auf ihn* **zu warten**. (Komma fakultativ)
  Im zweiten Teilsatz keine Personalform, sondern ein Infinitiv → also Infinitivsatz
- *Kaum im Hotel* **eingetroffen, fragten** *wir nach ihm.* (Komma fakultativ)
  Im ersten Teilsatz keine Personalform, sondern ein Partizip → also Partizipsatz
- *Ihr* **müsst** *warten,* **weil** *er zu spät* **kommt.**
  Wenn *er heute nicht* **kommt, schreibst** *du ihm einen Brief.*
  Personalform am Schluss, → also Nebensatz
  Einleitewort Konjunktion, → also Konjunktionalsatz
  Im Hauptsatz *schreibst du ihm einen Brief* steht die Personalform an zweiter Stelle, denn der vorangestellte Nebensatz besetzt die erste Stelle.
- *Ich* **ärgere** *mich über einen Menschen,* **der** *immer alles* **vergisst.**
  Ich **wüsste** *gern,* **warum** *er sich keine Mühe* **gibt.**
  Was *er sich dabei denkt,* **möchte** *ich wirklich wissen.*
  Wie *wir ihm helfen* **könnten, sehe** *ich im Moment nicht.*
  Personalform am Schluss → also Nebensatz
  Einleitewort Pronomen *(der, was)* oder Adverb *(warum, wie)* → also Pronominalsatz

- *Sie* **sagte** *mir gestern, er* **komme** *vielleicht nicht.*
  Beide Personalformen an zweiter Stelle → überprüfen mit *dass*-Satz
  a) *Dass sie mir gestern sagte, er komme vielleicht nicht.*
  b) *Sie sagte mir gestern, dass er vielleicht nicht komme.*
  Lösung b ist möglich → *er komme vielleicht nicht* ist ein uneingeleiteter Nebensatz.
- **Kommt** *Zeit,* **kommt** *Rat.*
  Personalform an erster Stelle → überprüfen mit *wenn*-Satz: *Wenn Zeit kommt, kommt (auch) Rat.* Diese Lösung ist möglich → *Kommt Zeit* ist ein uneingeleiteter Nebensatz.

1.5.3.2 Nebensätze klassifizieren

Ähnlich wie Satzglieder lassen sich Nebensätze nach verschiedenen Kriterien kategorisieren: formal, syntaktisch (nach Satzgliedfunktion) und semantisch/inhaltlich. Dies führt zu einer Vielzahl an möglichen Bezeichnungen – systematisch müsste jeder Nebensatz nach allen drei Kriterien bestimmt werden, konkret werden je nach Perspektive nur einzelne Aspekte hervorgehoben. Die Begriffe der Schulgrammatik greifen wichtige Bestimmungsmerkmale heraus, machen es aber schwierig, zu erkennen, dass es jeweils um verschiedene Ebenen geht und dass auf ein konkretes Beispiel mehrere Begriffe zutreffen können.

Formale Bestimmung

Für die formale Bestimmung werden das Einleitewort, die Stellung der Personalform und evtl. die Stellung im Verhältnis zum übergeordneten Satz beigezogen (s. auch die Beispiele nach Abbildung 15, S. 60).

Klassische Einleitewörter sind unterordnende Konjunktionen, Relativpronomen und Fragewörter. In den meisten Darstellungen werden unter „Relativpronomen" auch Verknüpfungswörter subsumiert, die im Sinn der Wortartendefinition Partikeln sind, die jedoch im Text die gleiche anaphorische Funktion haben:

Der Kellner Gianluca, **der** *uns heute bedient, ist als junger Mann aus Italien gekommen. Die Art,* **wie** *hier die Bolognese-Sauce zubereitet wird, ist unübertroffen.*

Die gleiche begriffliche Unschärfe zeigt sich bei Fragewörtern, auch hier können Pronomen oder Partikeln einen Nebensatz einleiten:

An einem ruhigeren Abend hat Gianluca uns erzählt, **wie** *sehr er zu Beginn unter Heimweh gelitten habe. Dirk fragte ihn,* **wen** *er damals am meisten vermisst habe.*

Um die formale Bestimmung nicht mit anderen Kriterien zu vermischen, ist es sinnvoll, alle Relativ- und Interrogativpronomen (und entsprechende Partikeln am Anfang eines Nebensatzes) in einer Kategorie zusammenzufassen.

Syntaktische Bestimmung/Satzgliedfunktion

Die syntaktische Bestimmung beruht auf einem wichtigen Merkmal der meisten Nebensätze: Sie sind Teil der syntaktischen Struktur des Hauptsatzes, d. h., sie realisieren ein Satzglied des Hauptsatzes oder ein Attribut zu einem Satzglied des Hauptsatzes.

Solche Nebensätze werden auch als „Gliedsätze" bezeichnet. Als Beschreibungsinstrumentarium dienen die gleichen Begriffe, die auch den einfachen Satz analysieren helfen.

Wer länger in Italien war, *zieht einen kräftigen Espresso dem labbrigen Filterkaffee vor* (Subjekt). *Marko hofft*, **dass er als Nachtisch einen großen Eisbecher bestellen darf** (Akkusativobjekt). *Saskja will wissen*, **ob für die Zabaione-Crème Bio-Eier verwendet werden** (Akkusativobjekt). **Nachdem Dirk eine Portion Tiramisu gegessen hat**, *braucht er einen Grappa zum Kaffee* (Adverbiale). *Susanna verzichtet auf den Nachtisch*, **obwohl alles ungeheuer lecker aussieht** (Adverbiale). *Die Becher*, **in welchen das Eis serviert wird**, *hat der Wirt direkt aus Murano importiert* (Attribut).

Zu beachten ist, dass nicht alle Nebensätze in dieser Weise Satzglied oder Attribut sind (Duden-Grammatik 2009, S. 1028 f.; s. Abschnitt 1.5.3.3), es ist deshalb ungenau, die Termini „Gliedsatz" und „Nebensatz" synonym zu verwenden.

Inhaltliche Bestimmung

Bei der großen Gruppe der adverbialen Nebensätze ist die inhaltliche Klassifikation sehr geläufig: Temporal- und Kausalverhältnisse, aber auch spezifischere Beziehungen wie konditional, konzessiv, konsekutiv oder final prägen das Bild. Schwieriger wird es, andere Beziehungen zwischen Haupt- und Nebensatz genauer zu fassen. Der Vorschlag der Duden-Grammatik (2009, S. 1029) und von Boettcher (2009b, S. 63 f.) geht in diese Richtung, bleibt aber im Bereich der sogenannten Inhalts- und Relativ-Beziehungen eng an die syntaktisch-funktionale Bestimmung angelehnt, sodass es sinnvoller ist, die inhaltliche Bestimmung auf die genauere Bestimmung adverbialer Verhältnisse zu beschränken. Die Kategorisierungen in diesem Bereich sind unterschiedlich differenziert: Zu den üblichen Kategorien kausal, temporal, konditional, final, konsekutiv, konzessiv, adversativ, temporal, modal (Dürscheid 2007, S. 63) können speziellere Verhältnisse kommen: explikativ (*insofern als...*), restriktiv (*außer wenn*), Irrelevanzkonditional (*was auch immer...*), die seltener sind, sich aber schlecht in andere Kategorien integrieren lassen (Duden-Grammatik 2009, S. 1048 f.).

Die semantische Ausdifferenzierung der Verknüpfungsverhältnisse wird traditionellerweise auf Nebensätze bezogen, es gibt aber immer auch semantisch äquivalente Verknüpfungsmittel, die in anderen Verknüpfungsstrukturen (s. Abschnitt 1.5.3.6) vorkommen. Die semantischen Kategorien werden deshalb besser auf textueller Ebene erarbeitet und so tatsächlich semantisch verstanden, nicht als Kategorien, die eng an die syntaktische Struktur der Subordination gebunden sind. Die Duden-Grammatik behandelt diese Bedeutungsrelationen konsequenterweise im Kapitel „Text" und gruppiert sie in sieben Kategorien, die teilweise Untergruppen enthalten: kopulativ (additiv, alternativ), temporal, konditional, im weiteren Sinne kausal-gleichläufig (kausal i. e. S., konsekutiv, modal-instrumental, final), im weiteren Sinn kausal-gegenläufig (adversativ, konzessiv), spezifizierend (explikativ, restriktiv), vergleichend (komparativ, proportional; Duden-Grammatik 2009, S. 1075).

Begriffe aus der schulgrammatischen Tradition
Bisher sind mindestens zwei geläufige schulgrammatische Begriffe nicht erwähnt worden, nämlich der indirekte Fragesatz und der Relativsatz. Als indirekte Fragesätze werden Nebensätze bezeichnet, die mit einem w-Fragewort (Pronominalsatz) oder mit *ob* (Konjunktionalsatz) eingeleitet werden. An sich handelt es sich um eine semantische Klassifizierung, die sich aber nicht auf der gleichen Ebene bewegt wie die oben besprochenen Kategorien. Konsequent wäre es deshalb, auch indirekte Aussage- und Befehlssätze speziell zu kategorisieren. Für die Kategorisierung von Nebensätzen in der Schule ist der Begriff nicht besonders sinnvoll, und zwar aus zwei Gründen:

- Wenn formal oder syntaktisch/funktional klassifiziert wird, entsteht hier eine Kategorie, die quer zu diesen Bestimmungskriterien steht.
- Der Bezug zur Fragehandlung, den die Bezeichnung suggeriert, ist in vielen Beispielen nicht sichtbar. Klar greifbar ist er in *Knut fragte Tina, welchen Rotwein sie bevorzuge*. Nicht deutlich dagegen in *Manuela zeigte Marko, wie er das Salatblatt mit der Gabel zerteilen könne* (Duden-Grammatik 2009, S. 1042 f.).

Relativsätze sind als Kategorie weniger problematisch. Die Bezeichnung wird jedoch unterschiedlich gehandhabt. Unbestritten ist sie für Attributsätze, die klar einem Bezugswort im Hauptsatz zugeordnet werden können: *Dem Rotwein, den Knut und Tina ausgewählt haben, sprechen alle herzhaft zu.* Uneinheitlich ist die Zuordnung zur Kategorie Relativsatz dort, wo ein Bezugswort im Hauptsatz fehlt bzw. ergänzt werden muss oder wo ein Bezug zum Hauptsatz als Ganzes konstruiert werden muss: *Was ich schon lange gerne hätte, (das) ist eine echte professionelle Espressomaschine. Die Wartung einer solchen Maschine ist aufwendig, was mich bisher von einem Kauf abgehalten hat.* Zusätzliche Probleme werfen Beispiele der folgenden Art auf – sie stehen kaum je in Sprachbüchern und Arbeitsblättern, kommen aber in Alltagstexten häufig vor: *In Apulien waren wir in einem tollen kleinen Hotel, das hatte uns ein Freund empfohlen.* Hier haben wir keinen Nebensatz vor uns, aber dennoch eine Art von relativem Anschluss.

Es kann nicht Aufgabe einer Schulgrammatik sein, solche Probleme zu diskutieren und Lösungen anzubieten. Es soll hiermit nur darauf hingewiesen werden, dass der Begriff Relativsatz unterschiedlich eng gebraucht wird: nur für Attributsätze, etwas großzügiger auch für pronominal eingeleitete Sätze ohne deutliches Korrelat im Hauptsatz, oder sogar für Teilsätze, die streng formal genommen gar keine Nebensätze sind, aber funktional ähnlich wirken.

1.5.3.3 Prototypikalität: typische und untypische Nebensätze

Dass die Unterscheidung zwischen Haupt- und Nebensätzen nicht immer ganz einfach ist, wurde oben bereits verschiedentlich angedeutet. Aktuelle syntaktische Modelle gehen denn auch davon aus, dass die Kategorie „Nebensatz" – ähnlich wie andere grammatische Kategorien – eine Prototypstruktur aufweist (Fabricius-Hansen 1992, S. 481). Prototyp-Modelle haben den Vorteil, dass sie in komplexen Kategorien Orientierung ermöglichen und dass periphere Beispiele nicht mit definitorischen Akten ein-

oder ausgeschlossen werden, sondern dass ihnen aufgrund ihrer Merkmale ein Platz am Rand der Kategorie eingeräumt werden kann. Damit lassen sich auch die Übergänge zwischen verschiedenen Kategorien besser fassen, es kann z. B. die Abstufung zwischen typischen Neben- und typischen Hauptsätzen dargestellt werden. Prototypische Nebensätze haben folgende Eigenschaften (Peyer 1997, 56-151, Übersicht S. 152):

- Der Nebensatz ist syntaktisch in den Hauptsatz integriert, ist ein Satzglied des Hauptsatzes.
- Der Nebensatz ist mit einer Konjunktion/einem Pronomen/einer Partikel eingeleitet und weist Verb-Endstellung auf.
- Der Nebensatz ist intonatorisch oder durch Interpunktionszeichen nicht stark vom Hauptsatz abgetrennt.
- Wenn der Nebensatz vorangestellt ist, steht er im Vorfeld, nicht vor dem Vorfeld des Hauptsatzes.
- Der Nebensatz ist in die Illokution des Hauptsatzes integriert.

Der folgende kurze Text (konstruiert für Kurse mit Studierenden) enthält verschiedene Beispiele für periphere Nebensätze und soll allgemein auf die Grenzen des schulgrammatischen „typischen" Nebensatzes hinweisen – und auch darauf, dass der Hauptsatz im Gefüge keineswegs immer selbstständig ist. In der Lösung in Abbildung 16 sind stilistisch zweifelhafte Beispiele mit * gekennzeichnet.

A **Welche der folgenden Teilsätze sind Nebensätze?**

(1a) Wer mit dem Fahrrad durchs Zentrum von Zürich fährt, (1b) erlebt einiges. (2a) Am Sonntag ist es nicht so schlimm, (2b) da ist der Verkehr nicht so dicht. (3a) Man könnte auch sagen, (3b) dann erlebt man Zürich gar nicht richtig. (4a) Ist allerdings gerade eine Veranstaltung zu Ende, (4b) ich denke da an große Konzerte oder an Sportveranstaltungen, (4c) ist es kein Vergnügen, (4d) über einen Platz oder eine Kreuzung zu fahren. (5a) Nicht nur die Autos sind Hindernisse, (5b) auch die Fußgänger können ganz schön lästig sein, (5c) weil: oft glauben sie, (5d) sie sind allein auf der Straße. (6a) Sie gehen offensichtlich davon aus, (6b) dass die andern trotzdem auf sie aufpassen. (7a) Was dann dazu führt, (7b) dass Autos hektisch bremsen, (7c) sodass auch die Radfahrer dahinter stoppen müssen. (8a) Wenn bereits ein verkehrsreicher Platz mühsam ist, (8b) dann sind die Straßen in der Innenstadt fast noch schlimmer. (9a) Was dort besonders stört, (9b) sind die Kreuzungen mit Straßenbahnschienen. (10a) Wenn man ihnen erfolgreich ausweicht, (10b) dann fährt einem bestimmt ein Lieferwagen in den Weg, (10c) der gerade eines der zahlreichen an dieser bevorzugten Lage befindlichen Geschäfte bedient. (11a) Und auch hier gilt, (11b) die Fußgänger machen das Durchkommen nicht einfacher. (12a) Um ehrlich zu sein, (12b) jetzt spreche ich nicht mehr vom Wochenende, (12c) weil dann wären die Lieferwagen ja kein Problem.

	Nebensatz	**Kommentar**
1a	Pronominalsatz	Hauptsatz 1b ist nicht „selbstständig“
3b*	uneingeleiteter Nebensatz	in konzeptionell mündlichen Texten möglich; Nebensatzcharakteristik wäre ausgeprägter mit Konjunktiv ..., *dann erlebe man ...*
4a	uneingeleiteter Nebensatz	formal gleicher Teilsatz 4c ist Hauptsatz
4d	Infinitivsatz	in konzeptionell mündlichen Texten möglich
5c*	Konjunktionalsatz	Konjunktion *weil* und Verbzweitsatz; in konzeptionell mündlichen Texten möglich
5d*	uneingeleiteter Nebensatz	Nebensatzcharakteristik wäre ausgeprägter mit Konjunktiv ..., *sie seien allein ...*
6b	Konjunktionalsatz	
7a*	Pronominalsatz	kein Hauptsatz in diesem Gefüge, 7b ist von 7a abhängig
7b	Konjunktionalsatz	
7c	Konjunktionalsatz	
8a	Konjunktionalsatz	Korrelat im Hauptsatz 8b vor der Personalform; syntaktische Integration ist weniger eng als ohne Korrelat
9a	Pronominalsatz / Relativsatz	Verhältnis HS-NS ist untypisch, geläufig wäre: *es stört, dass ...*
10a	Konjunktionalsatz	
10c	Pronominalsatz / Relativsatz	
11b*	uneingeleiteter Nebensatz	in konzeptionell mündlichen Texten möglich; besser: *dass*-Satz
12a	Infinitivsatz	im Hauptsatz 12b ist das Vorfeld besetzt, der Nebensatz 12a steht vor dem Vorfeld
12c*	Konjunktionalsatz	Konjunktion *weil* und Verbzweitsatz; in konzeptionell mündlichen Texten möglich

Abb. 16: Lösung und Kommentar zum Beispieltext

1.5.3.4 Steht die Nebensache im Nebensatz?

Der Hauptsatz kann allein stehen, im Nebensatz steht die Nebensache – oft dienen solche Überlegungen als Grundlage bei der Bestimmung. Wie problematisch das sein kann, zeigen die folgenden Beispiele:

- *„Ich trete zurück …“*. Diese Schlagzeile (inklusive der drei Punkte) stand auf der ersten Seite einer Gratis-Tageszeitung. Die Aussage machte ein Parlamentarier, der wegen Wahlbetrugs angeklagt war. Tagelang war in der Presse bereits von seinem Fall die Rede, und der Rücktritt wäre deshalb plausibel gewesen. Blätterte man auf die zweite Seite, fand man wieder sein Bild, und es hieß: *„… wenn ich verurteilt werde.“*
- *„Behinderte liegen uns nur auf der Tasche.“* Das ist nicht Stammtischgerede, sondern war in der Schweiz im November 2009 schwarz auf weiß auf Plakaten zu lesen (s. Abb. 17). Einige Tage später dann neue Plakate: *„Behinderte liegen uns nur auf der Tasche, wenn wir ihre Fähigkeiten nicht nutzen“* – und der Zusatz: *„Vorurteile behindern“*. Die Plakate waren Teil einer Kampagne, die der staatlichen Invalidenversicherung viel Aufmerksamkeit und viel Kritik bescherte.

© REUTER/Ruben Sprich

Abb. 17: Nebensache im Nebensatz?

Beide Beispiele, Schlagzeile und Plakat, sind für die öffentliche Wahrnehmung formuliert, sie spielen ein Stück weit mit dem Überraschungseffekt – aber sie illustrieren gerade in der Zuspitzung ganz klar, dass hier der Nebensatz nicht Nebensache ist, sondern dass er den Inhalt des ganzen Satzgefüges wesentlich beeinflusst. Auch wenn der Hauptsatz wie in den beiden Beispielen syntaktisch vollständig ist, müssen wir also das Gefüge als Einheit sehen.

1.5.3.5 Nebensätze und alternative Ausdrucksmittel

Ausgehend von der Prototypstruktur der Kategorie Nebensatz können wir annehmen, dass der typische Nebensatz nur eine der Möglichkeiten ist, wie mehrere Sätze oder satzwertige Einheiten miteinander verbunden werden können. Oben haben wir einige Beispiele gesehen für eine Integration, die weniger stark ist als die des typischen

Nebensatzes, jedoch lassen sich Sätze auch stärker in andere Sätze integrieren – dabei verlieren sie den Teilsatz-Status. Im Überblick sind die verschiedenen Möglichkeiten in der Tabelle in Abbildung 18 dargestellt (vgl. Peyer 1997, S. 28-46). Die Beispiele sind inhaltlich nicht äquivalent, es soll vielmehr das Spektrum der Strukturen gezeigt werden. Die Beispiele sind insofern künstlich, als der konkrete Textzusammenhang fehlt, welcher die Möglichkeiten der Umformung maßgeblich beeinflusst (kommunikative Gewichtung etc.).

Auch mit dieser Differenzierung sollen nicht neue Begriffe in den Sprachunterricht eingeführt werden. Anstatt jedoch nur die Spalte mit „klassischen" Satzgefügen zu fokussieren, ist es für die Arbeit an konzeptionellen schriftlichen Texten wichtig, verschiedene Mittel zu kennen und damit zu experimentieren. Auch hier gilt: Erst der bewusste Umgang mit den sprachlichen Strukturen ist eine Basis für das Benennen. Bevor Fachbegriffe für die Strukturen eingeführt werden, sollen Schülerinnen und Schüler anhand von Beispielen mit Texten experimentieren und die Wirkung verschiedener Ausdrucksmittel vergleichen. Ansatzpunkt ist also nicht die Analyse von Beispielen, sondern die Arbeit an verschiedenen Texten.

1.5.3.6 Vielfalt im Bereich der adverbialen Beziehungen

Adverbiale Beziehungen werden isoliert auf verschiedenen Ebenen der syntaktischen Analyse thematisiert, vor allem bei der inhaltlichen Klassifikation von adverbialen Satzgliedern und von Nebensätzen. Das ist aus zwei Gründen unzureichend: Erstens wird so der enge Bezug zwischen adverbialen Satzgliedern im einfachen Satz und adverbialen Nebensätzen nicht sichtbar, und zweitens werden Ausdrucksmittel ausgeblendet, die ebenfalls in diesem Kontext angesprochen werden sollten (Duden-Grammatik 2009, S. 1075). In der folgenden Tabelle sind die wichtigsten Verknüpfungsmittel nach inhaltlichen und formalen Kriterien geordnet. Neben den subordinierenden Konjunktionen sind koordinierende Konjunktionen, Adverbien, Partikeln sowie Präpositionen aufgeführt (Basis: Peyer 1998, S. 48 f., Sprachwelt Deutsch (Werkbuch) 2003, S. 203; ausführlicher: Duden-Grammatik 2009, S. 1075-1103). Der Blick auf Abbildung 19 zeigt, dass auch für die Parataxe viele Konnektoren zur Verfügung stehen. Gerade die wiederaufnehmenden Proadverbien wie *deshalb, danach* etc. sind für ungeübte Schreibende leichter zu handhaben als subordinierende Konjunktionen. Diese und Präpositionen, die oft mit Nominalisierungen verbunden sind, gehören zu den Kennzeichen schriftsprachlicher Register, die gezielt erarbeitet werden müssen.

Wenn Ausdrucksmittel Beziehungen nicht nur im Rahmen des einzelnen Satzes, sondern des Texts gesehen werden, kann die Breite ihrer möglichen Bedeutungen adäquat erfasst werden. Insbesondere Kausalität bezieht sich nicht nur auf die inhaltliche Ebene (*A ist die Ursache von B*), sondern sehr oft auch auf das Handeln des Sprechers/Schreibers. Mit kausalen Verknüpfungsmitteln wird so signalisiert, wie eine Aussage begründet wird oder wie ein Argument in die Diskussion eingebracht wird:

	Nominalisierung	Infinitivkonstruktion, Partizipkonstruktion	Hypotaxe/Subordina Hauptsatz–Nebensat
jemand behauptet etwas	*Ihr protziges Behaupten von Expertenwissen hat mich sehr gestört.*	*Sie gab vor, ein Weinseminar besucht zu haben.*	*Er behauptete, dass e alle Bücher zu diesem Thema gelesen hat.*
A (keine Pizza essen), weil B (Allergie)	*Wegen seiner Allergie gegen Weizen isst Marko keine Pizza.*	*Marko isst keine Pizza, um eine allergische Reaktion zu vermeiden.*	*Marko isst keine Pizz weil er auf Weizen allergisch reagiert.*
A mit Eigenschaft B tut etwas	*Der langjährige Wirt des Lokals begrüßt uns persönlich.*	*Der seit langem mit meinen Freunden bekannte Wirt des Lokals begrüßt uns.*	*Der Wirt, der das Lok schon seit vielen Jah führt, begrüßt uns.*

Abb. 18: Verschiedene formale Mittel der syntaktischen Verknüpfung

	Aufzählung	Zeit temporal	Bedingung konditional	Grund kausal
Konjunktion mit Nebensatz		*als, während, solange, nachdem, seitdem, sobald, bevor*	*wenn, falls*	*weil, da*
Konjunktion mit Hauptsatz	*und oder*			*denn*
Adverb im Hauptsatz	*außerdem überdies*	*dabei, dann, danach, nachher, davor, vorher, bisher, seitdem*	*…, dann, dabei, sonst*	*deshalb, deswegen, also, darum*
Partikel im Hauptsatz				*nämlich, ja,*
Präposition		*während, nach, vor, bis, seit*	*bei ohne* (= wenn nicht)	*wegen, aufgrund, infolge*

Abb. 19: Verknüpfungsmittel – inhaltliche und formale Kategorien

potaxe/Subordination Haupt- tz–Nebensatz (besonderes rhältnis zwischen HS und NS)	**Parataxe/Koordination mit Verknüpfung oder pronominalem Verweis**	**Parataxe/Koordination, nicht verbundene Sätze**
e interessieren sich beide sehr moderne Kochkunst, wie sie haupten.	*Sie kennen alle modernen Trends, das betonen sie immer wieder.*	
arko reagiert allergisch auf eizen, weshalb er keine Pizza st.	*Marko isst keine Pizza, denn er reagiert allergisch auf Weizen.* *Marko reagiert allergisch auf Weizen, deshalb isst er keine Pizza.*	*Marko isst keine Pizza. Er reagiert allergisch auf Weizen.*
hon seit vielen Jahren führt r Wirt, der uns persönlich grüßt, das Lokal.	*Der Wirt begrüßt uns persönlich, dieser Mann führt das Lokal schon seit vielen Jahren.*	*Der Wirt begrüßt uns persönlich. Schon seit vielen Jahren führt er das Lokal.*

lge nsekutiv	**Absicht final**	**Einwand konzessiv**	**Mittel instrumental, modal**
, sodass, ..., dass, ne dass	*um zu* (+Infinitiv), *damit*	*obwohl, wenn auch/auch wenn, obgleich, obschon*	*indem, dadurch, dass wobei, ohne dass, ohne zu* (+Infinitiv)
		aber	
glich, o, somit, infolge- ssen	*dazu, dafür*	*trotzdem dennoch immerhin doch*	*dadurch, damit*
		jedoch	
(z. B. *zu seinem staunen ...*)	*für* (z. B. für den Sieg...)	*trotz, entgegen ungeachtet*	*mit, durch*

A ist der Grund dafür, dass ich B sage/behaupte etc. (Peyer 1997, S. 155-168; weiterführende Anmerkungen zum Verhältnis zwischen der Illokution einzelner Sätze und dem Aufbau größerer illokutiver Einheiten im Text s. Peyer 1997, S. 176-180, auf der Basis von Motsch/Reis/Rosengren 1990). Viele Verknüpfungsmittel beziehen sich nur auf eine der beiden Ebenen – im Alltag gebrauchen wir sie dank großen impliziten Wissens meistens richtig: *Das Kind am Tisch dort hinten hat Nudeln mit Tomatensauce gegessen, denn sein T-Shirt ist voller roter Kleckse.*
Falsche Verknüpfung: *Das Kind am Tisch dort hinten hat Nudeln mit Tomatensauce gegessen, weil sein T-Shirt voller roter Kleckse ist.*
Weil als ein Verknüpfungsmittel für die inhaltliche (propositionale) Ebene kann aber gut eingesetzt werden, sofern der Bezug zur Handlungsebene (illokutiven Ebene) explizit gemacht wird: *Das Kind am Tisch dort hinten hat Nudeln mit Tomatensauce gegessen. Ich vermute/weiß/sage das, weil sein T-Shirt voller roter Kleckse ist.*
Auch hier gilt, dass die Schülerinnen und Schüler sich nicht differenziertes Spezialwissen über textuelle Strukturen aneignen sollen. Vielmehr ist es wichtig, dass sie, wenn es z. B. um Ausdrucksmittel für das Begründen geht, vielfältige Mittel ausprobieren und kennenlernen. Neben der klassischen Palette (Präpositionen, unter- und nebenordnende Konjunktionen, Partikeln) sind auch Wendungen wichtig – im Bereich der Kausalität z. B. *der Grund dafür ist, das kommt von* etc. oder Strukturen, die den Monolog auflösen, für Begründungen z. B. ein Schema mit Frage-Antwort-Struktur: z. B. (...). *Warum ist das so? Es liegt an ...*
Entsprechende Übersichten (ein Beispiel ist in Abschnitt 3.3, A5 ausgearbeitet) erfüllen im Unterricht eine doppelte Funktion: Sie ordnen und strukturieren Begriffe und machen damit ein Lernangebot, sie dienen aber gleichzeitig auch als Instrument beim Formulieren. Davon können auch Schülerinnen und Schüler profitieren, für welche die begriffliche Kategorisierung schwierig ist; es ist auch für sie eine gute Schreibhilfe, wenn sie eine Auswahl von Verknüpfungsmitteln vor sich haben.

1.6 Sätze in Texten

1.6.1 Textlinguistische Grundlagen

D **Wie kommt es, dass Sätze so unterschiedlich lang sind?**

Ich glaube, das liegt am Schreiber, man kann sehr viele Wörter oder auch nur zwei zu einem Satz machen. Jeder schreibt anders. Es gibt solche, die machen lange, und solche, die machen kurze Sätze. Von der Grammatik her ist beides richtig, bei langen Sätzen kommen dann einfach die vielen Kommas dazu, die man immer am richtigen Ort setzen sollte!
Mit der Satzlänge kann man auch eine Geschichte beeinflussen. Manchmal sind kurze Sätze besser, z. B. um eine Geschichte spannend zu machen, wenn ganz viele Sachen hintereinander passieren. Ein langer Satz würde an dieser Stelle stockend wirken und die Spannung aufheben. (Jeannine, 9. Klasse)

Sind Sätze interessant? Wenn ja: warum, wenn nein: warum nicht?

Nein: Ein Satz alleine ist nicht spannend, aber wenn es mehrere Sätze sind und es gut geschrieben ist, dann ja. (Patrick, 7. Klasse)

Texte sind die natürliche Umgebung von Sätzen. Sätze kommen kaum je isoliert vor, sondern sie sind eingebettet in größere Einheiten wie Texte oder Gespräche. Ein guter Teil der schulgrammatischen Bemühungen um die Einheit „Satz“ wird ebenfalls mit dem Blick auf Texte begründet: Grammatisches Wissen soll helfen, bessere Texte zu verfassen, Beobachtungen beim Untersuchen von Sprache sollen sich nicht auf einzelne Sätze beschränken, sondern auch den Text mit einbeziehen. Dieses Postulat wird allerdings selten eingelöst. Gründe dafür werden in der zu systematischen Ausrichtung von Grammatikunterricht und auch in der unzureichenden funktionalen Begründung der grammatischen Modelle gesehen (Klotz 2007, S. 12-19). Neben diesen didaktischen Überlegungen ist auch eine fachwissenschaftliche Anmerkung zu machen: Einige Eigenschaften von Sätzen lassen sich zwar am isolierten Beispiel beschreiben, aber nur mit Bezug auf die textuelle Umgebung erklären, in der sie vorkommen (oder für die sie, im Fall von konstruierten Beispielen, gedacht sind). Offensichtlich ist das bei der Reihenfolge der Satzglieder (s. Abschnitt 1.4) und bei der Struktur von Satzgefügen (s. Abschnitt 1.5), aber auch die Kennzeichnung sprachlicher Handlungen durch Satzarten und die Interpunktion hängen letztlich mit der Textebene zusammen. Der Text ist dabei weniger, wie der Satz im Verhältnis zum Wort, eine strukturelle Größe mit eigenen Bauprinzipien. Wesentlich sind vielmehr pragmatische Gesichtspunkte.

Selbst ein klassischer schriftlicher Sachtext, z. B. eine informative Einführung in ein Fachgebiet, ist von seiner Funktion geprägt. Bei der Strukturierung und Wahl der konkreten sprachlichen Mittel orientieren sich Schreibende an der Rezeptionssituation, sie werden versuchen, Leserinnen und Leser beim Aufbau ihrer Vorstellung vom Inhalt optimal zu unterstützen. Dadurch wird nicht nur die Wortwahl beeinflusst, sondern auch die Gestaltung und Abfolge von einfachen und komplexen Sätzen. Für die Schnittstelle zwischen Syntax und Textlinguistik sind folgende Gesichtspunkte wichtig:

- Vorstellungen von Textsorten bündeln in der Art von Prototypen wichtige Eigenschaften, an denen wir uns bei der Produktion und Rezeption von Texten orientieren. Sehr oft ist davon auch die syntaktische Ebene betroffen. Je nach Textsorte kommen bestimmte nicht satzwertige Konstruktionen infrage (Stichwörter bei Bildlegenden oder Notizen, evtl. bei Protokollen, Wortketten mit Infinitiv bei Kochrezepten, Satzfragmente in mündlichkeitsnahen Texten wie informellen E-Mails oder SMS), wird direkte oder indirekte Rede präferiert (Erzählung vs. Bericht), sind komplexe Satzglieder und Satzgefüge angebracht oder nicht.
- Eine zentrale Eigenschaft von Texten ist, dass sie kohärent sind bzw. als kohärent rezipiert werden können. Je nach Textsorte ist der „rote Faden" im Text an die sachliche (z. B. chronologische oder räumliche) Darstellung eines Gegenstands geknüpft oder liegt in einer Handlungsstruktur (z. B. Argumentation) begründet (Peyer 2010, S. 255). Die Herstellung von Kohärenz kann durch sprachliche Signale unterstützt werden, von denen viele auf der syntaktischen Ebene operieren und die Struktur von Sätzen beeinflussen, im Einzelnen koordinierende und subordinierende Konjunktionen, Adverbien und Partikel, die Kohäsionsfunktionen übernehmen, und natürlich die breite Palette von Pronomina. Die Textlinguistik kennt verschiedene Modelle, mittels derer sich thematische Entfaltung in Texten beschreiben lassen. Einige davon beziehen sich unmittelbar auf die Satzebene und helfen damit, topologische Eigenschaften von Sätzen zu erklären (s. Abschnitt 1.6.3).
- Ausdrucksmittel im Bereich der adverbialen Beziehungen bewegen sich formal über die ganze Bandbreite von Attribut über Satzglied, Teilsatz und selbstständigem Satz bis hin zum Text. So kann eine Begründung in einem Text einen ganzen Abschnitt einnehmen, der auch entsprechend explizit eingeleitet wird mit einer Floskel oder einem eigenen Titel. Um diese Ausdrucksmittel adäquat zu erfassen und zu beschreiben, muss der Blick über den Satz und das Satzgefüge hinausgehen (s. Abschnitt 1.5.3.6). Mit Bezug auf die illokutive Struktur von Texten können bestimmte untypische Satzstrukturen erklärt werden, vor allem im Bereich des zusammengesetzten Satzes.

Das Verhältnis zwischen Satz und Text wird in der linguistischen Teildisziplin der Textlinguistik unterschiedlich gesehen. Nebeneinander stehen die Auffassungen, a) der Text sei „eine begrenzte Folge von sprachlichen Zeichen, die in sich kohärent ist und die als Ganzes eine erkennbare kommunikative Funktion signalisiert" (Brinker 2005, S. 17) und b) Texte seien „Äußerungsfolgen, die von einem oder auch mehreren Sprechern in einer bestimmten Handlungssituation mit einer bestimmten Absicht produziert werden" (Heinemann/Viehweger 1991, S. 92). Während a) den Aufbau des Texts aus kleineren Einheiten thematisiert, blendet b) diesen Aspekt aus. Natürlich ist diese Gegenüberstellung plakativ, sie ist jedoch kongruent mit der Entwicklung der Textlinguistik aus einer stärker satz- und einer stärker handlungsorientierten Optik (s. dazu Gansel/Jürgens 2007, v. a. S. 35-52). Generell gilt, dass der Text als Einheit von Grammatik und Linguistik viel später als Gegenstand wahrgenommen wurde als Wörter und Sätze (Gansel/Jürgens 2007, S. 35 f.). Textgrammatische Ansätze wurden erst mit der kommunikativen Wende in der Linguistik fruchtbar, weil damit – und mit der später erfolgten Kognitivierung der Fragestellungen – ein adäquater systematischer Rahmen gegeben war (Peyer 2010, S. 241). Text wird dabei als eine deutlich funktional geprägte Einheit verstanden, die mit den entsprechenden Werkzeugen beschrieben werden muss. Das bedeutet,

> *dass mit der Textlinguistik ein kompletter Neuansatz in der linguistischen Forschung verbunden sein musste, der vor allem in einer Abkehr von der ausschließlichen Konzentration auf das Sprachsystem und einer Hinwendung zum Sprachgebrauch besteht.* (Gansel/Jürgens 2007, S. 36)

Modelle zur Beschreibung von Sätzen lassen sich nicht auf die Ebene Text übertragen, wie das Scheitern der ersten, auf die Konstruktion einer „Textgrammatik" ausgerichteten Ansätze gezeigt hat. Ein funktional-pragmatisches Verständnis der Einheit Text geht davon aus, dass Texte nicht nur eine inhaltliche (propositionale) Struktur haben, sondern dass Texte insgesamt Handlungscharakter haben und ihr Aufbau sich als Struktur von einzelnen Handlungsschritten deuten lässt. Entweder wird für diese Ebene aus der Sprechakttheorie der Begriff der Illokution übernommen, oder es wird von der Funktion eines Texts gesprochen (Gansel/Jürgens 2007, S. 49). Auf dieser Grundlage kann nun der Blick wieder zurückgewendet werden auf die Einheiten, aus denen der Text aufgebaut ist. Viele ihrer strukturellen Eigenschaften sind in der pragmatischen Dimension des Texts begründet (vgl. Gansel/Jürgens 2007, S. 52, 113). Bezieht man diese Erkenntnisse auf die Schulgrammatik zurück, zeigen sich einige Schwierigkeiten:

- Der kanonisierte schulgrammatische Stoff stammt aus einer Zeit, als textlinguistische Zugänge noch nicht entwickelt waren. Die Begriffe der Schulgrammatik sind also nicht textlinguistisch fundiert.
- Zwar gibt es in der Textlinguistik durchaus Ansätze, die sich trotz grundsätzlicher Orientierung am Text auch mit syntaktischen Strukturen befassen (u. a. Gansel/Jürgens 2007, Motsch/Reis/Rosengren 1990, Teile von Nussbaumer 1991). Sie haben aber nicht zum Ziel, ihre Begrifflichkeit für den Gebrauch in der Schule zu entwickeln oder ihn wenigstens an schulgrammatische Begriffe anschlussfähig zu machen.
- Textlinguistisches Wissen in der Schule zu vermitteln ist oder wäre zwar sinnvoll, sowohl die Begriffe wie auch der Umgang mit ihnen können aber nicht auf die aus dem Grammatikunterricht gewohnten Formate (Definition und Arbeitsblatt) klein-

gearbeitet werden. Dies soll auch keinesfalls angeregt werden. Es ist bloß ein weiterer Hinweis darauf, dass schulgrammatisches Brauchtum eine hohe Hürde für inhaltliche Innovationen darstellt.
Pessimismus ist dennoch fehl am Platz. Eine textlinguistische Erweiterung muss nicht in zusätzliche Kapitel von „Schulgrammatik" münden, sondern kann und soll bei der Schnittstelle von Schreiben und Sprachreflexion ansetzen. Hier sind vielfältige Aufgaben für die verschiedenen Phasen des Schreibprozesses möglich, welche detaillierte Arbeit an syntaktischen Strukturen nicht nur erfordern, sondern auch sinnvoll machen und den Schülerinnen und Schülern helfen, ein angemessenes schriftsprachliches Repertoire aufzubauen.

1.6.2 Konzeptionelle Mündlichkeit – konzeptionelle Schriftlichkeit

Die Unterscheidung von konzeptioneller Mündlichkeit und Schriftlichkeit ist nicht im engeren Sinn ein Konzept der Textlinguistik. Das Thema soll aber hier angesprochen werden, weil es gerade für den Umgang mit Texten in der Schule sehr hilfreich ist. Dass Texte sich nicht nur nach ihrer medialen Realisierung (gesprochen oder geschrieben) unterscheiden, sondern auch in ihrer sprachlichen Form, ist seit Langem erkannt. Je nach der Situation, in der ein Text realisiert wird, ist er konzeptionell stärker „schriftlich" oder „mündlich" geprägt – es wird auch von Sprache der Nähe oder der Distanz gesprochen (Merz-Grötsch 2010, S. 20-24). Konzeptionell mündliche Texte sind stärker in ihren situativen Kontext eingebettet und weisen, passend zur Produktions- und Rezeptionssituation, weniger Informationsdichte auf, weniger stringente Strukturen auf der Text- und auf der Satzebene und einen weniger anspruchsvollen und variablen Wortschatz (Merz-Grötsch 2010, S. 21). Da die üblichen syntaktischen Begriffe für die Beschreibung konzeptionell schriftlicher Sprache entwickelt wurden, wird konzeptionell mündlicher Stil meist als defizitär („weniger" Komplexität, Struktur etc.) beschrieben – dazu passt, dass entsprechende Phänomene in vielen Grammatiken nicht angesprochen oder als falsch gekennzeichnet werden (Nussbaumer 1991, S. 84-86).

Das Konzept bietet einen Rahmen, in welchen verschiedene Textsorten unter einem gemeinsamen Gesichtspunkt eingeordnet werden können. Außerdem kann in diesem Rahmen ein wichtiger Aspekt des schulischen Sprachenlernens sichtbar gemacht werden: Kinder und Jugendliche müssen ihr – durchaus alltagstaugliches – sprachliches Repertoire in Richtung konzeptionelle Schriftlichkeit ausbauen und sich die entsprechenden sprachlichen Mittel aneignen. Sie sollen dabei auch verstehen, dass die schriftlich geprägten Formen nicht grundsätzlich „besser" sind, sondern dass es sich um verschiedene Register handelt, mit denen sie die Wirkung ihres sprachlichen Handelns beeinflussen können. Hierbei geht es nicht nur darum, die Produktion der Schülerinnen und Schüler entsprechend zu fördern, sondern die vielen Sachtexte, die beim Lernen in der Schule verarbeitet werden, in die Reflexion einzubeziehen. Dabei lassen sich wertende Urteile über Texte wie „einfach – kompliziert" oder „spannend – langweilig" durchaus einbeziehen.

	konzeptionelle Mündlichkeit	konzeptionelle Schriftlichkeit
Satzgrenzen	z. T. unklar (v. a. bei gesprochener Sprache), z. B. Ausklammerungen aus dem Satzrahmen (Satzglieder vor dem Vorfeld und nach dem Nachfeld, s. Abschnitt 1.4.4) *Diese Polenta, dafür würde ich weit gehen. Ich werde bestimmt wieder zu viel essen heute, bei diesem tollen Angebot.*	Sätze klar voneinander abgegrenzt (Intonation und Interpunktionszeichen) *Für diese Polenta würde ich weit gehen. Bei diesem tollen Angebot werde ich heute bestimmt wieder zu viel essen.*
Satzbau	einfacher, variationsarm tendenziell parataktisch, teilweise unvollständige Sätze/Teilsätze, z. B. ▸ freistehende Nebensätze/Verbletztsätze *Ob ich einen Grappa bestellen soll? Wenn wir nun noch einen kleinen Spaziergang machen?* ▸ Verbzweitstellung statt Verbletztstellung *Ich sagte ihnen ganz klar, hier gibt es die allerbesten Antipasti viel günstiger.*	komplexer, variationsreich mit Hypotaxe, keine oder kaum unvollständige Sätze/Teilsätze *Ich überlege, ob ich einen Grappa bestellen soll. Seid ihr dabei, wenn wir noch einen kleinen Spaziergang machen?* *Ich sagte ihnen ganz klar, a) dass es hier die allerbesten Antipasti viel günstiger gebe b) hier gebe es die allerbesten Antipasti viel günstiger.*
Textaufbau	wenig strukturiert, unscharfe Kohäsionsmittel, viele Partikeln	(explizit) strukturiert, systematische Kohäsionsmittel

Abb. 20: Syntaktische Merkmale von konzeptioneller Mündlichkeit und Schriftlichkeit

Unterrichtssequenzen mit dem Schwerpunkt „konzeptionelle Schriftlichkeit" werden nicht nur auf der Satzebene ansetzen, sondern auch beim Wortschatz (z. B. Fachbegriffe, Fremdwörter, Partikeln) und bei der Gliederung von Texten. Syntaktisches muss aber auch Thema sein, ist doch syntaktische Komplexität und Korrektheit ein wichtiges Merkmal von konzeptioneller Schriftlichkeit. Angesprochen sind also Attribute, nichtnotwendige Satzglieder, Satzgefüge, aber auch Nominalisierungen, die sozusagen vom komplexen zurück zum „einfachen" Satz führen. So eingeordnet, bekommen Übungen, welche die Schülerinnen und Schüler zum Ausprobieren entsprechender Strukturen anregen, einen Sinn als Teil der Arbeit an Texten.

Wenn mündlichkeitsnahe oder tatsächlich gesprochene, informelle Texte in die Untersuchung einbezogen werden, wird deutlich, wie wenig die grammatischen – nicht nur die schulgrammatischen – Begriffe für diesen Zweck geeignet sind. Über mehrere Jahrhunderte wurde ein Beschreibungsinstrumentarium für geschriebene, standardnahe Register entwickelt. Ein passendes Instrumentarium für die (text-) grammatische Beschreibung ist noch zu entwickeln (Gansel/Jürgens 2007, 177-179).

1.6.3 Thematische Struktur

Dass Texte von etwas handeln, ein Thema oder einen inneren Zusammenhang haben, gehört zum unausgesprochenen Alltagswissen über Sprache. Aber wir stehen wieder vor dem Problem, dass sich dieses Wissen nur schwer systematisieren lässt. Entsprechend gibt es unterschiedliche textlinguistische Konzepte, die dem Phänomen gerecht werden können. Meistens passen sie problemlos zu bestimmten häufigen Textmustern, kaum eines lässt sich aber ohne Aufwand auf alle möglichen Beispiele beziehen. Hier soll die textlinguistische Diskussion nicht vollständig referiert werden, sondern auf diejenigen Konzepte verwiesen werden, die eine gewisse Nähe zur Syntax haben (vertiefend z. B. Linke/Nussbaumer/Portmann 2004, S. 259-275, Peyer 2010, S. 243-250).

Ein Konzept, das diese Nähe erkennbar im Namen trägt, ist die funktionale Satzperspektive der Prager Schule (Gansel/Jürgens 2007, S. 41-44, Dürscheid 2007, S. 181-189). Es besagt, dass Sätze in Texten einen thematischen und einen rhematischen Teil haben. Thema ist – unabhängig von der syntaktischen Form – die bereits bekannte Information. Die Bekanntheit ergibt sich entweder aus dem außersprachlichen Kontext – so musste im Sommer 2010 „Die Ölpest im Golf von Mexiko" nicht speziell eingeführt werden –, oder eine Information wird explizit eingeführt wie im klassischen Märchen-Anfang *Es war einmal* … (Abbildung 21). Ist ein Text-Thema einmal gesetzt, wird es um das Rhema, die neue Information, ergänzt. Dieses kann dann im folgenden Satz Thema sein usf.

Umfassen Texte allerdings mehr als nur ein paar Sätze, ist mit vielfachen Verzweigungen zu rechnen: Zu einem Thema werden mehrere rhematische Aussagen gemacht oder es entfalten sich Unterthemen und Exkurse, bis das Hauptthema wieder aufgenommen wird. Das Konzept eignet sich gut für die Anwendung auf narrative Texte oder generell solche, die sich auf einen einheitlichen zeitlichen oder sachlichen Zusammenhang beziehen. Grundsätzlich funktioniert Unterteilung in thematische und rhematische Teile nur, wenn wir von einem angemessen mitdenkenden Leser ausgehen, der die sprachlichen Informationen entschlüsseln und einordnen kann und z. B. Pronomen oder andere Ausdrücke auf das Thema beziehen kann. Damit wird auch angedeutet, dass Thema und Rhema nicht immer eindeutig bestimmbar sind, sondern im Lauf des Rezeptionsprozesses vom Leser eingeordnet werden. Dennoch gibt es sprachliche Hinweise, welche diesen Prozess unterstützen. Zentral sind in diesem Zusammenhang der Wechsel zwischen bestimmtem und unbestimmtem Artikel, Pronomina zur Wiederaufnahme oder Verknüpfung eines Themas und die Anordnung der Information im Satz. Wo für die Reihenfolge der Satzglieder Spielraum besteht (s. Abschnitt 1.4), steht thematische Information eher links, neue, also rhematische Information eher rechts im Satz. Das Konzept lässt sich nur mit großem theoretischen Aufwand so zuspitzen, dass sich Texte, besonders längere, systematisch analysieren lassen. Es ist aber sinnvoll, die Aufmerksamkeit in kürzeren Abschnitten darauf zu richten, wie sich alte und neue Information verbinden lässt und wie sich diese Abfolge im Satzbau abbildet. Ziel der Arbeit ist Sensibilisierung für das Phänomen der thematischen Struktur. Entsprechende Unterrichtseinheiten sollen das Vergleichen und

Variieren fokussieren, sie dürfen nicht zu direkt auf die Verbesserung von Texten angelegt sein.

Thema	**Rhema**
Es war einmal	*ein Mann und eine Frau,*
die	*wünschten sich schon lange vergeblich ein Kind;*
endlich machte sich die Frau	*Hoffnung, der liebe Gott werde ihren Wunsch erfüllen.*
Die Leute	*hatten in ihrem Hinterhaus ein kleines Fenster,*
daraus	*konnte man in einen prächtigen Garten sehen,*
der	*voll der schönsten Blumen und Kräuter stand;*
er	*war aber von einer hohen Mauer umgeben,*
	und niemand wagte hineinzugehen,
	weil er einer Zauberin gehörte,
die	*große Macht hatte und von aller Welt gefürchtet war.* (Grimm 1986, S. 102)

Thema	**Rhema**
Das neue italienische Restaurant (aus dem Kontext bekannt)	*hat eine wunderbare Speisekarte.*
Die Vielfalt des Angebots (auf der Speisekarte)	*machte mich ratlos.*
Da ich nicht wusste, was ich bestellen sollte, (= ich war ratlos)	*bat ich den Kellner um Rat.*
Er hat mir	*erklärt, was die besonderen Spezialitäten des Hauses sind.*

Abb. 21: Thema und Rhema

1.7 Interpunktion

1.7.1 Fragestellung

Das Thema Interpunktion wird in wissenschaftlichen Darstellungen zur Syntax kaum behandelt, meist ohne dass dies explizit erwähnt oder begründet wird. Diese Haltung liegt darin begründet, dass orthografische Regeln als sekundär gegenüber dem Sprachsystem betrachtet werden; ihre Normativität passt nicht zur deskriptiven Ausrichtung linguistischer Fragestellungen. Dass die Interpunktion in unserem Kontext dennoch eine Rolle spielt, liegt daran, dass der Zusammenhang zwischen syntaktischem Wissen und der Beherrschung orthografischer Regeln oft zur Begründung von Grammatikunterricht herangezogen wird: Syntaktische Begriffe werden u. a. mit dem Ziel vermittelt, dass Schülerinnen und Schüler die Kommasetzung oder die Interpunktion generell sicherer beherrschen, man kann geradezu von „Zeichensetzung als Hort der Syntax" sprechen (Eisenberg/Feilke/Menzel 2005, S. 7). An der zitierten Stelle finden sich allerdings deutliche Signale der Distanzierung – die Autoren erläutern, der Zusammenhang werde gemeinhin so gesehen, er bestehe jedoch erwiesenermaßen nicht. Die Koppelung von syntaktischem Wissen und Sicherheit bei der Interpunktion (v. a. im Umgang mit Kommas) sei also falsch (Eisenberg/Feilke/Menzel 2005, S. 11; s. dazu auch Abschnitt 1.7.4.1).

Anders als bei anderen syntaktischen Fragestellungen ist beim Stichwort „Interpunktion" immer ausdrücklich von Regeln die Rede – bei anderen Gesichtspunkten geht es zwar durchaus auch um Regeln, aber diese werden stark deskriptiv verstanden: Wer Deutsch als Erstsprache lernt, beherrscht die meisten Regeln des Satzbaus, ohne sie explizit zu kennen. Im Bereich der Interpunktion dagegen ist uns bewusst, dass es normative Regeln gibt, mit denen wir uns auseinandersetzen müssen. Wichter als detaillierte Regeln sind allerdings grundsätzliche Überlegungen zu Interpunktionszeichen und ihren Funktionen (7.2.1). Satzzeichen unterstützen das Verstehen von Texten (Lesbarkeit, Richtigkeit, Wirksamkeit). „Richtigkeit" ist insofern wichtig, als normkonforme Schreibungen störungsfreie Lektüre ermöglichen. Über die Richtigkeit hinaus verstärken „fakultative" Zeichen wie Doppelpunkt, Gedankenstrich oder Ausrufezeichen die Wirksamkeit eines Texts und geben ihm stilistische Kontur (Eisenberg/Feilke/Menzel, S. 6). Die Funktion der einzelnen Zeichen wird in Abschnitt 1.7.3. erläutert.

Interpunktion – vor allem die Kommasetzung – ist aus verschiedenen Gründen ein leidiges Thema. Viele Lehrpersonen wissen aus Erfahrung, dass die konzentrierte Vermittlung und das Üben mit Arbeitsblättern durchaus klappen, dass viele Schülerinnen und Schüler beim Schreiben aber dennoch Fehler machen. Dazu kommt, dass einzelne Regelbereiche wie das Komma beim Infinitiv kompliziert geregelt sind, ganz zu schweigen von der Verunsicherung durch die wiederholten Modifikationen der Regeln in diesem Bereich. Das kann leicht zu Resignation führen oder zur Haltung „Kommas setze ich nach Gefühl". Beim Auf- und Ausbau der Fähigkeit, Interpunktionszeichen korrekt anzuwenden, gilt es deshalb, die richtige Balance zu finden zwischen „Gefühl", soweit es trägt, und Hilfen bzw. Regeln für Bereiche der Unsicherheit. Solche sind insbesondere nötig für das Komma in Satzgefügen und bei Hervorhebungen, die Kennzeichnung von direkter/wörtlicher Rede (Anführungszeichen, v. a. als Abschluss) und der Umgang mit Frage- und Ausrufezeichen. Dazu kommen als zusätzliche Fehlerquelle Konzentrationsprobleme bei längeren Texten (Eisenberg/Feilke/Menzel 2005 6 f.). Vorgaben in Lehrplänen und in den Bildungsstandards bilden den Erwerbsprozess so ab, dass sie von jüngeren Lernenden die Beherrschung der Satzschlusszeichen verlangen, von Abiturienten fehlerfreie Interpunktion. Fragen der Vermittlung und des Curriculums werden in Abschnitt 1.7.4 angesprochen.

1.7.2 Interpunktionszeichen und ihre Funktionen

D

warum reden wir so sondern nicht wie in texten

Wenn wir mit jemanden reden und fertig sind mit reden warum sagen wir nicht punkt wie z.b. in einem text oder wenn wir was fragen warum nicht fragezeichen danke im voraus

A: In einem Text müssen Satzzeichen stehen, um dem Text beim Lesen die notwendige Form und Farbe zu verleihen. Man benutzt Kommata und Satzzeichen doch nur deshalb, damit man verstehen kann, wie etwas gemeint ist. Sonst würden wir alles monoton hervorbringen und wüßten nicht, ist es eine Frage? Eine Aussage? ... Beim Sprechen allerdings verleihen wir doch mit unserer Sprache, Stimme und unserem Ausdruck unseren Worten den Sinn. Da ist es unnötig die Satzzeichen mitzusprechen, denn wir hören es doch von selbst. Wir hören wann es eine Frage, eine Antwort oder ein Ausruf ist.....

B: Wenn du schreibst, benutzt du Satzzeichen nicht mal, wieso dann so reden?

C: 1) Klingts bescheuert; 2) Ist es nicht notwendig, 3) Sind Satzzeichen NUR für den Schriftverkehr „erfunden" worden. Sie stehen für die Pausen und Modulationen im Satz, die beim aktiven Sprechen gemacht werden und machen diese sichtbar.

D: Weil die Satzzeichen als Betonung „gesprochen" werden. Wenn Du etwas monoton runterleierst, wäre eine Ansage da schon hilfreich.

E: Weil das doch voll nervig wäre! Man würde verwirrt sein, von den ganzen Satzzeichen, und könnte sich auf die eigentliche Message nicht konzentrieren! Andersherum ist es beim Lesen einfacher mit Komma etc., da es einem OHNE Satzzeichen sehr wirr vorkommt!

(www.gutefrage.net/frage/warum-reden-wir-so-sondern-nicht-wie-in-texte, recherchiert am 3.3.2010)

Wie oben erläutert, gilt Interpunktion häufig nicht als „ernsthaftes" Thema für syntaktische Fragestellungen – Interpunktion scheint zu normativ orientiert und zu banal, die Regeln sind ja schließlich formuliert. Nimmt man allerdings differenzierte Darstellungen wie das amtliche Regelwerk oder den Regelteil des Rechtschreib-Duden zur Hand, entsteht schnell nicht der Eindruck von Banalität, sondern im Gegenteil von einer unüberblickbaren Vielfalt: Komma bei Aufzählungen, bei nachgestellten Zusätzen, bei Konjunktionen, zwischen Teilsätzen bei Partizip- und Infinitivgruppen etc. (Duden-Rechtschreibung 2005, S. 59). Da in dieser Situation viel Energie für die Beherrschung der Kommaregeln aufgewendet wird, kommt die Arbeit mit anderen Zeichen wie Gedankenstrich, Doppel- und Strichpunkt zu kurz.

In einer neuen Studie wird gezeigt, dass ein Teil dieser Schwierigkeiten von der Perspektive auf Interpunktionszeichen herrührt: Geläufig werden sie als Zeichen interpretiert, die statische sprachliche Einheiten kennzeichnen oder sogar nur syntaktische Einheiten. Diese Lesart führt zu unbefriedigenden Unschärfen, denn in konkreten Sätzen bzw. Texten gibt es oft unterschiedliche Interpunktionsmöglichkeiten, und umgekehrt lässt sich im Einzelfall nicht genau und eindeutig sagen, welche spezifische Kennzeichnung von einem bestimmten Zeichen geleistet wird (Bredel 2008, S. 14-17). Werden Interpunktionszeichen dagegen, wie Bredel dies vorschlägt, als Hinweise auf die Verarbeitung von Sprache im Leseprozess interpretiert (Bredel 2008, S. 10 f., 18), ergibt sich eine überschaubare, stringente Darstellung, die jedem Zeichen eine genau umrissene Funktion zuweist. Die Systematik ist besonders aus zwei Gründen interessant: Es wird gezeigt, dass und wie die syntaktische und die pragmatische Ebene interagieren, und es werden nicht nur Punkt und Komma, sondern das ganze System der Interpunktionszeichen einbezogen und eingebettet in den Rahmen des Inventars von segmentalen (klassische Interpunktionszeichen) und suprasegmentalen Zeichen (z. B. Majuskel, Unterstreichung, Zeile, Block oder Einzug; Bredel 2008, S. 21).

Die Autorin betont, dass sie mit ihrer Analyse noch keine Didaktisierung leiste, sondern vielmehr eine Basis gelegt sei für eine empirische Überprüfung der Wege, auf denen Lernende und Erwachsene sich mit der Interpunktion auseinandersetzen bzw. wie sie dieses Zeicheninventar nutzen.

Bredel interpretiert die Funktion von Interpunktionszeichen bezogen auf den Prozess des Lesens und Verstehens. Schreibende stehen jedoch nach wie vor vor der Aufgabe, ihren Text bzw. seine sprachlichen Einheiten mit Interpunktionszeichen versehen zu müssen. Wenn wir Bredels Analyse zugrunde legen, schaffen sie das aber nicht, indem sie die sprachlichen Einheiten analysieren, sondern indem sie die Leserperspektive einnehmen und sich fragen, welche Anweisungen nötig sind, damit der Text in ihrem Sinne verstanden werden kann. Wie bei anderen Aspekten der Textgestaltung ist anzunehmen, dass dabei verschiedene Formen von sprachlichem Wissen zum Einsatz kommen (implizites, prozedurales, explizites, s. Abschnitt 2.2).

Das ist keine radikale Absage an bisherige Regelformulierungen, da ja auch die bisherigen Beschreibungen des Interpunktionssystems wichtige Regularitäten erfassen. Bredels Befund zur Systematik der Interpunktion lässt sich aber didaktisch so deuten, dass weniger auf immer exaktere analytische Bestimmungen der einzelnen syntaktischen Einheiten abgezielt werden sollte, sondern dass es Schwerpunkte zu erfassen gilt, damit die Schülerinnen und Schüler mit der Zeit lernen, das Potenzial der Zeichen für die Steuerung des Leseprozesses sinnvoll zu nützen. Von dem Ratschlag, im Duden (oder einer anderen sehr ausführlichen Darstellung) nachzuschlagen, ist bei jüngeren Lernenden deshalb Abstand zu nehmen. So gesehen sind gerade die zu schulischen Zwecken vereinfachten Darstellungen kein schlechtes Hilfsmittel, insbesondere wenn sie nur verlässliche Aussagen als Regel formulieren und ansonsten Beispiele für den Einsatz von Zeichen geben.

Schülerinnen und Schüler dürfen keine irreführenden Anregungen bekommen, z. B. in Richtung einer Verknüpfung von Komma und Sprechpause, und es darf nicht erwartet werden, dass sie aus zirkulären oder vagen Darstellungen von Regeln sinnvolle Schreibhilfen ableiten können (Bredel 2008, S. 16). Sinnvoll sind konkrete, nicht primär regelorientiere Schreibhilfen und Anregungen, v. a. zum Komma, aber auch zu Fragezeichen, Ausrufezeichen, Doppelpunkt, in komplexeren schriftsprachlich geprägten Texten auch Klammern, Gedankenstrich.

Interessant ist auch die Auseinandersetzung mit literarischen Texten, deren Autoren sich ja nicht immer an die Normen der Interpunktion halten und dies z. T. auch explizit begründen. Als Illustration dient hier der Kommentar von Uwe Johnson zum Einsatz von Kommas bei Nebensätzen. Einleitend sei eine Textpassage aus „Das dritte Buch über Achim" zitiert, anschließend Johnsons Replik an einen Kritiker.

da dachte ich schlicht und streng anzufangen so: sie rief ihn an, innezuhalten mit einem Satzzeichen, und dann wie selbstverständlich hinzuzufügen: über die Grenze, damit du überrascht wirst und glaubst zu verstehen. Kleinmütig (nicht gern zeige ich Unsicherheit schon anfangs) kann ich nicht anders als ergänzen dass es im Deutschland der fünfziger Jahre eine Staatsgrenze gab; du siehst wie unbequem dieser zweite Satz steht neben dem ersten. Dennoch würde ich am liebsten beschreiben dass die Grenze lang ist und drei Meilen vor der Küste anfängt mit springenden Schnellbooten, junge Männer halten sie in den Ferngläsern, scharf geladene Geschütze reichen bis zu dem Stacheldrahtzaun, der heranzieht zum freundlichen Strand der Ostsee, (...).
(...) irgend wo sind die Drähte zwischen Ostdeutschland und Westdeutschland zusammengefasst, da gehen sie also über die Grenze, wen wundert das. Ungern setze ich hinzu dass es aber unverhältnismäßig wenige Leitungen sind, die demnach leicht im Ohr zu behalten waren: man könnte an angeschlossene Tonbänder denken und meinen ich sei gehässig; ich wollte es nur jedenfalls gesagt haben und zu verstehen geben dass einer lange warten muss an einem beliebigen Alltagsabend und sogar nachts, wenn es denn ein solches Gespräch sein soll: und dass sie nach allem nicht sicher sein durfte ob das Fernamt ihr sagen ließ: Gewiss ja, oder: wo denken Sie hin.

(Johnson 1973, S. 7 f.)

Einem Kritiker, der ihm vorwirft, „im Verzicht auf die herkömmliche Syntax und Interpunktion" zu schreiben (Johnson 1980, S. 187), erläutert Johnson detailliert, dass seine

Syntax korrekt sei. Auch Interpunktionszeichen setze er durchaus, allerdings verstoße er gelegentlich gegen die herkömmlichen Regeln (Johnson 1980, 188 f.) – wie, legt er in der folgenden Passage dar:

> *(...) erwarteten Sie Kommata vor Objektsätzen, und wurden wieder und abermals enttäuscht. (...) Wenn ein Student angehalten wird, ausreichende Kenntnisse in der deutschen Satzbildung zu erwerben, kann er im späteren Berufsleben stolpern über das Gewicht des Formalen (...). Vorgeführt an einem einfachen deutschen Satz: „Ich sehe den Regen." (Subjekt – Prädikat – Objekt.) Abwandlung des Satzes, Aufteilung in Haupt- und Nebensatz: „Ich sehe, dass es regnet." Dabei ist der Regen oder das Regnen Objekt geblieben. Nur weil ihm die Form geändert wurde, muss er oder es nach der deutschen Vorschrift abgetrennt werden mit einem Komma, das die durch das Verbum fließende Beziehung zwischen Subjekt und Objekt zerhackt. Unberaten und jugendlich (...) wurde vermutet, ein jeder, oder doch manche, Leser des Deutschen verspüre einen ähnlichen Schmerz, wenn er beim Schlendern durch einen Satz mit verbalem Objekt in die offene Falle des Kommas tritt. (...) Solche Logik wird noch unterstützt durch das Verfahren der Angelsachsen, die sich das Leiden unter dem unablässigen Messerfall der Kommata überhaupt ersparen und von einander selbstverständlich voraussetzen, dass die Gliederung eines Satzes schlicht durch Mitdenken erfasst wird. (...)* (Johnson 1980, S. 189 f.)

Johnson stellt also die Variante, Objektsätze ohne Komma zu schreiben, als die eigentlich logische dar, er würde diesen Verzicht gerne auch auf andere Nebensätze ausdehnen. Dass er sich dennoch – außer bei den Objektsätzen – an die Regeln hält, begründet er mit der

> *(...) wiederholten Erfahrung, dass deutsche Leser des Deutschen bestehen auf einer Möblierung der Sätze mit Stop- und Haltezeichen, dass sie gekränkt sind durch das Angebot freier Fahrt (...). Das Bedürfnis des Verfassers nach gegenseitigem Auskommen im Guten war am Ende kräftiger und versorgt sein Geschriebenes seitdem mit Satzzeichen in der Fülle; geblieben ist eine, wenn auch intermittierende, Abneigung gegen Objektsätze, beginnend mit einem „dass" nach einem Komma.* (Johnson 1980, S. 190 f.)

Diese Ausführungen lassen sich anhand des Zitats aus „Das dritte Buch über Achim" detailliert nachvollziehen. Interessant ist, dass Johnson damit auf das Komma an einer Stelle verzichtet, wo auch viele Jugendliche ihre Nebensätze ohne Kommas anschließen (s. Abschnitt 1.7.4.1). Solche Beobachtungen an literarischen Texten bilden eine gute Grundlage für die nicht nur regelorientierte Auseinandersetzung mit Interpunktionszeichen und den Normen der Interpunktion.

1.7.3 Systematik der Interpunktionszeichen

Generell wird die Entstehung von systematisch gesetzten Interpunktionszeichen mit dem Wechsel vom lauten zum stillen Lesen in Verbindung gebracht. Interpunktionszeichen, die früher das laute Lesen in Richtung Rhetorik unterstützten und oft erst von

Lesern in den Text eingefügt wurden, wurden im Hinblick auf die Worterkennung und die Verarbeitung der Sprache funktionalisiert (Bredel 2008, S. 95-99).

Die folgenden Erläuterungen beziehen sich auf konventionell gestaltete Fließtexte. Sind Texte als Listen gestaltet, wird die Interpunktion freier gehandhabt, da oft nichtfinite Konstruktionen vorherrschen und Effekte wie Zeilenumbrüche, Spiegelstriche oder Tabellenformate die Gliederung unterstützen. Im Fließtext dagegen wird Sprache linear in Schrift umgesetzt, Flächeneffekte sind nur dort wichtig, wo ein Absatz vom nächsten getrennt wird, also auf der Ebene der Textstrukturierung. Innerhalb der Abschnitte übernehmen die Interpunktionszeichen die Aufgabe, den Leser bei der sinnvollen Verarbeitung des sprachlichen Inputs zu unterstützen (Bredel 2008, S. 32 f.). Diese Einschränkung muss auch im Unterricht zum Tragen kommen, den Schülerinnen und Schülern soll von Anfang an klar sein, dass für Listen, Notizblätter und Folien etc. andere (weniger strikte) Interpunktionsregeln gelten als für Texte. Im Folgenden sind knappe Hinweise zu den einzelnen Zeichen formuliert (ausführlicher Eisenberg/Feilke/Menzel 2005, 14; Bredel 2008).

1.7.3.1 Punkt

Der Punkt ist das „neutrale" Satzschlusszeichen bzw. Schlusszeichen für eine „kommunikative Basiseinheit" – gelegentlich auch für Einheiten, die formal gesehen keine Sätze sind (Eisenberg/Feilke/Menzel 2005, S. 8). Bredel präzisiert, dass der Punkt für Leserinnen und Leser das Signal ist, die syntaktische Verarbeitung der gekennzeichneten Einheit abzuschließen, auch auf der Ebene des Satzmodus (Bredel 2008, S. 191-194).

1.7.3.2 Frage- und Ausrufezeichen

Wo es kontextuell sinnvoll ist, können Einheiten sprachlich besonders gekennzeichnet werden mit „!" für besonderen Nachdruck und „?" für Fragen. Diese Mechanismen funktionieren unabhängig von der syntaktischen Form der Einheiten:

- Manche Aufforderungen oder Befehle werden zwar mit einem Imperativ, aber ohne Ausrufezeichen formuliert, z. B. Aufforderungen in Schulbüchern (Eisenberg/Feilke/Menzel, S. 8, 14), sie haben dann den Charakter von Empfehlungen.
- Ein Verbzweitsatz kann als Frage markiert werden (oft nur in bestimmten Kontexten, z. B. in einer etablierten Situation wie bei einer Echo-Frage). Das Fragezeichen darf also nicht zu eng mit der Satzart „Fragesatz" bzw. nur deren typischen Vertretern verknüpft werden.

Es kommt vor, dass Beschreibungen und Regelformulierungen tendenziell zirkulär sind (Bredel 2008, S. 150 f.), etwas überspitzt: Ein Fragesatz wird mit Fragezeichen markiert, und das Fragezeichen kennzeichnet einen Fragesatz. Statt für den Schulgebrauch aus dieser unsicheren Basis Regeln abzuleiten, ist es sinnvoller, konkrete Beispiele zu untersuchen und dem Konzept hinter Frage- und Ausrufezeichen in der Arbeit mit Texten auf die Schliche zu kommen.

1.7.3.3 Komma

Nicht die Funktionen des Kommas sind „schwer überschaubar", sondern die Regeln, die sie zu beschreiben versuchen. (Bredel 2008, S. 177)

Bredel geht in ihrer Darstellung vom Komma aus, das die drei Funktionen Herausstellung, Nebenordnung und Unterordnung wahrnehmen kann, und stellt anschließend Punkt, Semikolon/Strichpunkt und Doppelpunkt als weniger vielseitige Zeichen dar (Bredel 2008, S. 178-180). Herausstellung (s. Abschnitt 1.4.4) und Nebenordnung werden in vielen Sprachen durch Komma markiert (Bredel 2008, S. 178). Nebenordnung ist uns bekannt als Nebenordnung von Sätzen und als „Aufzählung" von kleineren Einheiten. Das Komma kann in dieser Funktion echte reihende Konjunktionen (solche, die sich wiederholen können, also *und* und *oder*) ersetzen, bei anderen nebenordnenden Konjunktionen steht es zusätzlich vor der Konjunktion, so bei *aber*, *denn* und *sondern* (Eisenberg/Feilke/Menzel 2005, S. 8 f.; Bredel 2008, S. 178).

Die konsequente Markierung der syntaktischen Unterordnung durch Kommas gilt spezifisch für das Deutsche. Kommas müssen auch dann gesetzt werden, wenn der Nebensatz eine Konstituente des Hauptsatzes ist, sodass man genauerweise sagen sollte: „Der Nebensatz wird durch Komma abgetrennt", nicht: „Haupt- und Nebensatz werden durch Komma getrennt" (Eisenberg/Feilke/Menzel 2005, S. 14). Ein Bereich der Unsicherheit auch für kompetente Schreibende sind Infinitiv- und Partizipsätze. Wo Infinitivsätze als Alternative zu Nebensätzen gebraucht werden (mit der Einleitung *ohne zu, statt zu, um zu*) wird klar ein Komma gesetzt. Für ein differenziertes Verständnis der Regelung beim Infinitiv mit *zu* ist viel syntaktisches Wissen nötig (Bredel 2008 S. 182-186); in der Schule sind hier das Einprägen häufiger Muster und die Möglichkeiten, mit dem Komma das Verständnis zu unterstützen, der sinnvollere Zugang als Regelwissen (Eisenberg/Feilke/Menzel 2005, S. 9, 14). Hilfreich ist auch die Einsicht, dass sich verschiedene Infinitivkonstruktionen an der Grenze zwischen Satzglied und Satz bewegen, was die Anwendung von Regeln generell erschwert.

1.7.3.4 Weitere Zeichen

Wie das Komma hat auch der Strichpunkt/das Semikolon die Funktion, zu koordinieren, allerdings ist seine Anwendbarkeit gegenüber dem Komma eingeschränkt (Bredel 2008, S. 179 f.). Da er nirgends zwingend vorgeschrieben ist, gilt er als Stilmittel, sozusagen „nice to have". Mit Strichpunkt voneinander getrennte Sätze sind syntaktisch vollständig, d. h., ähnlich wie beim Punkt wird die syntaktische Verarbeitung abgeschlossen. Sogenannte phrasale Information (z. B. der Satzmodus) bleibt aber erhalten, bleibt also für die Teile nach dem Strichpunkt gleich (Bredel 2008, S. 188-190). Der Doppelpunkt signalisiert Herausstellungsstrukturen, er markiert entweder den linken oder den rechten Rand der Stellungsfelder (s. Abschnitt 1.4). Im Text funktioniert er damit als Ankündigungssignal (Bredel 2008, S. 180, S. 195-210).

Mit der Markierung von Parenthesen wirken Klammer und Gedankenstrich als „Zeichen, die den Textfluss unterbrechen". Klarer als Kommas signalisieren sie einen Wechsel der Ebene im Textfluss. Dem Leser wird signalisiert, dass der Informationsfluss unterbrochen wird, z. B. durch kommentierende Einschübe des Autors (Eisenberg/Feilke/Menzel 2005, S. 9 f.). Wir haben es hier also mit Satzzeichen zu tun, die sich klar auf die textuelle Ebene beziehen.

1.7.4 Erwerb und curriculare Schwerpunkte

Der Umgang mit den Interpunktionszeichen baut sich im Lauf der Schreibentwicklung auf. In der typischen Erwerbsreihenfolge stehen zuerst Punkt und erste Anwendungen von Komma, es folgen Ausrufe- und Fragezeichen, Anführungszeichen, Doppelpunkt, Auslassungspunkte und Gedankenstrich (Eisenberg/Feilke/Menzel 2005, S. 11). Es wird vermutet, dass beim nicht explizit gesteuerten Erwerb verschiedene Aspekte zusammenwirken: grafische Muster (z. B. bei Punkt am Schluss der Zeile), eine allgemeine Vorstellung von Grenzsignalen, der Bezug zu Artikulation, insbesondere Pausen, und dass zunehmend die syntaktische Begründung eine Rolle spielt, die im Sprachunterricht thematisiert wird (ebd., S. 10).

1.7.4.1 Erwerb der Kommasetzung

Systematisch erforscht wurde vor allem die Kommasetzung, denn hier beginnt der Gebrauch zwar früh, bleibt aber lange fehleranfällig, was sich in Texten von Studierenden und von anderen Erwachsenen beobachten lässt. Die Fehlerquoten werden im Verlauf der Schulzeit eher höher, auch bei Studierenden betragen sie ca. 20 % (Eisenberg/Feilke/Menzel 2005, S. 11). Das Komma in der Parataxe ist dabei recht unproblematisch. Mehr Schwierigkeiten bestehen bei Einschüben und Appositionen, und groß sind die Probleme bei Nebensätzen, insbesondere bei Subjekt- und Objektsätzen, aber auch bei adverbialen Nebensätzen (Müller 2007, S. 43; Müller verwendet, in der Terminologie der Duden-Grammatik, die Bezeichnungen Inhalts- und Verhältnissatz). Jeweils am besten ist die Lage bei typischen Verknüpfungswörtern aus jeder Gruppe: bei *weil, als, der* und *dass* (Eisenberg/Feilke/Menzel 2005, S. 11, nach Melenk/Knapp 2001).

> *Selbst innerhalb des wirklich sehr klar geregelten Kernbereichs der Kommasetzung, der Trennung von Haupt- und Nebensätzen, treten immer wieder Fehler auf, und zwar nicht etwa zufällig verteilt und unsystematisch, sondern mit hoher Regelmäßigkeit unter ganz bestimmten Bedingungen, etwa bei Nebensätzen bestimmter Funktion. Das heißt, dass Sprachstrukturen, die von der geltenden Norm zu einer Regel zusammengefasst werden, für Schreiber offenbar unterschiedliche Fälle mit unterschiedlichen Schwierigkeiten darstellen.* (Müller 2007, S. 11)

Die Studien zeigen außerdem, dass Kommasetzung und schulgrammatische Kompetenz nicht korrelieren (Müller 2007, S. 44, mit Bezug auf Afflerbach 1996, Melenk/Knapp 2001 und Metz 2005). Dagegen gibt es einen Zusammenhang zwischen hoher Sicherheit beim Schreiben und differenzierter Nutzung von Kommas beim Lesen. Vor diesem Hintergrund ist es problematisch, dass die Interpunktionsdidaktik fast ausschließlich auf das Schreiben beschränkt ist – Leseprozesse sind für den Erwerb offensichtlich auch von Bedeutung (Bredel 2008, S. 221).

In seiner empirischen Studie arbeitet Müller heraus, dass Kommas offensichtlich primär als Kennzeichen für Sinneinheiten gesetzt werden, also semantisch begründet. Dieses Prinzip scheint stärker zu sein als die Orientierung an der Intonation oder an den syntaktischen Strukturen, wobei sich die Einflüsse natürlich überlagern können (Müller 2007, S. 12 f.). Mit der Annahme, dass semantische (teilweise auch pragmatische) Prinzipien leitend sind, können nicht nur fehlende, sondern auch überflüssige Kommas erklärt werden (Müller 2007, S. 251).

> *Der geringe Einfluss des syntaktischen Prinzips besagt damit nicht, dass den Probanden syntaktisches Strukturwissen fehle, sondern dass für die Kommasetzung weniger entscheidend ist, welche Strukturmöglichkeit aus dem syntaktischen Repertoire herangezogen wird, um die intendierte semantische Beziehung in die Sprache abzubilden. Für die Kommasetzung ist das insofern fatal, als unterschiedliche syntaktische Mittel zum Ausdruck der gleichen semantisch-funktionalen Beziehung unterschiedliche Kommarelevanz haben.* (Müller 2007, S. 246)

Der inhaltliche Zusammenhang zwischen Elementen im Satz oder Text, von dem sich Schreibende offensichtlich leiten lassen, ist nicht leicht zu operationalisieren, dennoch lässt sich festhalten,

> *dass Sachverhalte, die unmittelbarer Bestandteil anderer Sachverhalte sind, besonders eng zusammengehören und besonders selten kommatiert werden, während Sachverhalte in ausgezeichneter Relation zueinander loser zusammenhängen und häufiger kommatiert werden, ihrerseits aber wiederum seltener als Sachverhalte, die weitgehend semantisch autonom und lediglich koordiniert sind.* (Müller 2007, S. 249 f.)

Statt auf solche Befunde mit quantitativ mehr expliziten Regeln und Regellernen zu reagieren, ist es sinnvoll, die Frage nach den Lernprozessen zu stellen, welche die Situation plausibel erklären können. Offensichtlich trifft die Annahme, dass Kommaregeln explizit gelernt und dann im Schreibprozess systematisch angewendet werden, nicht zu. Hier sind assoziative, automatisierende und implizite Modelle des Lernens anzunehmen (Müller 2007, S. 53-66). Dort, wo die geltenden, syntaktisch basierten Regeln besprochen werden, ist es wichtig, darauf hinzuweisen, dass sie eben nicht ein Gefühl für Kommas explizit machen, sondern dass sie auf andere als die implizit angewendeten Prinzipien rekurrieren. Wichtig ist in diesem Zusammenhang jedoch, noch einmal auf die beschränkte Bedeutung von explizitem Wissen hinzuweisen:

> *Begründungswissen ist (...) ein schlechter Indikator für erwartbare Leistungen bei der Kommasetzung (...). Die Probanden kommatierten nicht das, was dem Hauptsatz-Nebensatz-Muster*

folgte, sondern sie sprachen mit diesem Muster alle diejenigen Strukturen an, die sie kommatieren wollten. Die Begründungen wurden damit zu mehr oder weniger adäquaten Hypothesen über die möglichen Ursachen der implizit erkannten Kommarelevanz. (Müller 2007, S. 264)

1.7.4.2 Perspektiven für den Unterricht

Satzzeichen als Thema im Schreib- und Grammatikunterricht sollen deshalb nicht primär mit Regellernen verbunden werden: Es gilt, Erfahrungen zu machen und zu reflektieren, Zeichen zu setzen und Zeichen in fremden Texten zu untersuchen – welche Zeichen kommen vor, wie sind sie gesetzt, welchen Effekt haben sie? –, und wenn ein Text veröffentlicht wird, sollen Fehler, insbesondere bei jüngeren oder schwächeren Lernenden und bei anspruchsvollen Regelungen direkt von der Lehrperson korrigiert werden, ohne auf die Regeln zu rekurrieren. Der Fokus richtet sich im Lauf der Schulzeit in folgender Reihenfolge auf die verschiedenen Interpunktionszeichen:

- Satzschlusszeichen
- Punkt und Komma als Zeichen für Nebenordnung „ohne schulgrammatischen Ballast" (Eisenberg/Feilke/Menzel 2005, S. 12 f.)
- Redewiedergabe, und zwar in der Reihenfolge nachgestellter Begleitsatz (2./3. Schuljahr) – vorangestellter Begleitsatz (ab 4. Schuljahr; Eisenberg/Feilke/Menzel 2005, S. 11)
- Arbeit an Satzgefügen, ohne aber Haupt- und Nebensatz systematisch zu unterscheiden, orientiert an prototypischen Beispielen, z. B. Konjunktionalsätzen mit *weil* und *dass*. Auf dieser Basis werden Musterbildungsprozesse unterstützt; der Weg geht vom sprachlichen Handeln zu Richtigkeit und Regeln, nicht ausgehend von den „abstrakten Regeln des Systems" zu den Texten (Eisenberg/Feilke/Menzel 2005, S. 13).
- 7. und 8. Schuljahr: Die Aufmerksamkeit richtet sich auf die Wirksamkeit der Zeichen; im Einklang mit der sozial-kognitiven Entwicklung wird Eigenes und Fremdes unterschieden, werden Texte affektiv konturiert und lernen die Jugendlichen, bewusst mit Implizitheit und Explizitheit umzugehen (Eisenberg/Feilke/Menzel 2005, S. 13).

Generell kommt, wie in der Schreibentwicklung auch, die im Lauf der Zeit sich verstärkende Kompetenz der Lernenden zum Tragen, den Text zu gestalten und die Leserperspektive zu übernehmen. Speziell in Bezug auf die Kommasetzung ist noch einmal anzumerken, dass es problematisch ist, wenn in der Schule ein zu enger Bezug zwischen Punkt sowie Komma und Pausen hergestellt wird (Bredel 2008, S. 222; Müller 2007, S. 22-24). Außerdem wird Interpunktion in der Schule oft auf „Kommaregeln" beschränkt, was bedeutet, dass sich die Lernenden nur mit einem Teil der Möglichkeiten auseinandersetzen, der zudem stark normativ belastet ist (Bredel 2008, S. 223). Vor diesem Hintergrund ist es nicht nötig, die Kommasetzung mit der Unterscheidung von Haupt- und Nebensätzen zu verbinden. Für das korrekte Setzen von Kommas genügt die Kategorie „Teilsatz"; evtl. zusätzlich der Hinweis auf „Signalwörter", z. B. unterordnende Konjunktionen (Lindauer/Schmellentin 2008, S. 121 f.). Das methodische

Problem, den Begriff „Teilsatz" so zu umschreiben, dass er für Schülerinnen und Schüler ab Klasse 5 handhabbar ist, kann operativ unterstützt werden, indem die Kinder Personalform und dazugehörigen Satz bzw. Satzglieder suchen. Als Bild für das Verb und seine Mitspieler können das Verb als „König", der Satz als „Königreich" und die Kommas als Grenzposten in ein Bild gefasst werden (Lindauer/Sutter 2005, S. 30 f.).
Zum Schluss soll hier auf die Schreibpraxis in den neuen Medien hingewiesen werden. Wie auch die Ausschnitte aus dem Internetforum zeigen, folgt der mündlichkeitsnahe Sprachgebrauch oft nicht den offiziellen Regeln für Fließtexte. Kommas fehlen oft, dafür werden andere Zeichen großzügiger und oft in angemessener Weise eingesetzt. Solche Texte bieten interessantes Beobachtungsmaterial, von dem aus genauer formuliert werden kann, welche Interpunktionskonventionen für konzeptionelle Schriftlichkeit gelten. Ein solcher Zugang hebt weniger die Regeln hervor als die Tatsache, dass uns die Interpunktionszeichen ein interessantes Repertoire bieten, das wir in verschiedenen Kontexten unterschiedlich nutzen.

2 Fachdidaktische Überlegungen

Was bedeutet die Gegenüberstellung von fachwissenschaftlichen und fachdidaktischen Gesichtspunkten für die Auseinandersetzung mit dem Thema Satz?

Klar ist, dass es nicht primär darum gehen kann, Erkenntnisse der Fachwissenschaft vereinfacht an die Schülerinnen und Schüler weiterzugeben. Wie sinnvoller Grammatikunterricht allerdings aussehen soll, welches seine Ziele sind und ob es überhaupt um Grammatik und nicht vielmehr um Sprachreflexion in einem weiteren Sinn geht, ist jedoch nicht abschließend geklärt – im Gegenteil, darüber wird immer wieder und immer noch gerungen und diskutiert. Außerdem ist der Satz als Einheit im sprachlichen Handeln dauernd, insbesondere beim Schreiben, präsent, es wäre deshalb falsch, andere Lernbereiche des Deutschunterrichts aus der Diskussion auszublenden.

Für den vorliegenden Band gilt es zu klären, welche Rolle das Thema „Satz" im Sprachunterricht spielt. Dabei soll die Perspektive möglichst weit gefasst werden, sodass deutlich wird, dass mit den Stichwörtern „Grammatikunterricht" und „Sprachreflexion" unterschiedliche Ziele verfolgt werden, die auch unterschiedliche Zugänge zu und Arbeitsformen im Umgang mit sprachlichen Phänomenen – in unserem Fall mit dem Satz – erfordern. Dabei wird auch der Bezug zum Schreiben angesprochen, denn die Auseinandersetzung mit Sprache soll ja nicht Selbstzweck sein, sondern das bewusste sprachliche Handeln, insbesondere die Überarbeitung von Texten, unterstützen.

Die Erläuterungen bewegen sich dabei von der Frage nach den Zielen und Vorgaben zur Frage nach der Gestaltung des Unterrichts. Dabei werden sowohl allgemeine als auch spezifische Gesichtspunkte erläutert, sodass die Anregungen, wie unterschiedlich im Unterricht am Thema „Satz" gearbeitet werden kann (s. u. Teil 3), nicht beliebig nebeneinanderstehen, sondern in einen Kontext eingebettet sind, der sowohl die verschiedenen Konzepte von Grammatikunterricht und Sprachreflexion als auch die unterschiedlichen Voraussetzungen und Bedürfnisse von Lernenden berücksichtigt. Das Kapitel ist in vier Teile gegliedert:

Dass Grammatikunterricht sich auf verschiedene Zielbereiche bezieht, die über den Erwerb von Begriffswissen hinausgehen, wird deutlich, wenn verschiedene Stichwörter aus der Diskussion um Grammatikunterricht und schulischer Sprachreflexion analysiert werden – didaktische Entwürfe verstehen sich ja nie rein methodisch, sondern machen Aussagen darüber, wie wichtige Ziele erreicht werden können. Eine andere Annäherung ist die Beschreibung des Wissens und der Kompetenzen, die mit dem Unterricht gefördert werden sollen. Dabei lassen sich verschiedene Dimensionen von Wissen unterscheiden. Das Kompetenzmodell von Ossner (2006a und 2006b) bildet einen Rahmen, um alle Lernbereiche des Deutschunterrichts nach verschiedenen Wissensdimensionen aufzuschlüsseln (s. Abschnitt 2.2). In der aktuellen bildungspolitischen Diskussion sind die nationalen Bildungsstandards leitend, auf die ebenfalls eingegangen werden soll, genauso wie auf die KMK-Vorgaben, soweit sie das Thema „Satz" betreffen (s. Abschnitt 2.3.1 und 2.3.2).

Gemeinsam ist allen grammatikdidaktischen Entwürfen, dass sie eine Vermittlung zwischen handlungspraktischer und handlungsentlasteter Auseinandersetzung mit Sprache suchen (Bredel 2007, S. 151-154, mit Verweis auf Ingendahl 1999, S. 122 f. und Paul 1999). Wenn Sprache in Situationen gebraucht wird, ist sie nur „beiläufig" Thema, die Aufmerksamkeit richtet sich auf Inhalte und Wirkungen, nicht auf die Sprache. Wenn Sprache dagegen dekontextualisiert zum Gegenstand der Aufmerksamkeit wird, ist gleichzeitiges Handeln nicht mehr möglich. Sich vom Handeln abhalten zu lassen, die Sprache für sich zu untersuchen, muss allerdings einen Sinn haben – außerhalb vom Kontext wissenschaftlichen Forschens besteht ein Interesse, Probleme der Praxis so schnell wie möglich zu lösen und wieder zum Handeln zurückzukehren. Vor diesem Hintergrund wirkt zu langes Verweilen, wie es im Grammatikunterricht üblich ist, unnötig, es muss begründet werden.

> *Folgt man den Befunden von Paul 1999, sind die Ziele des Sprachunterrichts, der Aufbau der Schriftkompetenz einerseits und der Aufbau der Kompetenz zum „reflexiven Sprachgebrauch" andererseits, nur durch die Aktivierung beider Formen der Sprachbetrachtungsformen, der handlungspraktischen und der handlungsentlasteten zu erreichen, die sich jeweils in ihren Terminologien und in ihren Verfahrensweisen unterscheiden.* (Bredel 2007, 154 f.)

In diesem Spannungsfeld bewegen wir uns, wenn wir im Unterricht eine Einheit des Sprachsystems thematisieren und Sprachbetrachtung, nicht nur sprachliches Handeln, inszenieren.

2.1 Traditionen und Schwerpunkte des Grammatikunterrichts

Die Auseinandersetzung mit verschiedenen Konzepten des Grammatikunterrichts zeigt, dass ein wichtiger Motor in der Diskussion die Unzufriedenheit mit der traditionellen systematischen Vermittlung ist (s. u. a. Gornik 2003; Riegler 2006, S. 13-91; Peyer in Vorb., Steinig/Huneke 2002, S. 41-57, 139-144). Daran wird vor allem kritisiert, dass die vermittelten Begriffe keine Wirkung entfalten im sprachlichen Handeln der Schülerinnen und Schüler. Im Fokus der Kritik stehen neben der mangelnden Nachhaltigkeit auch andere Gesichtspunkte, so die Frage, ob die eingeführten Begriffe und Termini sinnvoll und die Form der Vermittlung (stark von der Lehrperson gesteuert, wenig entdeckend) zielführend seien und ob die Voraussetzungen der Lernenden, also ihr sprachliches Können und auch ihre nicht gesteuerte Reflexion über Sprache, angemessen berücksichtigt würden. Damit einher gehen grundsätzliche Diskussionen über die Ziele, die mit den Lernbereichen Grammatikunterricht oder, umfassender, Reflexion über Sprache, verbunden sind: Geht es primär um begriffliches Wissen über Strukturen und Funktionen sprachlicher Einheiten, umfassender um Wissen über Sprache und Kommunikation allgemein, oder geht es gar nicht um Wissen, sondern um sprachliches Können und um eine positive, interessierte Einstellung zu allem, was Sprache für Menschen bedeutet? Mit diesen Fragen wird deutlich, dass der Blick im Folgenden über Methoden im Sinn von Aufbereitung und Konkretisierung der Inhalte für den Unterricht hinaus auf die Konzeption von Unterricht, auf Lernziele und auf die Sicht auf die Lernenden und ihre Ressourcen gerichtet werden soll.

Je nachdem, welche der oben genannten Zieldimensionen, die ja alle je für sich genommen wichtig sind, das größte Gewicht bekommt, sind andere Wege zur Erreichung der Ziele im Unterricht sinnvoll. Entsprechend wird um Vor- und Nachteile von Konzepten und Methoden gestritten, wobei nicht immer ganz klar ist, ob der Weg oder das Ziel zur Diskussion steht. Auch dürfen wir in diesem Kontext nicht aus den Augen verlieren, dass unser Reden über Grammatikunterricht nicht ohne konkreten Blick auf die Lernenden auskommen darf: Denken wir eher an Kinder, die sich gerade mit der Schrift auseinandersetzen, an ältere mehrsprachige Jugendliche, die die Schule nicht zuletzt aufgrund der sprachlichen Anforderungen nur zum Teil mit Erfolg abschließen werden, oder haben wir Gymnasiasten im Blick, die sich gerne und erfolgreich mit abstrakten Fragestellungen auseinandersetzen, in verschiedenen Schulfächern komplexe Themen bearbeiten und ihre Sprache fürs Lernen nutzen können?

In diesem Kapitel werden nachfolgend in den Abschnitten 2.1.1 bis 2.1.5 konzeptionelle Entwürfe dargestellt, die relativ konkrete Konzepte von Grammatikunterricht umreißen – Inhalte, Schwerpunkte und Methoden der Arbeit im Unterricht. In den Abschnitten 2.1.6 bis 2.1.8 werden Stichwörter besprochen, die nicht so direkt den Unterricht betreffen, sondern vielmehr die theoretische Grundlage (funktionale Orientierung) und die grundsätzliche Ausrichtung von Sprachreflexion in der Schule.

2.1.1 Systematischer Grammatikunterricht

Aus heutiger Sicht wird der traditionelle systematische Grammatikunterricht oft abwertend dargestellt. Er lässt sich aber auch neutral charakterisieren (Cornik 2003, S. 816-819): Sein Ziel ist, die Systematik grammatischer Begriffe zu erarbeiten und dieses Wissen nutzbar zu machen, um sprachliche Einheiten zu beschreiben. Diese Ausrichtung gibt der Lehrperson, die das System bereits kennt, einen besonderen Stellenwert bei der Vermittlung. Sie (oder ein Lehrmittel, das sie dafür einsetzt) strukturiert die Vermittlung und hilft den Lernenden, das Wissen Schritt für Schritt zu erarbeiten und auf Beispiele zu beziehen. Oft werden diejenigen Gebiete besonders genau bearbeitet, die im Sprachgebrauch fehlerträchtig sind, damit die Lernenden entsprechende Regeln besser verstehen. Ein Beispiel dafür ist die Auseinandersetzung mit Zeitformen: Besonders im Süden des deutschen Sprachraums wird das Präteritum in der gesprochenen Sprache selten oder nicht verwendet. Entsprechend müssen die Bildung der Formen, insbesondere bei starken Verben, und der angemessene Einsatz in erzählenden Texten erarbeitet werden. Ein anderes Beispiel ist die Interpunktion, vor allem die Kommasetzung: Häufig wird argumentiert, für eine normgerechte Kommasetzung sei es nötig, Haupt- und Nebensätze voneinander unterscheiden zu können, um die Regeln richtig anzuwenden. Bereits im Kapitel Interpunktion (s. Abschnitt

1.7.4) wurde gezeigt, dass empirische Studien diese Annahme widerlegen: Weder ist die Unterscheidung zwischen Haupt- und Nebensätzen für das Setzen der Kommas nötig, noch werden Kommas im alltäglichen Schreiben in erster Linie auf dem Weg über deklaratives (Regel-) Wissen gesetzt. Dennoch bleibt u. a. der Bereich der Kommasetzung ein Beispiel dafür, dass landläufig ein Zusammenhang angenommen wird zwischen Grammatikwissen und korrektem Sprachgebrauch. Wegen solcher Fokussierungen bekommt der traditionelle systematische Grammatikunterricht einen normativen Beigeschmack, er gerät in den Verdacht, nur auf Fehlerquellen und sprachliche Defizite ausgerichtet zu sein (Bredel 2007, S. 227 f.).

Zwei weitere Probleme kennen alle Lehrpersonen und die meisten Schülerinnen und Schüler aus ihrer Erfahrung: Im Unterricht bzw. im Schulbuch werden Zusammenhänge reduziert, vereinfacht und mit passenden Beispielen illustriert, aber sobald man Beispiele aus dem Alltag zu analysieren beginnt, stößt man auf Schwierigkeiten. Hält man sich dann bei solchen Beispielen auf und versucht, sie zurechtzubiegen oder das nötige Zusatzwissen zu erarbeiten – oder deklariert man sie kurzerhand als Ausnahmen –, wird der Unterricht schnell unübersichtlich, das eigentliche Ziel ist nicht mehr sichtbar, das System erscheint beliebig. Noch schwieriger wird es, wenn die grammatische Systematik nicht streng eingehalten wird, wenn man also schulgrammatische Begriffe nicht auf ihre morphosyntaktischen Voraussetzungen bezieht, sondern im Umgang mit den gleichen Begriffen auch semantisch-funktional oder pragmatisch argumentiert: Plötzlich ist nicht mehr klar, warum die beiden Fragewörter *wer* und *wo* nicht zur gleichen Wortart gehören sollen oder ob nun *Tina kommt doch auch?* ein Fragesatz sei oder nicht. Unterrichtstranskripte belegen, wie viel Mühe solche Situationen den Beteiligten bereiten. Kein Wunder, dass der traditionelle systematische Grammatikunterricht einen schlechten Ruf hat, obwohl der Zugang, die Systematik als solche zu vermitteln, ja kein verwerfliches Ziel ist.

Verbesserungen der Situation wurden auf verschiedenen Wegen gesucht. Grob lassen sich die Vorschläge unterscheiden nach Alternativen in der Thematik, in der Unterrichtsgestaltung und in den anvisierten Lernwegen oder Schüleraktivitäten.

2.1.2 Situativer Grammatikunterricht

Ein radikaler Gegenentwurf zum traditionellen Grammatikunterricht war „Der andere Grammatikunterricht" von Boettcher und Sitta – radikal in zweierlei Hinsicht: Sowohl die Planung des Unterrichts als auch die möglichen Themen wurden neu gedacht (Gornik 2003, S. 820 f.). „Situativ" bedeutet, dass die Lehrperson Themen nicht von langer Hand vorbereitet, sondern dass sie reagiert, wenn sich im Unterricht oder auch in anderen Situationen, z. B. in der Pause, etwas ereignet, das unter sprachlichen Gesichtspunkten interessant ist, kurz: ein „bedeutungsvoller Ausschnitt der von einer Person deutend wahrgenommenen ‚Welt'" (Boettcher/Sitta 1981; zit. nach Gornik 2003, S. 820). Das können, müssen aber nicht Konflikte oder Missverständnisse sein. Thematisch ist die Perspektive sehr weit, es ist sogar so, dass im engeren Sinn grammatische Fragestellungen selten im Fokus sind, dass vielmehr generell die Wirkung von Formulierungen und das sprachliche Handeln zum Thema werden. Das Konzept der Autoren geht davon aus, dass die Lehrperson dank ihres Hintergrundwissens flexibel reagieren kann und nicht nur die Anregung aufgreift, sondern auch das nötige systematische Wissen einbringen kann, sodass die Schülerinnen und Schüler dieses in der systematisierenden Phase des Unterrichts nicht nur erwerben, sondern auch dessen Relevanz erfahren können, da ja der Ausgangspunkt der Arbeit ein konkretes Ereignis im unmittelbaren Handlungskontext war (Boettcher/Sitta 1981, 298 f.). Liest man die Vorschläge aus der Sicht von aktuellem, lernerorientiert konzipiertem Unterricht, entsteht der Eindruck, dass zwar die Überlegungen der Schülerinnen und Schüler Auslöser für Grammatikunterricht (in einem thematisch sehr weiten Sinn) liefern, dass aber konkret doch die Lehrperson die Auseinandersetzung vor allem via Unterrichtsgespräche und fragend-entwickelnde Formen steuert.

2.1.3 Integrativer Grammatikunterricht

Das Konzept des integrativen Grammatikunterrichts will die Vermittlung von Grammatikwissen besser vernetzen mit der Arbeit in anderen Lernbereichen. Solche Prozesse sind besser planbar als situativer Unterricht, die „grammatischen" Abschnitte können entsprechend gut vorbereitet werden. Damit soll, wie beim situativen Unterricht, gewährleistet sein, dass das Erarbeiten grammatischer Begriffe als relevant erfahren wird, lassen sich doch mit ihrer Hilfe Erkenntnisse zu Texten gewinnen oder Schreibprobleme lösen. Damit das tatsächlich der Fall ist, muss die Verbindung Sinn machen und einen entsprechenden Mehrwert haben. Wenn das nicht gegeben ist, erleben Schülerinnen und Schüler den „nichtgrammatischen" Einstieg in einen Text als Alibiübung, als Versuch, etwas Unangenehmes erträglicher zu machen (ausführlicher: Gornik 2003, S. 821-823, Ossner 2006a, S. 247 f.).

2.1.4 Grammatik-Werkstatt

Mit dem Stichwort „Grammatik-Werkstatt" werden Ansätze zusammengefasst, die sich thematisch nahe beim systematischen Grammatikunterricht ansiedeln lassen, die aber großes Gewicht darauf legen, dass die Schülerinnen und Schüler Zusammenhänge und Begriffe selbstständig erarbeiten können, damit sie nicht bloß mit einem bestehenden System konfrontiert werden, sondern sich eigenständig mit den Fragestellungen auseiandersetzen können (Gornik 2003 S. 825 f.). Im Idealfall können sie nachvollziehen, wie Vertreter der Fachwissenschaft sich mit sprachlichen Phänomenen befassen; sie bilden eigene Kategorien, überprüfen diese und setzen sich kritisch mit den gegebenen schulgrammatischen Systemen auseinander.

> *In einer Grammatik-Werkstatt ist das Material die Sprache. Die Arbeit an ihr vollzieht sich unter bestimmten Regeln. Planvolle Arbeit ist dies insofern, als mit Sprache und an ihr etwas getan werden muss, was nicht nur denkend, sondern auch experimentierend geschieht. Das „Handwerkszeug" dabei sind grammatische Operationen.*
>
> (Eisenberg/Menzel 1995, S. 14; konkrete Beispiele ebd. und in Menzel 1999)

> *[…] der „Gebrauchswert" einer Schulgrammatik […] ergibt sich aus dem, was die Lernenden in einem Grammatikunterricht tun: aus dem Ordnen und Abstrahieren, dem Kategorisieren, der Ermittlung der Funktionen der Kategorien und ihrer Anwendung – oder er ergibt sich, wenn man dies alles nicht tut, überhaupt nicht.* (Menzel 1999, S. 9)

Kritisiert wird an diesem Zugang, dass er letztlich nicht über die traditionelle Begrifflichkeit hinausgehe und die Schüler nicht in einem umfassenden Sinn selbstständig forschen könnten, sondern durch Unterlagen und Arbeitsmaterial relativ stark gelenkt würden. Die teilweise polemische Auseinandersetzung (z. B. Ingendahl 1999, 7 f., Switalla 2001, Ossner 2001, Menzel 2001) zeigt exemplarisch, wie wichtig es ist, nicht nur über Methoden, sondern auch über Ziele und Ansprüche von Grammatikunterricht zu diskutieren: Geht man davon aus, dass klassische Begriffe des schulgrammatischen Curriculums vermittelt werden sollen, ist eine Werkstatt durchaus ein tauglicher Weg, vorausgesetzt, die offenen Unterrichtsformen werden adäquat gestaltet. Werden dagegen andere Ebenen der Sprachreflexion angezielt oder wird der Sinn traditioneller Arbeit an Begriffen infrage gestellt, ist eine Grammatik-Werkstatt nicht sinnvoller als lehrergesteuerter Frontalunterricht.

In den folgenden Abschnitten werden Grundsatzfragen angesprochen: Die Forderung nach einer funktionalen Orientierung der Schulgrammatik und diejenige nach einer Erweiterung des Grammatikunterrichts um weitere Themen der Sprachreflexion.

2.1.5 Funktionale Grammatik

Die Kritik am traditionellen systematischen Grammatikunterricht bezieht sich teilweise darauf, dass die Begriffe, welche die Schülerinnen und Schüler dabei erwerben, stark auf die Form sprachlicher Einheiten ausgerichtet sind. Dies wird damit begründet, dass formale Merkmale „sichtbar" bzw. operationalisierbar seien und deshalb für Lernende leichter zu erfassen als funktionale oder inhaltliche Eigenschaften. Auf der Ebene der Satzglieder z. B. ist (einigermaßen) zweifelsfrei herauszuarbeiten, ob eine Nominalgruppe ein Satzglied sei und in welchem Kasus sie steht. Ob es sich dabei aber um eine Ergänzung (Subjekt/Objekt) oder um eine Angabe (Adverbiale) handelt, ist schwieriger festzustellen. Auch die Klassifizierung von Nebensätzen nach funktionalen oder inhaltlichen Gesichtspunkten ist anspruchsvoller als diejenige nach formalen Merkmalen. Man kann hierbei durchaus argumentieren, dass mit der Beschreibung der Form keine für Lernende interessanten Erkenntnisse zu gewinnen seien: Sie lernen dabei „nur", Einheiten zu sortieren, ohne etwas über ihre Rolle in der Kommunikation zu erfahren. Funktionale Zugänge gehen deshalb von der Wirkung sprachlicher Einheiten aus und gruppieren entsprechend nach Ausdrucksmitteln, die z. B. für Fragen, genauere Beschreibungen etc. wesentlich sind (Gornik 2003, S. 823-825; Klotz 1996 und 2007).

Es ist richtig, dass funktionale und inhaltliche Gesichtspunkte für Laien relevanter sind als die Systematik der Form. Auf wissenschaftlicher Ebene interessieren sich allerdings sowohl die formal wie auch die funktional orientierte Grammatik für beide Seiten. Um sich vertieft mit sprachlichen Einheiten auseinanderzusetzen, gilt es immer, das Zusammenspiel genauer zu erfassen, ob man nun von formalen oder von funktionalen Kategorien her kommt. Das bedeutet, dass auch in der Schule ein Verständnis für beide Zugänge erarbeitet werden sollte – wenn ein Zugang absolut gesetzt wird, ergeben sich unstatthafte Verkürzungen. Dazu kommt das Problem, dass es eine Vielzahl von funktional ausgerichteten wissenschaftlichen Grammatiken mit je eigenen Terminologien gibt, sodass eine etablierte Referenz fehlt, wie sie – dank der langen und nicht unproblematischen Tradition – auf der formal orientierten Seite besteht.

2.1.6 „Sprachreflexion" statt Grammatikunterricht

Die oben (2.1.1 bis 2.1.4) referierten Ansätze haben zum Ziel, sinnvollen Unterricht für den Aufbau von systematisch begründetem Wissen über sprachliche Strukturen und ihre Funktionen aufzubauen. Dieses Ziel ist aber seinerseits nicht unhinterfragt geblieben. Bereits der situative Grammatikunterricht wollte Phänomene aufgreifen, welche den Schülerinnen und Schülern auffallen, unabhängig davon, ob sie direkt mit systematischer Grammatik zu tun haben oder nicht. Auch funktionale Zugänge setzen für die Untersuchung der sprachlichen Mittel stärker bei deren Wirkung an und damit bei Eigenschaften, die im alltäglichen Sprachhandeln eher zum Thema werden als formale Gesichtspunkte. Mit dem Stichwort „Sprachreflexion" wird betont, dass es am Gegenstand Sprache viel mehr zu beobachten gibt als bloß grammatische Systematik. Insbesondere sind hier Fragestellungen angesprochen, welche Sprache im sozialen Kontext betreffen: innere (Dialekte, Soziolekte) und äußere Mehrsprachigkeit, Sprachwandel, sprachliche Normen, die Geschichte der Sprache oder der Vergleich zwischen verschiedenen Sprachen und Kommunikationswelten, namentlich dem Mediengebrauch und Situationen der Mehrsprachigkeit (vgl. zusammenfassend Neuland 1994 und 2002, Oomen-Welke 2003, Riegler 2006, S. 59-91, programmatisch Ingendahl 1999 und Paul 1999).

Solche Ansätze sind gekoppelt mit entsprechenden Entwicklungen der Linguistik. Nach der sogenannten kommunikativen Wende der späteren sechziger Jahre, und auch allgemein im damaligen (bildungs-) politischen Kontext, war es ein Anliegen, Erkenntnisse über Sprache in ihren vielen Facetten auch denjenigen Schülerinnen und Schülern zu vermitteln, die sich nicht auf ein Studium vorbereiten. Das Stichwort „Sprachreflexion" hatte also ursprünglich einen starken emanzipatorischen Anspruch. In der aktuellen Diskussion wird es v. a. verwendet, um die Perspektive zu erweitern (Neuland 1994 und 2002) oder um dezidiert gegen „reinen" Grammatikunterricht Stellung zu nehmen (Ingendahl 1999, S. 7 f.). Mit dem Stichwort „Sprachreflexion" sind v. a. Inhalte angesprochen, die über „Grammatik" im engeren Sinn hinausgehen. Teilweise werden auch alternative Unterrichtsformen angesprochen, d. h. solche, die den Schülerinnen und Schülern mehr Autonomie geben, z. B. im Rahmen von Projekten. Dieser Aspekt steht aber nicht im Vordergrund.

2.1.7 Sprachbewusstheit und Language-Awareness

Das Nachdenken über Lehren und Lernen hat seit den 90er-Jahren wesentliche Impulse erfahren, die mit den Stichwörtern „Kognitivierung" und „Konstruktivismus" zusammengefasst werden. Viel stärker und systematischer als früher wurde nicht das Lehren, also die Gestaltung des Unterrichts durch die Lehrperson, sondern das Lernen der Schülerinnen und Schüler zum Ausgangspunkt von didaktischen Konzepten. Man wurde sich bewusst, dass letztlich jedes Kind sein Wissen selbst konstruiert und dass Lehren nicht nur das Vermitteln von Inhalten bedeutet, sondern auch, diese Konstruktionsprozesse optimal zu unterstützen. Entsprechend werden als Resultate des Lernens nicht Verhaltensweisen verstanden, sondern kognitive Konstrukte, die von außen nur bedingt beobachtbar sind (programmatisch z. B. Spinner 1994).

In diesem Kontext ist es von Interesse, ob und wie sich Schülerinnen und Schüler ohne unterrichtliche Anregungen mit Sprache auseinandersetzen. Aus der Spracherwerbsforschung, v. a. im mehrsprachigen Kontext, weiß man, dass bereits relativ kleine Kinder Sprache und Kommunikation beobachten, sich dazu Gedanken machen und Fragen stellen. Dabei zeigen sie

> *Bereitschaft und Fähigkeit [...], sich aus der mit dem Sprachgebrauch in der Regel verbundenen inhaltlichen Sichtweise zu lösen und die Aufmerksamkeit auf sprachliche Erscheinungen als solche zu richten.* (Andresen/Funke 2003, S. 439)

Dies wird als Language Awareness oder Sprachbewusstheit bezeichnet (zur Begrifflichkeit s. auch Neuland 2002). Sichtbar wird dabei – mit noch nicht einheitlich ausdifferenzierten unterschiedlichen Nuancen – die Fähigkeit, Sprache als Gegenstand des Nachdenkens wahrzunehmen. Anders als Begriffswissen, welches in der Schule vermittelt wird, beruht diese Sprachbewusstheit oder Language Awareness auf einer Disposition des Menschen, die allerdings nur schwer systematisch zu beobachten ist (Andresen/Funke 2003, S. 438-440).

Im Rahmen von Unterrichtskonzepten, die sich an den Voraussetzungen von Lernenden orientieren, liegt es nahe, solches Nachdenken über Sprache für die schulische Sprachreflexion zu nutzen. Dieser Blick auf Sprachreflexion im Sinn von Language Awareness ist damit weniger von emanzipatorischen Anliegen oder linguistischen Erkenntnissen geprägt als von den Bildern, die sich Kinder und Jugendliche von ihrer Sprache und in ihrer sprachlichen Umgebung machen. Damit ergeben sich Berührungspunkte zum situativen Grammatikunterricht. Allerdings ist der Anspruch, Erkenntnisse zu systematisieren, weniger ausgeprägt, vielmehr steht das Anliegen im Vordergrund, die Lernenden zu eigenem Beobachten und zum Austausch anzuregen und sich dabei auch ihrer Ressourcen bewusst zu werden. Dies ist besonders wichtig in der Arbeit mit mehrsprachigen Kindern und Jugendlichen: Sie können dank ihrer Mehrsprachigkeit auf einen größeren Fundus an sprachlichen, oft auch kulturellen und literalen Erfahrungen zurückgreifen. Außerdem sind sie sprachlich besonders gefordert dadurch, dass die Schulsprache nicht ihre Erstsprache ist, was oft als Defizit dargestellt und von ihnen erfahren wird. Language-Awareness-Ansätze wollen hier ein Gegengewicht setzen, indem sie Spracherfahrungen aller Art wertschätzen.

2.1.8 Fazit

Mit dieser knappen Übersicht wurde der Versuch unternommen, Schlaglichter auf die Diskussion über den Unterricht in den Bereichen Grammatik und Sprachreflexion zu werfen. Selbstverständlich lässt es sich nicht vermeiden, dabei zu verkürzen und Differenzierungen zu vernachlässigen. Die Übersicht soll zeigen, dass jeder Ansatz für sich gesehen konsistent ist. Damit drängt sich für den Unterricht eine Kombination der verschiedenen Möglichkeiten, über Sprache nachzudenken, auf – allerdings im Bewusstsein, dass die Zeit für diesen Lernbereich beschränkt ist und im Deutschunterricht neben der Sprachreflexion bzw. dem grammatischen Wissen eine Menge anderer Kompetenzen aufgebaut werden sollen. Für die Umsetzung gilt es also immer zu fragen, welche Schwerpunkte für welche Schülerinnen und Schüler wirklich sinnvoll sind. Die aktuelle fachdidaktische Forschung mit ihrem starken empirischen Akzent wird dazu führen, dass wir mehr über die Ergebnisse von Grammatikunterricht wissen: Mit Vergleichsaufgaben und verschiedenen Interventionsstudien werden die Kenntnisse der Lernenden mindestens stichprobenweise erfasst, und die Diskussion über den Unterrichtsbereich kann über programmatische Aussagen und die Resultate einzelner Unterrichtsarrangements hinaus konkretisiert werden. Für empirische Resultate, auch wenn sie auf Studien mit Kontrollgruppen beruhen, gilt allerdings, dass längst nicht alle Faktoren bekannt sind, die den Unterricht gelingen lassen und nachhaltige Lernergebnisse bewirken. Aktuelle Unterrichtsmodelle (s. Abschnitt 2.3.3.2) zeigen, wie komplex das Zusammenspiel verschiedener Faktoren ist und wie stark die Beteiligten – Lehrpersonen und Schülerinnen und Schüler – die Wirkung von Unterricht beeinflussen.

2.2 Wissen und Kompetenzen im Grammatikunterricht

2.2.1 Kompetenzorientierter Unterricht

Das Stichwort Kompetenz dominiert die aktuelle fachdidaktische Diskussion, es kann sogar als Kandidat für das „fachdidaktische Wort des Jahrzehnts" gesehen werden (Abraham/Baurmann et al. 2007, S. 6). Dass es solchermaßen Konjunktur hat, ist eine Reaktion auf Defizite: Wir wissen zu wenig über tatsächliche Fähigkeiten der Lernenden (gemessen an Erwartungen und Postulaten), es wird zu wenig genau formuliert und überprüft, was fachlich und entwicklungsbezogen abgesicherte Teilkompetenzen sind, und es gibt zu wenig konkrete Überlegungen zum Erwerb von Kompetenzen in konkreten Lernsituationen (Abraham/Baurmann et al. 2007, S. 6-8). Auch allen unter Abschnitt 2.1 referierten Zugängen zum Grammatikunterricht kann man vorwerfen, dass sie zwar fachlich nachvollziehbar begründet sind, aber letztlich nicht ausdifferenzieren, welche Teilkompetenzen sie fördern wollen und auf welchen Rahmen sie sich beziehen.

Kompetenzorientierter Unterricht hat zwei Aufgaben: Er soll einerseits helfen, Kompetenzen genauer zu verstehen, andererseits soll er Aufgaben, Lernszenarien und Unterrichtsarrangements entwickeln, welche die Aneignung von Kompetenzen unterstützen (Abraham/Baurmann et al. 2007, S. 8). Da den Bildungsstandards kein gesichertes Kompetenzmodell zugrunde liegt (Abraham/Baurmann et al. 2007, S. 13), liegt hier weiterhin eine wesentliche Aufgabe für die Fachdidaktik (Pieper 2007; Willenberg 2007, S. 15).

Am konkretesten sind bisher Kompetenzmodelle für die Bereiche Lesen und Schreiben entwickelt worden. Wenn wir überlegen, welche Voraussetzungen für das Bewältigen von spezifischen Aufgaben in diesen Bereichen nötig sind, wird deutlich, dass Kompetenzen sich nicht auf reines Handeln beschränken, sondern auch Anteile von Wissen umfassen:

> *Schreiben und Lesen funktionieren gestützt auf das gesamte Spektrum sprachlicher Kompetenzen. Ein kompetenzorientierter Unterricht zu diesen Bereichen kann sich deshalb nicht auf Handlungsbegriffe als Zielgrößen beschränken. Er muss auch die im weiteren Sinne (text-)grammatischen Bedingungen gelingender Textproduktion und -rezeption zum Thema machen. Die Grammatik des schriftlichen fiktionalen Erzählens etwa ist eine andere als die des Berichtens. Leserbezogenes Schreiben setzt etwa für beschreibende Textkonstituenten andere grammatische und stilistische Fähigkeiten voraus als für schriftliches Argumentieren.*
>
> (Abraham/Baurmann et al. 2007, S. 11)

Lese- und Schreibkompetenz enthalten also Komponenten von sprachlichem Wissen. Bei dieser Sicht besteht die Gefahr, dass alles sprachliche Wissen funktionalisiert wird für die verschiedenen Handlungsbereiche, so erscheinen z. B. im Kompetenzraster des europäischen Sprachenportfolios keine Deskriptoren, welche sich explizit auf sprachliches Wissen beziehen. Für ein umfassendes Kompetenzmodell, auf das sich Deutschunterricht beziehen kann, ist es wichtig, auch einen eigenständigen Kompetenzbereich „Sprache thematisieren" o. Ä. anzusetzen. In diesem Bereich gibt es aber (noch) keine Modelle, die breite Anerkennung gefunden hätten. Im Folgenden soll deshalb diskutiert werden, was ein entsprechendes Kompetenzmodell leisten müsste. In einem ersten Schritt (Abschnitt 2.2.2) wird der Begriff des Wissens ausdifferenziert, in einem zweiten (Abschnitt 2.2.3) geht es um die verschiedenen Komponenten eines Modells.

2.2.2 Deklaratives und prozedurales Wissen, Sprachbewusstheit

Gemäß der traditionellen Vorstellung von Grammatikunterricht war das wesentliche Ziel, dass die Schülerinnen und Schüler dank deklarativem Wissen Einheiten erkennen und benennen bzw. kategorisieren können. Dieses Wissen sollte Einsichten in Strukturen vermitteln und darüber hinaus zu einem besseren Gebrauch der Sprache oder zu leichterem Lernen von Fremdsprachen beitragen.

In der aktuellen Diskussion wird stärker unterschieden zwischen unterschiedlichen Formen des sprachlichen Wissens. Deklaratives, in (Fach-)Begriffen fassbares Wissen wird kontrastiert mit sogenanntem prozeduralem Wissen, welches die stark automatisierte Verwendung von Sprache steuert. Dass beide Typen von Wissen zusammenwirken, ist insbesondere aus der Auseinandersetzung mit dem Lernen von Fremd- und Zweitsprachen bekannt. Das Zusammenwirken der Wissensformen ist theoretisch und empirisch nicht restlos geklärt, es wird angenommen, dass das Alter und die Lernvoraussetzungen zu individuell unterschiedlichen Ausprägungen der Lernprozesse führen.

Spätestens seit der kognitiven Wende, welche die didaktischen Konzepte seit den 1990er-Jahren prägt, wird zusätzlich „Sprachbewusstheit", „Sprachaufmerksamkeit" oder „Language Awareness" in die Diskussion einbezogen (s. Abschnitt 2.1.7). Wenn Kinder schreiben lernen, fordert dies von ihnen eine neue Form der Aufmerksamkeit auf Sprache. Auch Situationen wie Mehrsprachigkeit oder das Aufwachsen in einem Nebeneinander von Dialekt und Standardsprache vermitteln Impulse für Sprachbewusstheit. Obwohl das Konzept einleuchtend ist und sich mit vielen Beispielen illustrieren lässt, ist es schwierig, Sprachbewusstheit empirisch genau zu fassen. Für den didaktischen Kontext ist das Konzept dennoch attraktiv, da es hilft, die Dichotomie zwischen deklarativem und rein prozeduralem, implizitem Wissen zu überwinden, und außerdem darauf hinweist, dass zwar die grammatischen Fachbegriffe den Schülerinnen und Schülern fremd sind bzw. ihnen von außen vermittelt werden müssen, nicht aber generell das Interesse für Sprache und Sprachliches. Zu beachten ist jedoch, dass traditionelle Grammatik und spontane Sprachaufmerksamkeit deutlich verschiedene Aspekte von Sprache thematisieren. Geht es bei den grammatischen Begriffen vor allem um Formales und um strukturelle Zusammenhänge, richtet sich die spontane Aufmerksamkeit auf kommunikativ Bedeutsames und auf semantische und stilistische Besonderheiten. Kindern fallen z. B. nicht Besonderheiten aus dem Bereich der Wortarten auf, sondern spezielle, vielleicht auch „unanständige" oder anderweitig tabuisierte Wörter.

Vor dem Hintergrund des Konzepts der Sprachbewusstheit wurde auch die Rolle verschiedener Wissenstypen beim sprachlichen Handeln ausdifferenziert. Teilweise wird angenommen, dass in der Produktion und Rezeption „prozedurale Sprachbewusstheit" eine Rolle spiele, eine Form der Aufmerksamkeit auf Sprache, die weder ausgeprägt deklarativ noch völlig unbewusst/automatisch ist, sondern Prozesse begleitet, z. B. anspruchsvolle Formulierungen oder das Überarbeiten von Texten. (Eichler 2007a, S. 124-127, Eichler 2007b, S. 39, 44 f., kritische Anmerkungen bei Bremerich-Vos/Böhme 2009, S. 380 f.). Insbesondere vor dem Hintergrund schulischer Traditionen ist es sinnvoll anzunehmen, dass es zwischen automatisierter Sprachverwendung und deklarativem Wissen eine zusätzliche Ebene gibt, welche für Lernprozesse relevant ist und u. a. das sprachliche Handeln beim Schreiben und Überarbeiten beeinflusst. Eichler betont zudem, dass sich – gekoppelt an die Ebene des prozeduralen Bewusstseins – Vorstellungen über Sprache herausbilden, die im Widerspruch stehen können zu den Begriffen, wie sie im Grammatikunterricht vermittelt werden. Solche Schülervorstellungen sind

> *nicht gleichzusetzen mit dem, was im Grammatikunterricht als formales, deklaratorisches Wissen vermittelt wird. Im Gegenteil stehen nicht wenige grammatische oder rechtschreibliche Regeln und Ergebnisse der Reflexion über Sprache oft funktionslos neben dem aktuellen, auch sprachbewussten Sprachhandeln: Wir beobachten oft, die Schülerinnen und Schüler können Regeln, Begriffe nennen, aber nicht anwenden. (...) Inhalte von Schülervorstellungen und von Sprachbewusstheit bezüglich grammatischer Inhalte sind wahrscheinlich eher kommunikativ funktionale und vorwissenschaftliche Vorstellungen und Handlungsmaximen.* (Eichler 2007b, S. 40 f.)

Dies muss im aktuellen didaktischen Umfeld betont werden – mit Schülerinnen und Schülern im Unterricht Sprache forschend zu untersuchen, das aufzugreifen, was sie interessiert, und sie eigene Hypothesen aufstellen zu lassen, ist für nachhaltiges, aktives Lernen zentral, es bedeutet aber, dass die Fachbegriffe umso sorgfältiger „eingepasst" und dass allfällige Widersprüche zu den Konzepten der Schülerinnen und Schüler bearbeitet werden müssen.

Wenn wir in der skizzierten Weise verschiedene Typen von sprachlichem Wissen unterscheiden, können wir klarer trennen zwischen den Zieldimensionen von Grammatikunterricht und Sprachreflexion: Es geht erstens um (deklaratives) Wissen über sprachliche Strukturen, zweitens um automatisches und auch um bewusstes prozedurales Wissen und Können und drittens um das interessierte Beobachten von Sprache und Kommunikation in einem weiteren Sinn. Begriffswissen ist spezifisch an den Sprachunterricht gebunden, auch Sprachgebrauch wird vor allem in der Schule perfektioniert. Allgemeiner verstandene Sprachreflexion orientiert sich stärker an Fragen, wie sie sich auch im Alltag stellen, und bezieht die Beobachtungen und Interessen von Schülerinnen und Schülern ein.

2.2.3 Kompetenzmodelle – ein Suchbild

Wie oben erwähnt, fehlt der grammatikdidaktischen Diskussion ein gemeinsamer Bezugspunkt bzw. ein allgemein akzeptiertes Kompetenzmodell. Der Vorschlag von Ossner (2006a und b) ist interessant, trotz oder gerade wegen der kritischen Rezeption (vgl. u. a. Willenberg 2007). In diesem Modell werden für alle Bereiche des Deutschunterrichts verschiedene Wissensformen unterschieden und gewichtet. Das Modell von Ossner ist als Rahmen für eine Diskussion über Grammatikunterricht hilfreich, da es zwei problematische Muster im Umgang mit Sprachreflexion und grammatischer Kompetenz vermeidet: Weder wird Grammatikunterricht auf die Vermittlung von Begriffswissen reduziert, noch werden Sprachreflexion und Grammatikunterricht völlig funktionalisiert für die anderen Handlungsbereiche.

Im Modell werden die sprachlichen Handlungsbereiche (Kompetenzbereiche) mit verschiedenen Formen des Wissens, des Könnens und der Bewusstheit (Kompetenzdimensionen) in Verbindung gebracht. Ossner unterscheidet die Bereiche Mündlichkeit (Sprechen und Hören), Schriftlichkeit – Texte schreiben, richtig schreiben, motorisches Schreiben, Schriftlichkeit – Lesen und Verstehen; Literatur und Medien sowie Sprache thematisieren. In allen Bereichen spielen verschiedene Wissensformen zusammen, nämlich deklaratives Wissen, prozedurales Wissen, Problemlösungswissen und metakognitives Wissen (Ossner 2006a, S. 44-47, Ossner 2006b S. 12-16). Diese Formen werden in Abbildung 22 erläutert für den Bereich „Sprache thematisieren".

	Deklaratives Wissen	**Prozedurales Wissen**	**Problemlösungswissen**	**Metakognitives Wissen**
Definition	Fachwissen, Wissen über Sachverhalte	zu Prozeduren und Routinen verdichtetes Wissen, das psychomotorischen und kognitiven Fertigkeiten zugrunde liegt	Wissen über Strategien zur Bewältigung von Problemsituationen und zur Erkenntnisgewinnung	Bewusstheit des Tuns in einem Gegenstandsfeld; Wissen, das die Reflexion über eigenes Wissen und eigene Handlungen steuert
Lernweg	entsteht durch Faktenlernen	entsteht durch Üben und zeigt sich vor allem in automatisiertem Können	zeigt sich im intelligenten Anwenden von Methoden	ist eng an Reflexion geknüpft
Inhalt	u. a. Definitionen	Kenntnis nützlicher Lern- und Arbeitsstrategien	u. a. Bestimmung grammatischer Sachverhalte	Methoden auswählen und anwenden, deklaratives Wissen aktivieren
Aufgaben, Fragestellungen	u. a. „Was ist ein Satzglied?", „Welche Satzglieder werden unterschieden? Wie werden sie benannt?"	Schreiben/Überarbeiten auf der Formulierungsebene; sprachliche Flexibilität, z. B. Sätze überprüfen (auf Vollständigkeit, formale Richtigkeit); Teilsätze umformen	Proben anwenden: „Wie werden Elemente bestimmt (segmentieren)? Wie werden Satzglieder unterschieden (klassifizieren)?"	deklaratives Wissen aktivieren, Methoden auswählen und anwenden, z. B. „Ich achte auf die Satzstruktur" bzw. „Ich entscheide mich für Proben"

Abb. 22: Wissensformen/Kompetenzdimensionen mit syntaktischen Beispielen

Gegenüber den oben unterschiedenen Formen deklaratives Wissen, prozedurales Wissen und prozedurale Bewusstheit wird im Modell von Ossner das Problemlösungswissen besonders herausgehoben, welches eng verbunden ist mit dem deklarativen Wissen. Begriffe, wie sie in einem aktuellen Grammatikunterricht verwendet werden, sind denn auch nicht „nur" durch Definitionen abgestützt, sondern gekoppelt mit operationalen Verfahren. Konkret enthalten Darstellungen in Schulbüchern nicht nur Begriffe und Beispiele, sondern auch Hinweise auf die Verfahren oder Proben, mit denen Einheiten genauer bestimmt werden können (Gornik 2003, S. 817 f.). Es ist hilfreich, sich bewusst zu machen, dass diese Verfahren nicht nur eine Art Krücke zum Umgang mit den Begriffen sind, sondern dass das Wissen über Bestimmungsverfahren unabhängig neben dem „reinen" Begriffswissen steht. Wenn tatsächlich sowohl Begriffe als auch Bestimmungsverfahren erarbeitet werden, bekommt das deklarative Wissen eine neue Qualität: Die begriffliche Bestimmung von Einheiten wird nicht einfach gewusst, erraten oder anhand von Beispielen abgeleitet, sondern in jedem einzelnen Beispiel anhand der Verfahren konstruiert und überprüft. Dass dies eine Idealvorstellung sei, wird oft in der kritischen Auseinandersetzung mit der Grammatik-Werkstatt hervorgehoben (s. Abschnitt 2.1.4).

Auch der Anteil des metakognitiven Wissens ist für den Grammatikunterricht relevant. Dazu gehört u. a. zu wissen, dass manchmal eher alltagsnah nach Beobachtungen und Eindrücken gefragt wird, dass es aber oft um eine sehr spezifische morphosyntaktische Perspektive auf Sprache geht und dass z. B. die Frageprobe nicht kommunikativ sinnvoll, sondern wie ein wissenschaftliches Verfahren angewendet werden muss. Der Wechsel zwischen alltagsnaher und fachsprachlicher/disziplinärer Auseinandersetzung mit dem Gegenstand muss v. a. dann reflektiert und unterstützt werden, wenn die Schülerinnen und Schüler angeregt werden, ihre eigenen Beobachtungen einzubringen und zu bearbeiten und später fachsprachlich zu systematisieren. Das Modell von Ossner unterscheidet systematisch verschiedene Wissensformen und differenziert damit unsere Vorstellungen von Kompetenz im Bereich „Sprache thematisieren". Wenn wir allerdings umfassender von den Zielen des Unterrichts her denken und nach einer mehr als nur kognitiven Kompetenz des Sprachthematisierens fragen, müssen die Grenzen weiter gefasst werden. Was wollen wir grundsätzlich mit Unterricht im Bereich „Sprachreflexion" erreichen?

Analog zu aktuellen Modellen der Lesekompetenz (Hurrelmann 2002; Rosebrock/ Nix 2008) müssen auch im Bereich der Sprachthematisierung zur kognitiven Ebene subjektive (motivationale, emotionale) und soziale Aspekte hinzukommen: Schülerinnen und Schüler sollen erfahren, dass sprachliche Phänomene für sie relevante Gegenstände sind, über die man sich verständigen kann, dass Sprachthematisierung ihren Alltag und ihre Erfahrungen mit Sprache zum Gegenstand hat. Sie sollen, analog zur Anschlusskommunikation über Lesen/Lektüre oder Schreiben/eigene Texte, die Verständigung über Sprache und Kommunikation als Teil der Auseinandersetzung über sich, ihr Umfeld und die Öffentlichkeit kennenlernen.

Außerdem möchten wir auch übergeordnete Einsichten ermöglichen: Verständnis dafür, dass Wissen auf einer Fragestellung beruht, dass Erkenntnisprozesse von Hypothesen geleitet sind und dass fachliche Begriffssysteme im Hinblick auf bestimmte Fragestellungen entwickelt werden. Die Lernenden sollen z. B. erkennen, dass es Unterschiede gibt zwischen deskriptiven und normativen Zugängen. Die schulische Auseinandersetzung mit Sprache darf deshalb nicht vom Fachwissen im engeren Sinn her konzipiert werden, sondern muss Raum für Beobachtungen, Fragen, Diskussionen und eigene Lösungsansätze ermöglichen. Erst auf dieser Basis ist Systematisierung im wissenschaftlichen Sinn möglich.

Mit diesen Ausführungen wird dafür plädiert, Ziel- und Kompetenzbereiche zu würdigen, die sich – mindestens nach dem heutigen Stand der Diskussion – der Überprüfung in Tests sperren. Denn auch solche Erkenntnisse sind für den Lernprozess der Schülerinnen und Schüler sinnvoll. Der gemeinsame Nenner ist die Dekontextualisierung von Sprache, die auch für andere Lernbereiche des Deutschunterrichts ein zentrales Element ist. Sinnvolle Aufgaben geben den Lernenden immer wieder Gelegenheit, Sprache zum Gegenstand zu machen. Wie weit sie bei der Dekontextualisierung und bei der begrifflichen Präzisierung fortschreiten, ist nicht von vornherein festgelegt, der Prozess wird jedenfalls nicht bei allen Lernenden gleich ablaufen.

2.3 Vorgaben und Perspektiven für das Thema „Sätze“ im Unterricht

In Kapitel 1 und 2 galt die Aufmerksamkeit verschiedenen Akzentuierungen von Grammatikunterricht und dem Aufbau von Wissen, nun geht es um bildungspolitische Vorgaben, konkret um das „Verzeichnis grundlegender grammatischer Fachausdrücke“ von 1982 (sog. KMK-Liste), welches die zu vermittelnden Fachbegriffe nennt, und die Bildungsstandards, welche sich umfassend äußern zu Kompetenzen im Bereich „Sprache und Sprachgebrauch untersuchen“ (nationale Bildungsstandards für die verschiedenen Schultypen und – exemplarisch – für Gymnasien in Baden-Württemberg).

Wenn in Vorgaben bestimmte Fachbegriffe festgeschrieben werden, heißt das, dass sie als relevant erachtet werden und dass sich die Schülerinnen und Schüler mit den entsprechenden Phänomenen befassen müssen. Wenn z. B. „Dativobjekt“ als Fachbegriff vorgegeben wird, weist das darauf hin, dass die Schülerinnen und Schüler sich mit der Struktur von Sätzen so ausführlich zu befassen haben, dass sie Satzglieder erkennen, unter den verschiedenen Satzgliedern die Objekte und unter diesen die Objekte im Dativ bestimmen können.

In diesem Kapitel werden die KMK-Grundlagendokumente den im fachwissenschaftlichen Teil entwickelten Fragestellungen zugeordnet, um sichtbar zu machen, welche Begriffe verbindlich zu vermitteln sind und wie diese Vorgaben allenfalls begründet werden. Im Zusammenhang mit der KMK-Liste wird auch auf die Rolle grammatischer Terminologie in der Schule eingegangen.

2.3.1 Die KMK-Liste grundlegender grammatischer Fachausdrücke

Die Terminologie spielt eine wichtige Rolle in der Vermittlung von Fachwissen. Für Laien, teilweise auch für Lehrpersonen, liegt hier eine Quelle von Verwirrung: Wenn z. B. eine Kategorie nicht immer gleich fein unterteilt wird, entsteht der Eindruck, eine Einheit sei „abgeschafft" worden. In Deutschland will die KMK-Liste die Situation stabilisieren durch das Festlegen eines Kanons an grundlegender grammatischer Fachausdrücke. Diese „Normierung der Benennung ohne Normierung der Begriffe" (Müller 2003, S. 465) ist natürlich problematisch; kritisiert werden sowohl das Konzept bzw. seine deklarierte theoretische Neutralität als auch die Auswahl der Begriffe; andererseits ist die Liste nach wie vor verbindlich für die Prüfung und Zulassung von Lehrmitteln, „(...) dabei zeigt sich, dass sich aus der Fixierung auf die Vermittlung terminologischen Wissens ein bestimmtes, über Generationen tradiertes ‚Brauchtum' des Grammatikunterrichts erklären lässt" (Müller 2003, S. 464, Zusammenfassung der kritischen Diskussion s. Müller 2003, S. 465-468). Dass Termini für die systematische Arbeit wichtig sind, wird nicht bestritten:

> *Die Begriffsbildung erfolgt, indem ein beobachtetes Strukturphänomen der Sprache durch Beschreibungskategorien und operationale Verfahren definitorisch eingegrenzt wird. (...) Um den so gewonnenen Begriff festzuhalten, um sich mit und über ihn verständigen zu können, muss er mit einem Namen, mit einem Terminus versehen werden.*
>
> (Müller 2003, S. 465, mit Bezug auf Glinz 1987)

Die Ansprüche an eine Terminologie für die Schule sind besonders hoch: Sie muss „widerspruchsfrei, ökonomisch, eindeutig, international und wissenschaftlich" sein, gleichzeitig für den Unterrichtkontext anwendbar, lehr- und lernbar. Außerdem wünscht sich das Umfeld (Eltern, Behörden, auch erfahrene Lehrpersonen), dass sich die Terminologie nicht zu schnell und zu oft ändert, damit das aufgebaute Wissen anschließbar bleibt (Müller 2003, S. 465). Eine Gefahr liegt darin, dass ein Stoffprogramm als quantitative Aufzählung von Termini gesehen wird; Kontext und Vernetzung der Begriffe, die hinter den Termini stehen, werden dabei ausgeblendet (Müller 2003, S. 470-472). Die Vernetzung ist möglich, sie muss aber bewusst gesucht und vermittelt werden. In der Tabelle in Abbildung 23 sind die syntaktischen Begriffe der KMK-Liste auf die Fragestellungen des fachwissenschaftlichen Teils bezogen, was die Vernetzung und die Übersicht erleichtern soll.

Vor dem Hintergrund der Überlegungen im fachwissenschaftlichen Teil sind folgende Punkte zu beachten:

- Die Satzarten können funktional oder im Sinn von Stellungstypen verstanden werden. Wie oben gezeigt wurde (s. Abschnitt 1.2), ist es wichtig zu klären, wie die Satzarten an der Schnittstelle von kommunikativer Funktion und syntaktischer Form konzeptionell gefasst werden.

Welche Sprechhandlung wird typischerweise mit der Form des Satzes ausgedrückt? (1.2)

Satztypen/Satzarten: Aussagesatz, Fragesatz, Wunschsatz/ Aufforderungs-/ Befehlssatz, Ausrufesatz

Aus welchen Elementen besteht der „einfache" Satz? In welcher Reihenfolge sind sie geordnet? Lassen sie sich umstellen? (1.3 und 1.4)

Einfacher Satz

	Satzglied, Attribut	Prädikat
Funktion:	Subjekt, Objekt, Adverbiale (temporal, lokal, direktional, modal, kausal, konditional, konzessiv, konsekutiv, final)	Finite Verbform/ Personalform Infinite Verbform Infinitiv Partizip I und II
Form:	Erläuterung zu Kasus/Fall: Bei der Einführung kann es hilfreich sein, vom 1., 2., 3., 4. Fall oder vom Wer-, Wes-, Wem- und Wen-Fall zu sprechen.	
Form und Funktion:	Genitivobjekt, direktes und indirektes Objekt, Präpositionalobjekt	

Wie hängen die Sätze in einem Text miteinander zusammen? Wie entstehen aus einzelnen Sätzen Texte? (1.6)

Satz

Welche Rolle spielen Satzzeichen? Nach welchen Regeln werden sie gesetzt? (1.7)

Punkt, Semikolon/Strichpunkt, Komma, Fragezeichen, Ausrufezeichen, Doppelpunkt, Gedankenstrich, Anführungszeichen

Sind mehrere Sätze/Teilsätze zu einer größeren Einheit verknüpft? Sind die Teilsätze gleich- oder untergeordnet? (1.5)

Konjunktion: nebenordnend, unterordnend

Satzreihe	Satzgefüge, Hauptsatz, Gliedsatz	
	Form:	Konjunktionalsatz, Relativsatz, indirekter Fragesatz, Partizipialsatz, Infinitivsatz
	Inhalt:	indirekter Fragesatz
	Funktion:	Subjektsatz, Objektsatz, Adverbialsatz, Attributsatz

Abb. 23: Syntaktische Termini der KMK-Liste

- Die Liste zu den Satzgliedern fixiert den traditionellen Bestand, prädikative Satzglieder werden nicht erwähnt. Auffallend ist „Genitivobjekt" (orientiert am Kasus) neben „direktes/indirektes Objekt" (statt Akkusativ- und Dativobjekt). Die Valenztheorie wird nicht einbezogen. Für den sinnvollen Umgang mit den vorgegebenen Begriffen ist es zentral, dass klar ist, dass hier nur eine Auswahl möglicher Satzglieder „benannt" wird (s. Abschnitt 1.3).
- Die Begriffe im Bereich des Nebensatzes sind heterogen, insofern als sie formal, inhaltlich und funktional ausgerichtet sind. Ein und derselbe Nebensatz kann mit diesen Begriffen mehrfach bestimmt werden, was systematisch durchaus Sinn macht, aber dann zum Problem wird, wenn versucht wird, jeweils einen und nur einen Begriff aus der Listen als den passenden auszuwählen. „Relativsatz" und „indirekter Fragesatz" wurden in der Tabelle zweifach aufgeführt, weil diese Begriffe unterschiedlich konkretisiert werden (s. Abschnitt 1.5.3.2). Die in der Liste enthaltenen Begriffe bieten keine Handhabe, um Nebensätze ohne Einleitewort oder solche ohne Satzgliedwert zu kategorisieren.

Da die Begriffe nicht auf Unterrichtsziele oder Kompetenzen bezogen sind, sondern eine Aufzählung deklarativen Wissens darstellen, werden pragmatische und funktionale Aspekte nicht sichtbar, und die Fragestellungen, wie sie für die hier verwendete Tabelle leitend sind, geraten aus dem Blick (Müller 2003, S. 472).

2.3.2 Bildungsstandards zu „Sprache und Sprachgebrauch untersuchen"

Die in den letzten Jahren ausgearbeiteten nationalen Bildungsstandards äußern sich ebenfalls zum grammatischen Wissen. Sie gehen über eine Auflistung von Fachbegriffen hinaus, indem sie deutlich machen, dass Begriffswissen Teil der Kompetenz ist, Sprache bewusst zu gebrauchen. Nationale Bildungsstandards liegen vor für den Primarbereich und für Hauptschule bzw. Mittleren Schulabschluss. Für Gymnasien bestehen in einzelnen Bundesländern Standards, exemplarisch werden hier diejenigen von Baden-Württemberg einbezogen.

Grundlage für den Standardbereich „Sprache und Sprachgebrauch untersuchen" ist ein funktionales, integratives Konzept, d. h., die Kompetenzen in diesem Bereich sollen Schülerinnen und Schüler in ihrer Handlungsfähigkeit unterstützen und ihnen die Reflexion ihrer sprachlichen Situation erleichtern. Voraussetzung dafür ist, dass die Kinder Distanz gewinnen zur unmittelbaren Situation (Oomen-Welke/Kühn 2009, S. 140 f.). „Sprache und Sprachgebrauch untersuchen" bedeutet deshalb nicht primär, Begriffswissen zu erwerben, sondern es werden folgende Bereiche unterschieden: „Sprachliche Verständigung untersuchen", „an Wörtern, Sätzen und Texten arbeiten", „Gemeinsamkeiten und Unterschiede von Sprachen entdecken" sowie „grundlegende sprachliche Strukturen und Begriffe kennen und verwenden". Die Bildungsstandards für „Sprache und Sprachgebrauch untersuchen" bündeln die fachdidaktische Diskussion um Grammatikunterricht und Sprachreflexion, indem der Kompetenzbereich „Sprache und Sprachgebrauch untersuchen" für die Klassen 4 und 10 jeweils wie folgt umrissen wird:

Anknüpfend an ihre Spracherfahrungen entwickeln die Kinder ihr Sprachgefühl weiter und gehen bewusster mit Sprache um. In altersgemäßen, lebensnahen Sprach- und Kommunikationssituationen erfahren und untersuchen die Kinder die Sprache in ihren Verwendungszusammenhängen und gehen dabei auf die inhaltliche Dimension und die Leistung von Wörtern, Sätzen und Texten ein. Sie sprechen auch über Erfahrungen mit anderen Sprachen. Sie verfügen über ein Grundwissen an grammatischen Strukturen, einen Grundbestand an Begriffen und Verfahren zum Untersuchen von Sprache. (KMK Bildungsstandards Primarbereich (Jahrgangsstufe 4), S. 9)

Die Schülerinnen und Schüler denken über Sprache und Sprachgebrauch nach, um das komplexe Erscheinungsbild sprachlichen Handelns – des eigenen und fremden – und die Bedingungen, unter denen es zustande kommt bzw. aufgenommen wird, zu verstehen und für die eigene Sprachentwicklung zu nutzen. Sie untersuchen und formulieren Texte nach funktionalen, normativen und ggf. ästhetischen Gesichtspunkten. Im Sinne von „Sprache im Gebrauch“ arbeiten sie an dem umfassenden Bereich menschlicher Verständigung, im Sinne von „Sprache als System“ nehmen sie vorwiegend grammatische Erscheinungen und ihre inhaltliche Funktion in den Blick und nutzen diese zur Textherstellung sowie Textüberarbeitung. Sie können grammatische Strukturen korrekt aufbauen und bei Bedarf korrigieren. Die grammatische Terminologie wird nicht im Sinne eines isolierten Begriffswissens, sondern stets im funktionalen Zusammenhang angewandt. In der mündlichen Äußerung beachten sie wichtige Regeln der Aussprache, in den schriftlichen die der Orthographie und Zeichensetzung.

(KMK Bildungsstandards für den mittleren Schulabschluss (Jahrgangsstufe 10), S. 9)

Besonders herauszuheben – vor allem im Gegensatz zur KMK-Liste – sind die folgenden Schwerpunkte (nach Oomen-Welke/Kühn 2009, erweitert), die auch als Folie dienen, um auf wichtige Akzente in der aktuellen Diskussion hinzuweisen:

- Sprache soll aufmerksam untersucht werden, ohne dass die Resultate der Untersuchung direkt nutzbar gemacht werden für korrekten Sprachgebrauch. Ausgangspunkt sind alle sprachlichen Handlungsbereiche, Sprachbetrachtung soll in die Lernbereiche des Deutschunterrichts integriert werden, aber nicht so, dass sie nur dienende Funktion hat.
- Ziel ist die differenzierte Auseinandersetzung mit Sprache, nicht vorrangig die Begriffsvermittlung, und neben Strukturen sollen auch andere Bereiche untersucht werden: Sprachgebrauch, Varietäten und verschiedene Sprachen etc.
- Die Standards legen lernerorientierten Unterricht nahe, der auf dem impliziten Wissen der Kinder und Jugendlichen aufbaut.

Relevante Aussagen dazu, wie die klassischen syntaktischen Themen der Schulgrammatik in diesem Standardkonzept aufscheinen, finden sich außerhalb des Bereichs „Sprache und Sprachgebrauch untersuchen“, nämlich in den „Allgemeinen Anmerkungen“ und im Teilbereich „Schreiben“, was die Forderung einlöst, dass Sprachbetrachtung in andere Bereiche integriert werden solle. Da diese Aussagen zeigen, in welchem Kontext die Fachbegriffe zu verstehen sind, folgen einige Zitate.

In altersgemäßen, lebensnahen Sprach- und Kommunikationssituationen erfahren und untersuchen die Kinder die Sprache in ihren Verwendungszusammenhängen und gehen dabei auf die inhaltliche Dimension und die Leistung von Wörtern, Sätzen und Texten ein. (...) Sie verfügen über ein Grundwissen an grammatischen Strukturen, einen Grundbestand an Begriffen und Verfahren zum Untersuchen von Sprache. (PS, S. 9, „Allgemeine Anmerkungen")

Die deutsche Sprache ist vom fachlichen Grundverständnis her Medium, Gegenstand und Unterrichtsprinzip zugleich. Von daher sind Darstellung und Erwerb der Kompetenzen im Fach Deutsch integrativ angelegt, werden immer aufeinander bezogen und zusammengeführt.

(MS, S. 6; HS, S. 7, „Allgemeine Anmerkungen")

Sprach-, Text- und Medienkompetenz setzen ein hohes Maß an sprachlichem Bewusstsein voraus. Dieses wird vor allem durch die Reflexion über eigenen und fremden Sprachgebrauch, durch die Einsicht in den Systemcharakter der Sprache und durch den Erwerb von Sprachwissen gebildet. Im Zentrum der Sprachbetrachtung steht die Funktionalität der sprachlichen Phänomene. (G, S. 78, „ Allgemeine Anmerkungen")

Sie [die Schülerinnen und Schüler, Anm. d. A.] untersuchen und formulieren Texte nach funktionalen, normativen und ggf. ästhetischen Gesichtspunkten (...), im Sinne von „Sprache als System" nehmen sie vorwiegend grammatische Erscheinungen und ihre inhaltliche Funktion in den Blick und nutzen diese zur Textherstellung sowie Textüberarbeitung. Sie können grammatische Strukturen korrekt aufbauen und bei Bedarf korrigieren. Die grammatische Terminologie wird nicht im Sinne eines isolierten Begriffswissens, sondern stets im funktionalen Zusammenhang angewandt.

(MS, S. 9; HS, S. 10, „ Sprache und Sprachgebrauch untersuchen/Sprachbewusstsein entwickeln")

(PS: Bildungsstandards im Fach Deutsch für den Primarbereich (KMK, 15.10.2004); HS: Bildungsstandards im Fach Deutsch für den Hauptschulabschluss (KMK, 15.10.2004); MS: Bildungsstandards im Fach Deutsch für den Mittleren Schulabschluss (KMK, 4.12.2003); G: Bildungsstandards für Deutsch/Bildungsplan Gymnasium (Baden-Württemberg 2004))

Dass dennoch traditionelle Vorstellungen von Grammatikunterricht diesen Standardbereich stark prägen, zeigt sich daran, dass als Methoden und Arbeitstechniken vor allem sprachliche Operationen (Proben) genannt werden (z. B. HS, S. 16; MS, S. 17). Die Liste mit „grundlegenden sprachlichen Strukturen und Begriffen" wird in Abbildung 24 im gleichen Schema dargestellt wie die KMK-Vorgaben. Wichtig für die intentionsgemäße Lektüre (und wohl auch als Abgrenzung gegenüber der KMK-Liste) ist die folgende Anmerkung:

Es geht hier in erster Linie um die mit Begriffen und Strukturen gemeinten Kategorien. Die Bezeichnungen dafür können unterschiedlich sein. (PS, S. 14)

Hier sei besonders hingewiesen auf eine Gruppe von begrifflichen Vorgaben, die über die KMK-Liste hinausgehen. Unter dem Titel „Textbeschaffenheit analysieren und reflektieren" wird syntaktisches Wissen auf die Arbeit am Text bezogen:

Sprachliche Mittel zur Sicherung des Textzusammenhangs (Textkohärenz) kennen und anwenden: Wortebene (morphologische Mittel): Beziehungswörter (z. B. Konjunktion, Adverb) (...); Satzebene (syntaktische Mittel): Satzarten, Satzreihe, Satzgefüge (...); Möglichkeiten der Textstrukturierung kennen und nutzen. (MS, S. 16, entspricht Standards HS)

Erwartungsgemäß sind bei den Listen der grundlegenden Begriffe die Vorgaben für das Gymnasium umfangreicher, so wird bereits für Klasse 6 die Unterscheidung zwischen notwendigen und nicht notwendigen Satzgliedern oder Haupt- und Nebensätzen verlangt (G, Kl. 6, S. 81), in Klasse 10 „syntaktische und stilistische Besonderheiten fachsprachlicher Texte erkennen, beschreiben und erklären; die Leistung (...) syntaktischer Strukturen und sprachlich-stilistischer Mittel in unterschiedlichen Texten beschreiben und beurteilen" (G, Kl. 10, S. 87), in der Kursstufe

ein Repertoire (...) syntaktischer und stilistischer Möglichkeiten situationsgerecht und funktional anwenden; sprachliche Mittel einsetzen, um Inhalte miteinander zu verknüpfen und den Textzusammenhang zu sichern; den logischen Zusammenhang von Satzgefügen erfassen; Sätze konstruieren, die einen Sachverhalt in seiner Komplexität deutlich machen. (G, Kursstufe, S. 89)

Vor dem Hintergrund der Überlegungen im fachwissenschaftlichen Teil sind folgende Punkte zu beachten:

- Die Satzarten können funktional oder im Sinn von Stellungstypen verstanden werden (s. Abschnitt 1.2 und 2.3.1).
- Die Kategorisierung der Satzglieder wird nicht ausdifferenziert, mit dem Stichwort „Ergänzung" wird auf die Valenztheorie Bezug genommen. Formale Kriterien werden nicht fokussiert, die vertrauten Termini Akkusativobjekt oder Dativobjekt z. B. tauchen nicht auf.
- Nebensätze werden nicht systematisch kategorisiert, formale Kriterien werden nicht erwähnt. Wenn die angebotenen Begriffe als exhaustive Liste gelesen werden, wird die Bestimmung von Beispielen Probleme bereiten.

Gegenüber der KMK-Liste (die ja nach wie vor gilt) zeigt sich die unterstützende Funktion von Begriffswissen. Wiederholt wird betont, dass es um das „Kennen und Verwenden" der Einheiten, nicht primär um ihre Benennung geht. „Kennen" kann natürlich im Sinn von deklarativem Wissen ausgelegt werden, aber zusammen mit der starken Komponente „Text" wird deutlich, dass dieses Begriffsinventar auf das sprachliche Handeln bezogen ist.

Welche Sprechhandlung wird typischerweise mit der Form des Satzes ausgedrückt?

Satzart: Aussage-, Frage-, Ausrufesatz (PS, HS, MS)
Arten des einfachen Satzes unterscheiden (G)

Aus welchen Elementen besteht der „einfache“ Satz?
In welcher Reihenfolge sind sie geordnet?
Lassen sie sich umstellen?
umstellen, ersetzen, ergänzen, weglassen (PS), Klang-, Weglass-, Umstell-, Ersatzprobe (HS, MS), Satzstrukturen kennen und funktional verwenden: Satzglied, Satzgliedteil (HS, MS), einfache Verfahren zur Satzanalyse anwenden (G)

	Satzglied, Satzgliedteil (HS, MS), Attribute (G)	Prädikat/ Satzkern (PS)
Funktion:	Subjekt, Ergänzungen (PS), notwendige und nicht notwendige Satzglieder unterscheiden (G)	
Form:		
Form und Funktion:	einteilige, mehrteilige Ergänzung (MS)	

Wie hängen die Sätze in einem Text miteinander zusammen? Wie entstehen aus einzelnen Sätzen Texte?
Sprachliche Mittel zur Sicherung des Textzusammenhangs, Möglichkeiten der Textstrukturierung (HS, MS), Adverbialsätze und andere Formen adverbialer Bestimmung; syntaktische Stilmittel und ihre Funktion im Text; Möglichkeiten der Satzgliedstellung; sprachliche Mittel, um Inhalte miteinander zu verknüpfen und den Textzusammenhang zu sichern (G)

Satz

Welche Rolle spielen Satzzeichen? Nach welchen Regeln werden sie gesetzt?
Satzzeichen: Punkt, Komma, Fragezeichen, Ausrufezeichen, Doppelpunkt, Redezeichen (PS)
Grundregeln der Zeichensetzung; gliederndes Mitsprechen (HS, MS), Satzschlusszeichen, Satzreihe und Satzgefüge; Normen der Zeichensetzung (G)

<table>
<tr><td colspan="3">Sind mehrere Sätze/Teilsätze zu einer größeren Einheit verknüpft?
Sind die Teilsätze gleich- oder untergeordnet?
Satzstrukturen kennen und funktional verwenden: Hauptsatz, Nebensatz/Gliedsatz (HS, MS)</td></tr>
<tr><td rowspan="4">Wörtliche Rede (PS)
Satzreihe (HS, MS)</td><td colspan="2">Hauptsätze und Nebensätze unterscheiden; Komplexe Satzgefüge übersichtlich konstruieren; indirekte Rede; logischer Zusammenhang von Satzgefügen (G)</td></tr>
<tr><td>Form:</td><td></td></tr>
<tr><td>Inhalt:</td><td>Adverbialsätze nach ihrer inhaltlichen Bedeutung unterscheiden (G)</td></tr>
<tr><td>Funktion:</td><td>Attribut-, Subjekt-, Objekt- und Adverbialsätze (G)</td></tr>
</table>

Abb. 24: Syntaktische Termini und Stichwörter der Bildungsstandards

Die Übersicht macht deutlich, dass sich der Schwerpunkt nach der Primarstufe vom einfachen zum zusammengesetzten Satz verschiebt. Interessant – und sinnvoll – ist, dass viele Begriffe, welche den zusammengesetzten Satz betreffen, der Einheit Text zugeordnet werden, welche ohne pragmatische Dimension nicht fassbar ist. Die Fokussierung der Einheit „Text“ markiert einen deutlichen Unterschied zur Auswahl an Fachbegriffen, die gemäß KMK-Liste verbindlich zu vermitteln sind.

2.3.3 Sätze im Unterricht

Im Sinne eines Fazits werden hier die wichtigsten Punkte zusammengefasst (2.3.3.1) und skizziert, worauf im Unterricht besonderes Gewicht gelegt werden muss. Dazu wird auf ein aktuelles allgemeindidaktisches Bezugsmodell verwiesen (2.3.3.2) und spezifiziert, wie das Thema Sätze curricular entfaltet werden kann (2.3.3.3).

2.3.3.1 Ausgangslage

In den Bildungsstandards finden sich – anders als in der KMK-Liste – Angaben zur Gestaltung des Unterrichts und zum Stellenwert von begrifflichem Wissen. Betont werden, passend zur aktuellen fachdidaktischen Diskussion, die funktionale Orientierung, die breite Ausrichtung der Sprachreflexion und ein integrativer Ansatz, der alle Lernbereiche des Deutschunterrichts einbezieht. Ob damit der Unterricht, der generell als (zu) traditionell und systematisch dargestellt wird, tatsächlich beeinflusst wird, muss offen bleiben.

Im Bereich der Syntax werden über die verschiedenen Schulstufen aufbauend komplexere Fragestellungen bearbeitet und die entsprechenden Begriffe erworben. Gerade die Arbeit am zusammengesetzten Satz ist stark auf den Umgang mit Texten ausgerichtet. Auch damit ist ein Postulat aus der grammatikdidaktischen Diskussion aufgenommen, dessen Realisierung jedoch noch konkretisiert werden muss. Ergebnisse aus Studien (Bremerich-Vos/Böhme 2009, S. 389) deuten darauf hin, dass die syntaktische Ebene für Schülerinnen und Schüler eher schwer zugänglich ist. Auch wenn entsprechende Begriffe und operationale Verfahren bereits zum Stoff der Primarstufe gehören, muss die Arbeit am Thema Satz im Unterricht sorgfältig aufgebaut und nicht zu abstrakt angelegt werden. Außerdem ist darauf zu achten, dass das vermittelte syntaktische Wissen funktional wird für die Arbeit an und mit Texten (Oomen-Welke/Kühn 2009, S. 170-182). Die systematische Auseinandersetzung mit syntaktischen Konzepten wie Satzglied oder Haupt- und Nebensatz sollte später erfolgen, als es der schulgrammatischen Tradition entspricht, nämlich mit einem Schwerpunkt in der zweiten Hälfte der Sekundarstufe I. Die Möglichkeit, Texte auf der syntaktischen Ebene bewusst zu gestalten und solche Strukturen auch zu untersuchen, ist ein lohnendes Thema für die Sekundarstufe II.

Systematisches Begriffswissen lässt sich besser testen als Sprachreflexion und Sprachbewusstheit in einem weiteren Sinn. Die Diskrepanz zwischen dem weiten Verständnis von Kompetenz, wie es in den Standards angelegt ist, und den begrenzten Möglichkeiten, diese Kompetenzen durch Tests zu erfassen, darf nicht zu einer Reduktion im Unterricht führen („teaching to the test"; Bremerich-Vos/Böhme 2009, S. 378 f., 390). Zwangsläufig müssen in der Testsituation wichtige Ansprüche an den Unterricht wie Situationsbezug, Erfahrungsnähe und Integration mit anderen Kompetenzbereichen reduziert werden. Es ist zu befürchten, dass sich nicht nur die systematiklastige Tradition, sondern auch Tests in Vergleichsarbeiten so auswirken, dass der Unterricht relativ traditionell bleibt. Die Tendenz, Unterricht als Testvorbereitung zu gestalten, könnte also ein Hindernis sein für eine umfassende Implementierung der Standards. Dass zwischen den umfassend konzipierten Kompetenzen bzw. entsprechenden Lernaufgaben einerseits und begrenzteren Leistungs- bzw. Testaufgaben ein Unterschied besteht, muss klar kommuniziert werden; Lernaufgaben müssen integrativ angelegt sein und die Schülerinnen und Schüler zu eigenen Untersuchungen anregen (Kühn 2008, Oomen-Welke/Kühn 2009, 160-182).

Für die Arbeit am Thema „Satz" ergibt sich daraus, dass ein operationaler, an eigenen und/oder echten Texten ansetzender Zugang Priorität hat. Damit rücken satzübergreifende Phänomene wie Verweise und inhaltliche Verknüpfungen in den Blick, welche in der traditionellen schulgrammatischen Arbeit mit dem Satz wenig zum Tragen kamen (vgl. KMK-Liste). Unterrichtsmedien und Lernaufgaben müssen explizit darauf ausgerichtet werden, einerseits funktionalen Grammatikunterricht zu ermöglichen und andererseits den systematischen Überblick und den curricularen Aufbau von Wissen über die Sprache zu gewährleisten. Nötig wäre – neben den in der Diskussion seit Langem geforderten genaueren empirischen Daten zum Lernbereich „Sprachreflexion" – auch eine genauere Prüfung vorliegender Lernmedien und gezielte Weiterentwicklungen, die einerseits den aktuellen Vorgaben genügen, d. h. Kompetenzen im Sinn der Standards unterstützen, andererseits auch sinnvoll auf Leistungsmessungen vorbereiten. Nicht zuletzt ist damit auch die Aus- und Weiterbildung von Lehrpersonen gefordert.

Auf welchem Weg oder besser auf welchen Wegen lassen sich die oben dargestellten Ziele erreichen? Welche Einflussfaktoren können verändert werden, damit die Unterrichtszeit möglichst sinnvoll genutzt wird und das Lernen der Schülerinnen und Schüler nachhaltig ist? Diese Frage soll in zwei Schritten bearbeitet werden: mit einem Blick auf allgemeine Modelle für Unterricht, dann konkret zur Behandlung des Themas „Sätze".

2.3.3.2 Modelle von Unterricht

Die pädagogische Psychologie und die Unterrichtsforschung kennen verschiedene Modelle für Unterrichtsprozesse. Längere Zeit dominierten so genannte Prozess-Produkt-Modelle; darin wird der Unterricht als ein im Wesentlichen von der Lehrperson gesteuerter Prozess dargestellt, der aufgrund bestimmter Zielsetzungen geplant, konkretisiert, durchgeführt und evaluiert wird. Nach der Evaluation wird der nächste Planungsschritt in Angriff genommen (Gage/Berliner 1996, S. 31). Wer unterrichtet hat, weiß, dass bei der Durchführung des Unterrichts oft Abweichungen vom Plan nötig und sogar sinnvoll sind. Selbstverständlich lässt sich die Realität im Klassenzimmer für die Planung ein Stück weit vorwegnehmen, normalerweise beeinflussen jedoch nicht planbare Gegebenheiten und Schülerreaktionen das Unterrichtsgeschehen ebenfalls. Dies ist keinesfalls immer eine Störung, sondern macht Lehren und Lernen erst zu einem lebendigen, immer wieder einmaligen Prozess. Deshalb werden heute zur Beschreibung von Unterrichtsprozessen Modelle bevorzugt, die solche „Abweichungen" von der Planung genauer abbilden und sie als einen wichtigen Teil des Unterrichtsprozesses sehen, nicht als „Störung". Es handelt sich um sogenannte Angebots-Nutzungs-Modelle von Unterricht; Unterricht wird verstanden als Interaktion der zwei Komponenten „Angebot" und „Nutzung" (Bremerich-Vos 2009, S. 27-29).

Auch in diesem Modell spielt die Lehrperson eine wichtige Rolle. Aufgrund ihrer professionellen Kompetenz gestaltet sie den Unterricht als ein Angebot, welches von den Lernenden genutzt wird. Diese Nutzung wird wesentlich beeinflusst davon, ob und wie die Lernenden das Angebot wahrnehmen, was wiederum von ihren individuellen Voraussetzungen und vom Kontext der Klasse abhängt. Je aktiver die Rolle der Schülerinnen und Schüler im Unterricht ist, desto mehr tragen sie zur Gestaltung des Angebots bei, aber auch dann liegt die Gesamtverantwortung bei der Lehrperson (Helmke 2009, S. 72-79).

Gerade für die Diskussion um Grammatikunterricht sind Angebots-Nutzungs-Modelle interessant, ist es doch eine weit verbreitete (oft auch resignierende) Erkenntnis, dass der Unterricht oft nicht das bewirkt, was eigentlich das Ziel wäre. Angebots-Nutzungs-Modelle lenken unseren Blick nicht nur auf Fragen der Methodik oder der Begrifflichkeit, sondern stärker auf die Voraussetzungen der Schülerinnen und Schüler. Wir müssen uns also genauer überlegen, ob und wie sie unterrichtliche Angebote wahrnehmen und nutzen und wie wir sie darin unterstützen können. Mit solchen Überlegungen wird die Diskussion um den Grammatikunterricht und die schulische Sprachreflexion

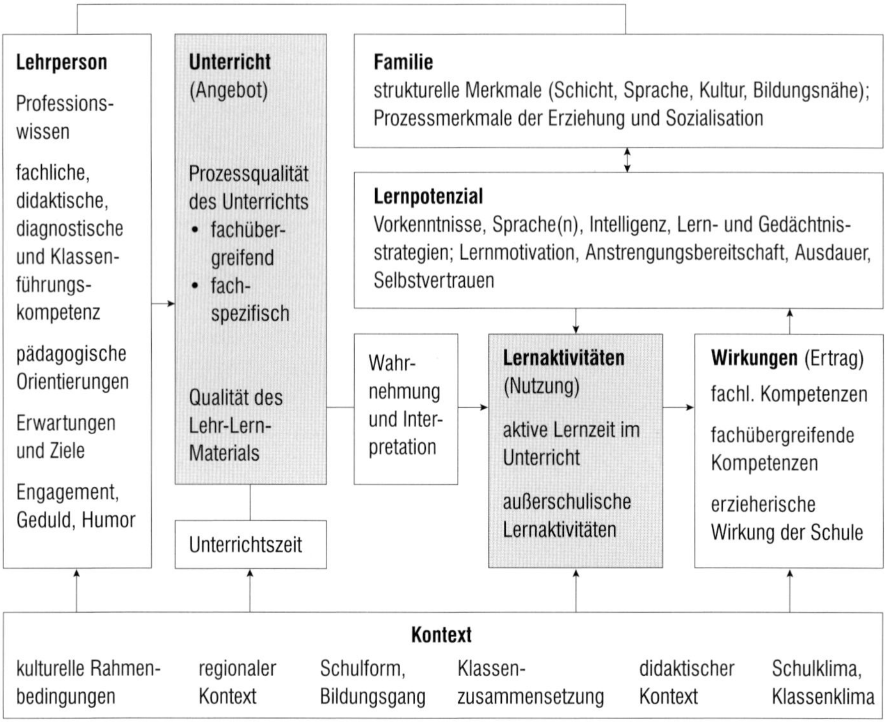

Abb. 25: Angebots-Nutzungs-Modell der Wirkungsweise des Unterrichts (Helmke 2009, S. 73)

nicht revolutioniert, aber es lassen sich einige schon seit Längerem diskutierte Probleme verorten und in einen Kontext einbetten.

2.3.3.3 Curriculare Schwerpunkte

Wenn wir Sätze als Einheit verstehen, die sich zwar systematisch beschreiben lässt, die aber vor allem im sprachlichen Handeln der Jugendlichen relevant ist, muss der Unterricht entsprechend ausgerichtet sein. Das deklarative Wissen über Sätze, das sie sich erarbeiten, muss auf ihrem Handeln beruhen und darauf beziehbar sein, vor allem dort, wo dieses Handeln nicht automatisiert erfolgt, sondern von prozeduraler Bewusstheit begleitet ist. Für den Bereich der Satzglieder heißt das z. B., dass Lernende zuerst Sätze gezielt um- und ausbauen und Satzglieder ordnen, ohne sie bereits terminologisch zu klassifizieren (Oomen-Welke/Kühn 2009, S. 148 f.). Bei der Auseinandersetzung mit Verknüpfungsbeziehungen können sie mit verschiedenen syntaktischen Möglichkeiten der Verknüpfung als „Inventar" experimentieren, ohne zu sehr auf die formale Systematik Gewicht zu legen. Mit solchen Schwerpunkten wird plädiert für eine lernerorientierte Vermittlung, die funktional ist, insofern als sie grundsätzlich die Wirkung von Ausdrücken und ihre Verwendung im Text im Blick hat.

Schülerinnen und Schüler müssen die Gelegenheit haben, Sprache gezielt zu beobachten und ihre Beobachtungen auszutauschen und zu systematisieren. Das bedeutet auch – aber eben nicht nur – konzentrierte systematische Arbeit an Strukturen, manchmal im Format der klassischen Grammatikübung. Das wiederholt eingesetzte Schema (Abbildung 1, 23, 24) kann auch curricular als Strukturierungshilfe gelesen werden: Die Fragen sind immer die gleichen, aber die Differenzierung und Systematisierung nimmt zu. Eine vergleichbare curriculare Entwicklung erleben Kinder und Jugendliche z. B. im naturkundlichen Bereich. Ein bestimmtes Thema, sagen wir die Fledermaus, kann ihnen im Lauf der Schulzeit mehrmals begegnen: In der Grundschule als interessantes, vielleicht etwas unheimliches Tier, dann als ein Vertreter der riesigen Gruppe der Säugetiere, noch später vielleicht als eines von mehreren Wesen, das im Laufe seiner Stammesgeschichte Flügel entwickelt hat (wie Vögel oder Flugechsen), aber damit eben kein prototypisches Säugetier mehr ist.

Syntaktische Einheiten, auch der komplexe Satz, sind Schülerinnen und Schülern in ihrem Handeln schon früh zugänglich. Anspruchsvoller ist es aber, zu den Einheiten auf Distanz zu gehen und sie zu erforschen und zu analysieren – es hat sich gezeigt, dass jüngere Kinder eher Zugang finden zum vielfältigen Untersuchen von Wörtern (Oomen-Welke/Kühn 2009, S. 142 f. und 146-151). Deshalb ist es wichtig, Sätze zu Beginn der Schulzeit anders zu sehen als später, wenn sie genauer analysiert werden und wenn auch Grenzen der Kategorisierung zum Thema werden können, z. B. in der Auseinandersetzung mit indirekten Fragen oder untypischen Nebensätzen. Dabei kann durchaus auf das Interesse von Jugendlichen in der Sekundarstufe I und II an gründlicher Systematik gezählt werden – wenn sie als solche angesprochen wird und nicht einfach isolierte Begriffe als Lernstoff aufgelistet werden. Kategorisierungen nach unterschiedlichen Kriterien, die z. B. in eine Kreuzklassifikation münden wie bei den Satzgliedern, begegnen ihnen oft und sind, z. B. mit Begriffen aus der Mengenlehre, auch einfach zu erläutern. Die vermittelten begrifflichen Kategorien sollen dabei zu Beginn primär Orientierung verschaffen und nicht zu früh hinterfragt werden (Müller 2003, S. 472 f.). In der Sekundarstufe II jedoch sind grundsätzliche Fragen zum schulgrammatischen Stoff dagegen durchaus sinnvoll:

> *Dass der Grammatikunterricht aus dem Stoffprogramm der höheren Klassen ausgeblendet wird, erscheint bedauerlich, da Schüler dieser Altersgruppen in der Lage wären, über Erkenntnismöglichkeiten und über die Relativität von Kategorisierungen nachzudenken. Ausgehend von diesen kognitiven Voraussetzungen könnte Grammatikunterricht ein Metawissen über Termini der Sprachbeschreibung vermitteln (...). Da solche Chancen ungenutzt bleiben, kann sich grammatisches Wissen im Lauf der Lernbiographie nicht qualitativ verändern.* (Müller 2003, S. 473)

Traditioneller Grammatikunterricht setzt früh mit der Vermittlung von deklarativem Begriffswissen ein, obwohl bekannt ist, dass solches Wissen selten nachhaltig verankert wird. Für die Auseinandersetzung mit der Einheit „Satz" ist v. a. das Schreiben wichtig, weil mit der Interpunktion die strukturelle Einheit „Satz" greifbar wird. Beim

Sprechen steht die Äußerung als pragmatische Einheit im Zentrum – außer wir folgten im Unterricht der Maxime „ganze Sätze", was zu einer wenig natürlichen Sprechweise führen würde. Beim frühen Schreiben lernen die Kinder Satzschlusszeichen (insbesondere den Punkt) kennen. Das Bewusstsein für Sätze kann unterstützt werden, wenn sie ihre Sätze auf einzelne Papierstreifen schreiben oder im Heft mit jedem Satz eine neue Zeile beginnen. Später gestalten Schülerinnen und Schüler ihre Sätze komplexer, indem sie direkt oder beim Überarbeiten zusätzliche Teilsätze, Satzglieder und Attribute einsetzen.

Wenn Lernende im Umgang mit Sätzen Flexibilität und Sicherheit gewonnen haben, ist mehr Distanz möglich: Die Satzarten mit ihrem starken Bezug zum sprachlichen Handeln können anhand von typischen Beispielen unterschieden werden, und mittels der Verschiebeprobe können Schülerinnen und Schüler Satzglieder sichtbar machen. Es wird deutlich, dass das Verb (genauer: die Personalform) eine besondere Stellung hat. Ausgehend vom Verb kann auch die Frageprobe angewendet werden, um Satzglieder zu ordnen oder Sätze operativ auszubauen. Wichtige Satzglieder werden anschließend klassifiziert und benannt. Dabei ist wichtig, dass die Schüler wissen, dass sie zwar alle Satzglieder sichtbar machen können (Verschiebeprobe), aber mit dem schulgrammatischen Begriffsinventar nicht alle benennen können. Auch Teilsätze im komplexen Satz werden zuerst handelnd erarbeitet und erst später klassifiziert; Voraussetzung für das traditionelle Benennen wichtiger Nebensatztypen ist eine sichere Unterscheidung zwischen verschiedenen Arten von Teilsätzen auch in der Satzreihe.

> *Die Beschäftigung mit grammatischen Fragen in der Oberstufe zielt auf eine vertiefte Betrachtung komplexer sprachlicher Erscheinungen. Gefestigtes und erweitertes sprachliches Wissen ermöglicht größere sprachliche Variation beim Sprechen und Schreiben und fördert die bewusstere Wahrnehmung sprachlich-ästhetischer Prozesse in sachlichen und literarischen Texten.*
>
> (Steets 2003, S. 233)

Zusammenfassend sind die curricularen Schwerpunkte in Abbildung 26 dargestellt.

Es ist zu hoffen, dass die Bildungsstandards und dazugehörige Aufgaben die Auseinandersetzung mit dem Grammatikunterricht in der Praxis verstärken, nachdem in den letzten Jahren einige grundsätzliche programmatische Entwürfe die Diskussion geprägt haben (z. B. Ingendahl 1999, Köpcke/Ziegler 2007). Insbesondere wird der Blick auf die Rolle von Aufgaben gelenkt, die in Lernkontexten den Aufbau der Kompetenzen unterstützen und ihn als Leistungsaufgaben gezielt überprüfen (Abraham/Müller 2009, Kühn 2008, Oomen-Welke/Kühn 2009). Auf dieser Basis werden wohl die Ansprüche an das Wissen in seinen verschiedenen Dimensionen geklärt werden können. Für gute Aufgaben im Bereich „Sprache und Sprachgebrauch untersuchen" gelten folgende Anforderungen:

		Satzarten, Schlusszeichen	Satzglieder und Attribute	Zusammengesetzter Satz im Text
handeln mit Sätzen, insbesondere Schreiben		Satzschlusszeichen setzen, evtl. Komma setzen (Grundschule)	Sätze erweitern (SG, Attribute), Reihenfolge der Satzglieder ändern (ab 4. Klasse)	Sätze verbinden, v. a. Satzreihe und häufige Nebensatztypen (ab 4./5. Klasse)
Sätze analysieren	handelnd, mit Proben	verschiedene Satzschlusszeichen setzen (ab 3. Klasse) Teilsätze erkennen, mit Komma abtrennen (mit Muster vergleichen) (ab 4./5. Klasse)	Verschiebeprobe anwenden (ab 5. Klasse) nach dem Segmentieren Frageprobe anwenden (ab 5./6. Klasse)	mit gezielten Hilfestellungen systematisch strukturieren (ab 5. Klasse)
	benennend, mit Begriffen	Satzarten bestimmen (Stellungstyp, Funktion) (ab 5. Klasse)	Subjekt erkennen (ab 5. Klasse) Satzglieder benennen (formale und funktionale Bestimmung) (ab 7. Klasse)	verschiedene Teilsätze und Haupt- und Nebensätze unterscheiden, Nebensätze benennen, Verknüpfungen inhaltlich kategorisieren (ab 7./8 Klasse)

Abb. 26: Curriculare Schwerpunkte für die Arbeit am Thema Satz

> *Aufgaben in diesem Bereich sollten kommunikativ und text(sorten-)bezogen sein. Dies schließt selbstverständlich auch authentische Schülertexte ein. Die Aufgaben sollten lernerorientiert, konstruktiv und kreativ ausgerichtet sein; dies schließt den operativen Umgang mit grammatischen Kategorien ein, und die Aufgaben sollten auf Textproduktion und Textrezeption funktionalisiert sein, demzufolge sollten prinzipiell Aufgaben zur produktiven und rezeptiven Grammatikarbeit unterschieden werden.*
>
> (Kühn 2008, S. 206, entsprechende Aufgaben s. ebd., S. 207-212, und Oomen-Welke/Kühn 2009, S. 160-182)

Die ebenfalls postulierte Integration der Sprachreflexion betrifft mehrere Ebenen: Die Verbindung zwischen verschiedenen Fächern, z. B. wenn Sachtexte gelesen werden – solche Zusammenarbeit muss von Lehrpersonen in einem Team getragen werden –, oder die funktionale Verbindung zwischen verschiedenen Lernbereichen des Deutschunterrichts – diese muss konzeptionell sorgfältig gestaltet, geplant und evtl. von passenden Lehrmaterialien unterstützt werden. Die hier vorliegenden Arbeitsmaterialien können nicht so umfassend angelegt sein. Sie verstehen sich als modular einsetzbare Anregungen, die in verschiedene Unterrichtssequenzen einbezogen werden können. Insbesondere die Übungen zu den einzelnen Teilbereichen verstehen sich als Ergänzungen zu anderem Material; sie sind nie auf reines Begriffslernen hin angelegt, sondern fokussieren Kenntnisse und Verfahren, die im Bereich Schreiben/Überarbeiten aufgegriffen werden können.

Zum Schluss dieser fachdidaktischen Überlegungen sei aber nochmals nachdrücklich auf Folgendes hingewiesen: Auch wenn Grammatiksequenzen gut begründet und sinnvoll mit anderen Lernbereichen verknüpft sind, gilt das Interesse der Schülerinnen und Schüler kaum je direkt den sprachlichen Strukturen. Wir dürfen deshalb auch beim handlungsentlasteten Untersuchen von Sprache und Strukturen nicht ausblenden, dass diese Strukturen eine Funktion haben, dass sie nur mit Bezug zu ihren Funktionen interessant sind. Prägnant und erfrischend direkt formulieren das zwei Sechzehnjährige:

D

Sind Sätze interessant?

Komische Frage. Der Sinn des Satzes kann interessant sein, die Grammatik weniger. Geschmackssache. (Adi)

Was weißt du über Sätze? Was möchtest du wissen, was wäre nützlich?

Ein bisschen etwas von Satzaufteilung und so. Interessieren tut mich an einem Satz nur, was er bedeutet, was welches Satzteil ist, ist mir so ziemlich gleichgültig.
(Schriftliche Nachfrage): Für die Bedeutung ist es ja ziemlich wichtig, was welcher Satzteil ist. Z. B. „Petra liebt Peter." Wer liebt da wen? Was meinst du dazu?
Antwort: Sie haben mich falsch verstanden!!! Ich sage nur, dass es mir egal ist, welches Satzteil es tatsächlich ist. Für das Verständnis ist es natürlich wichtig, doch überlegen Sie sich etwa bei jedem Satz, welchen Fall o. Ä. das einzelne Wort hat? (Laura)

Interessant ist, dass die Schülerin Laura zwar die nichtbegriffliche Ebene, das implizite Verstehen, als wichtiger qualifiziert, aber gleichzeitig die Ebene der Benennung als die „tatsächliche" bezeichnet.
Bereits in der Einleitung zum fachwissenschaftlichen Teil wurde gezeigt, dass die Ablehnung der Jugendlichen spezifisch den analytischen Zugang betrifft, aber gerade nicht das Interesse für das Potenzial von Sätzen. Eine andere Schülerin soll hier zitiert sein:

D Sätze sind interessant!!! Sie vermitteln uns allerhand von Dingen, die uns andere Mitmenschen mitteilen wollen. Sie können uns glücklich oder traurig machen, uns trösten, erniedrigen und vieles mehr. Sätze haben alle Macht über uns, denn sie können über uns bestimmen, wie wir uns fühlen, was wir denken und machen. (Marianne)

Angesichts solcher Aussagen muss es unser Ziel sein,

> *einen Sprachunterricht (im Rahmen des integrierten Deutschunterrichts) zu verwirklichen, dessen grammatikbezogener Teil einen Zusammenhang herstellt zwischen beiden Aufgaben: der Förderung der kommunikativen Fähigkeiten der Schülerinnen und Schüler und der Fähigkeiten zur expliziten grammatischen Analyse.* (Voigt 2001, S. 25)

Wenn wir das inhaltliche Interesse der Jugendlichen für die Wirkung und den Inhalt von sprachlichen Äußerungen ernst nehmen, sind Sätze ein sehr interessantes Thema. Wichtig ist allerdings, die Jugendlichen beim Perspektivwechsel zwischen sprachlichem Handeln und dem Beobachten und Untersuchen von Sprache – von Strukturen und Wirkung – gezielt zu unterstützen. Die folgenden Arbeitsmaterialien konkretisieren diesen Zugang.

3 Anregungen für den Unterricht

Eine ausgewogene, in der Praxis verankerte Sprachreflexion ruht, wie bereits erläutert, auf mehreren Pfeilern:

- Eigene Schreibpraxis: Die Schülerinnen und Schüler bekommen klare, didaktisch gut begründete Schreibaufgaben, die sie dabei unterstützen, die verschiedenen Phasen eines Schreibprozesses kennenzulernen und immer mehr Verantwortung für das eigene Schreiben zu übernehmen. Ausdrucksmittel, z. B. die Gestaltung der Sätze in den Texten, sollen dabei nicht erst im Zusammenhang mit Korrektur und Überarbeitung zum Thema werden, sondern von Anfang an, indem z. B. geklärt wird, welche Satzbaumuster zur Situation und zur Textsorte passen. Um beim Schreiben entsprechend zu handeln, brauchen Schülerinnen und Schüler prozedurales Wissen und prozedurale Bewusstheit, ergänzt um Problemlösungswissen über den Schreibprozess (s. Abschnitt 2.2.2).
- Unterrichtssequenzen, in welchen „Sprache und Sprachgebrauch untersuchen" ein Fokus ist: In kleineren Projekten wird die Aufmerksamkeit gezielt auf das Erforschen und Untersuchen von Sprache gerichtet, auch im Rahmen größerer, integrativ angelegter Sequenzen. Dort sollte Raum sein für eigene Fragestellungen und Beobachtungen, die fachliche Systematisierung kann erfolgen, steht aber nicht im Zentrum. In solchen Projekten sind, je nach Akzentuierung, verschiedene Wissensformen gefragt. Wichtig ist, dass hier auch andere als kognitive Ziele zum Zug kommen: Schülerinnen und Schüler sollen die Wertschätzung ihrer sprachlichen Ressourcen erleben und sich das Erforschen ihrer sprachlichen Umwelt zutrauen.
- Erkennen von wichtigen Einheiten, Erarbeiten von grammatischem Beschreibungs- und Begriffswissen: Wenn Schülerinnen und Schüler Sicherheit gewinnen sollen im Umgang mit wichtigen (oder einfach vorgegebenen) Begriffen, müssen sie sich zeitweise ganz auf diese Systematik konzentrieren können und sie sich durch die Bearbeitung geeigneter Beispiele aneignen. Für diesen Fokus brauchen sie Anleitungen, damit sie Begriffe nicht auswendig lernen und beim Arbeiten mit Beispielen erraten, sondern sie zusammen mit Operationen erwerben. Für diesen Schwerpunkt grammatischen Arbeitens ist Übungsmaterial von geeignetem Schwierigkeitsgrad sinnvoll – hier ist Raum für die oft geschmähten spezifischen Übungen und Arbeitsblätter. Diese enthalten zwangsläufig Vereinfachungen: Weder wird damit das vollständige grammatische Begriffsinventar eingeführt, noch besteht der Anspruch, mit schulgrammatischen Begriffen der ganzen Vielfalt der Alltagssprache gerecht zu werden. Die Beispiele sollen für die zu erarbeitenden Begriffe typisch sein, was u. a. bedeutet, dass sie sich an der geschriebenen Sprache orientieren. Oft ist es immerhin möglich, statt mit isolierten Einzelsätzen mit kurzen (konstruierten) Texten oder Situationen zu arbeiten (vgl. die Beispiele im fachwissenschaftlichen Teil). Um richtig mit Begriffen umgehen zu können, müssen die Schülerinnen und Schüler natürlich deklaratives Wissen aufbauen, aber verbunden mit Problemlösungswissen (z. B. über Bestimmungsverfahren) und metakognitivem

Wissen (z. B. Wissen über die Fokussierung grammatischer Fragestellungen; s. Abschnitt 2.2.2).

Die vorliegende Auswahl (die weiter unten detailliert erläutert ist) möchte allen drei Perspektiven gerecht werden.

- Zum Schreiben wird eine Checkliste vorgestellt, die das Überarbeiten von Texten auf der syntaktischen Ebene unterstützen kann (Abschnitt 3.1). Die Tabelle zeigt den Zusammenhang zwischen dem systematischen grammatischen Wissen und verschiedenen konkreten Überarbeitungsmöglichkeiten im Schreibprozess auf. Die systematischen Übungen (Abschnitt 3.3) sind ebenfalls so angelegt, dass Verfahren trainiert werden, die auch für das Schreiben/Überarbeiten von Texten sinnvoll sind.
- Für die forschende Auseinandersetzung mit Sätzen liegen drei Vorschläge bereit (Abschnitt 3.2), die von konkretem Material ausgehen. „Projekt" ist für die vorliegenden Anregungen ein zu hoch gegriffener Ausdruck – die Unterlagen sollen zeigen, dass Sätze nicht nur im Rahmen von systematischen Übungen Thema sein können, sondern auch als Schwerpunkt von forschenden Zugängen zu Sprache interessant sind.
- Am meisten Material wird zur dritten Perspektive angeboten (Abschnitt 3.3). Die im fachwissenschaftlichen Teil diskutierten Themen sind je Schwerpunkt von kleineren, gezielt einsetzbaren Übungen. Diese sind so angelegt, dass operationale Verfahren und das Erkennen von Strukturen die Hauptrolle spielen. Das Benennen von Einheiten spielt keine oder zumindest keine große Rolle, dagegen können die Schülerinnen und Schüler die Verfahren auch auf ihre eigenen Texte anwenden, sodass sie z. B. das Erkennen von Teilsätzen für die Kontrolle der Kommasetzung nützen. Darüber hinaus kommt ihnen das Bewusstsein für Satzglieder, das sie bei Anwenden der Verschiebeprobe erwerben, für die abwechslungsreichere Gestaltung eigener Texte zugute. Da es viel anspruchsvolles Material gibt, mit welchem das Kategorisieren und Benennen von Einheiten geübt werden kann (z. B. Schülerduden Grammatik), wird hier der Schwerpunkt auf niederschwellige operationalisierende Zugänge gelegt. Leistungsfähige Jugendliche können anschließend mit schwierigeren Bestimmungsübungen weiterarbeiten (Material aus den jeweiligen Lehrmitteln, Vergleichsarbeiten etc.), für weniger leistungsfähige ist wichtig, dass sie die erworbenen Kenntnisse über Strukturen in ihre Schreibpraxis integrieren können. Die vorliegenden Materialien ergänzen die Angebote der Lehrmittel, sie wollen und können diese nicht ersetzen. Dennoch lässt es sich wohl nicht vermeiden, dass sie gelegentlich leicht von Terminologien und Zugängen in anderen Materialien abweichen.

Das vorliegende Material bewegt sich im Bereich zwischen den beiden Polen „völlig implizit Handeln" (ohne die Sprache zu thematisieren, ohne Reflexion) und „Erwerb von deklarativem Wissen", d. h. an vorgegebenen Beispielen (Sätze, evtl. Texte) Einheiten bestimmen und benennen. Ein starker Akzent liegt auf dem prozeduralen und problemlösenden Zugang.

Wann und wie soll das Material eingesetzt werden? Sehr oft gibt es im Handlungsbereich Sprachreflexion klare Vorgaben und Ziele, neu auch gesteuert durch die Vergleichsaufgaben. Dazu darf kein Widerspruch entstehen. Das Material ist deshalb modular aufbereitet, sodass einzelne Teile ausgewählt und in bestehende Unterichtssequenzen einbezogen werden können. Wo es die Rahmenvorgaben erlauben, kann das Material aber auch die Basis von Sequenzen bilden, in denen Fragestellungen erarbeitet und vertieft werden; entsprechende Hinweise finden sich weiter unten. Die Vernetzung zum Handlungsbereich Schreiben ist jeweils erläutert, es liegen dazu aber keine spezifischen Vorschläge vor.

Das Material will trotz detaillierter Anleitungen dazu anregen, eigene Wege zu gehen, Fragen und Materialien der Schülerinnen und Schüler einzubeziehen und gelegentlich auch die Konstruktion von Übungsbeispielen (und Lösungen!) an sie zu delegieren. Entsprechend handelt es sich um Lernaufgaben, nicht um Leistungsaufgaben (vgl. Abraham/Müller 2009). Sie sind so angelegt, dass Schülerinnen und Schüler sie zum großen Teil in Einzelarbeit lösen können, was jedoch Partnerarbeit nicht ausschließt. Etwas anspruchsvollere Fragen sind auf den Arbeitsblättern mit einem * gekennzeichnet.

3.1 Checkliste: Sätze beim Schreiben und Überarbeiten

Die vorliegende Checkliste ist knapp gehalten. Sie soll in erster Linie Lehrpersonen darin unterstützen, bezogen auf die syntaktische Ebene sinnvolle Tipps zu geben, d. h. bereits in der Aufgabenstellung auf wichtige syntaktische Merkmale des Texts hinzuweisen oder Fragestellungen für die Überarbeitung von Texten zu formulieren. Hinweise zu verschiedenen Methoden, u. a. Peer-Feedback, finden sich z. B. bei Merz-Grötsch 2010, S. 87-91. Ältere Jugendliche können die Checkliste auch selbstständig einsetzen, vor allem wenn sie ihr Begriffswissen in das gleiche Schema einordnen können.

A 1. Fragen beim Sätzeformulieren und -überarbeiten

Die aufgelisteten Fragen weisen darauf hin, dass die Überarbeitung mit zwei verschiedenen Schwerpunkten erfolgen kann: Es wird überprüft, ob die Sätze richtig formuliert sind – unabhängig von der Textsorte –, oder aber es werden Möglichkeiten gesucht, Sätze informativer, abwechslungsreicher und interessanter zu machen. Hier spielen die Textsorte und die Funktion des Texts eine wichtige Rolle, auch die Adressatenorientierung gilt es zu überprüfen.

Regeln – das muss stimmen:

- Sind die Sätze auf der strukturellen Ebene vollständig, enthält der Satz alle notwendigen Satzglieder und eine Personalform?
- Haben die Satzglieder die richtige Form, z. B. Kasus?

- Stimmt die Stellung der Personalform, ist die Reihenfolge der Satzglieder normgerecht und angemessen?
- Sind richtige und angemessene Satzzeichen gesetzt: Satzschlusszeichen, Gliederung mit Kommas, Spezialzeichen wie Doppelpunkte, Gedankenstriche, Anführungszeichen?
- Stehen wo nötig Konjunktivformen im Konditionalsatz und in der indirekten Rede?

Deutsch als Zweitsprache – besonders beachten:
- Stimmt die Valenz der Verben bzw. stehen die Ergänzungen im richtigen Fall, mit der richtigen Präposition?
- Stimmen die Formen der Verben, die Kongruenz Subjekt-Personalform, die Formen in Nominalgruppen mit Attributen (Endungen, Artikel, Pronomen, Adjektive, Kongruenz), steht bei Präposition der richtige Fall?
- Werden Stellungsregularitäten beachtet: Verbklammer, Stellung der Personalform bei Verbzweit- und Verbletztsätzen, richtige Besetzung des Vorfelds, richtige Reihenfolge der Satzglieder im Mittelfeld?

Möglichkeiten – das kann man verändern, verbessern:
- Kann die Reihenfolge der Satzglieder variiert werden?
- Können Sätze mit Informationen angereichert werden, d. h. mit zusätzlichen Satzgliedern und Attributen?
- Sind die Sätze im Text sinnvoll verknüpft, kommen Satzreihen und Satzgefüge vor, wurden passende und präzise Verknüpfungswörter benützt?
- Wurden je nach Aufgabe und Textsorte passende Satzmuster gewählt?
- Wurde je nach Aufgabe und Textsorte bewusst mit konzeptioneller Mündlichkeit und Schriftlichkeit umgegangen?

A 2. Fragen im Schema „Sätze untersuchen“

Alle Fragestellungen, die unter fachwissenschaftlicher Perspektive erläutert wurden, können auch auf Texte bezogen werden. Lehrpersonen, z. T. auch fortgeschrittene Lernende, greifen dabei auf ihr begriffliches Wissen zurück. Falls im Unterricht die Frage auftaucht, wozu grammatisches Wissen taugt, so zeigt das Schema in Abbildung 27, wie solches Wissen für die Arbeit am Text fruchtbar gemacht werden kann.

3.2 Forschen zum Thema „Satz“

Für forschendes Arbeiten werden drei Schwerpunkte vorgeschlagen, die – ausgehend von konkretem Material – Möglichkeiten eröffnen, sich grundsätzlich mit der Einheit „Satz“ zu befassen. Die Schülerinnen und Schüler sollen zusätzlich eigenes Material sammeln und ihre Beobachtungen in einer Form festhalten, die ihren Fähigkeiten und dem methodischen Konzept entspricht, d. h., ein Fazit kann im Klassengespräch, im

Welche Sprechhandlung wird typischerweise mit der Form des Satzes ausgedrückt?

Aussagesatz, Fragesatz, Befehlssatz

- Passen Frage- und Befehlssätze zum Text?
- Sind sie richtig gebaut und mit Satzzeichen gekennzeichnet?

Aus welchen Elementen besteht der „einfache" Satz? In welcher Reihenfolge sind sie geordnet? Lassen sie sich umstellen?

Satzglieder und verbale Teile

- Sind alle Satzglieder vorhanden, welche das Verb verlangt? Haben sie die richtige Form?
- Können/sollen die Sätze reichhaltiger werden (zusätzliche Satzglieder, Attribute)?
- Können Satzglieder so umgestellt werden, dass der Text abwechslungsreicher wird?
- Passt die Reihenfolge der Satzglieder zum Ablauf des Texts?

Spezialfall: Satzfragment (ohne Personalform)

- Falls im Text Satzfragmente vorkommen: Passen sie zur Textsorte/zur Aufgabe?

Wie hängen die Sätze in einem Text miteinander zusammen? Wie entstehen aus einzelnen Sätzen Texte?

- Sind die Sätze inhaltlich so miteinander verbunden, dass der Text klar und gut verständlich ist?
- Ist der Text in Abschnitte unterteilt?
- Stehen sinnvolle und präzise Verknüpfungssignale im Text, v.a. zwischen den Sätzen und den Abschnitten?

Satz

Welche Rolle spielen Satzzeichen? Nach welchen Regeln werden sie gesetzt?

- Sind die Sätze mit einem Punkt (evtl. Frage- oder Ausrufezeichen) abgeschlossen?
- Stehen bei Aufzählungen und zwischen Teilsätzen die nötigen Kommas?
- Werden statt Punkt und Komma auch Strichpunkt, Gedankenstrich oder Doppelpunkt gebraucht?
- Sind direkte und indirekte Rede richtig gekennzeichnet?

Sind mehrere Sätze/Teilsätze zu einer größeren Einheit verknüpft? Sind die Teilsätze gleich- oder untergeordnet?

Zusammengesetzter Satz

Satzverbindung aus Hauptsätzen

- Sind Hauptsätze sinnvoll zu Satzverbindungen gruppiert?
- Sind die Hauptsätze mit passenden Verknüpfungsmitteln verbunden?

Satzgefüge aus Haupt- und Nebensätzen

- Kann/soll der Text mit Nebensätzen abwechslungsreicher gemacht werden?
- Steht in Nebensätzen wo nötig die Personalform am Schluss?
- Stimmen die Formen der Relativpronomen?
- Steht wo nötig (z. B. bei indirekter Rede) der Konjunktiv?

Spezialfall: zusammengezogener Satz

- Kann der Text mit zusammengezogenen Sätzen flüssiger gemacht werden?

Abb. 27: Fragestellungen zum Formulieren und Überarbeiten syntaktischer Strukturen

Lerndialog oder in einem persönlichen Lerntagebuch formuliert werden. Ob und wie intensiv dabei Fachtermini einbezogen werden, muss ebenfalls an die Situation angepasst werden. Die konkreten Arbeitsvorschläge sind diesbezüglich offengehalten, damit sie auch für jüngere oder weniger leistungsfähige Jugendliche zugänglich sind.

A 1. Fotoroman (7.-9. Klasse; Arbeitsblatt 1)

Fotoromane und Comics gelten als sprachlich anspruchslose Lektüre. Sie sollen hier aber nicht abqualifiziert werden. Ebenso wenig ist leitend, dass sie für Kinder und Jugendliche besonders attraktiv und deshalb motivierend seien – unerwünscht wäre dieser Effekt nicht, aber er kann nicht sicher erwartet werden.
Wichtig sind vielmehr die folgenden Punkte:

- Die erzählten Geschichten sind meist relativ anspruchslos, sodass die Verständnissicherung kein großes Problem darstellt; entsprechend leichter fällt der Blick auf Sprachliches.
- Meist wird – wenn auch ohne literarische Raffinesse – die Nähe zur gesprochenen Sprache gesucht (s. Abschnitt 1.6.2). Es kommen also mehr verschiedene Satzarten, auch Satzfragmente und ähnliche Signale der Mündlichkeit vor als in anderen Texten. Dieser Aspekt des Themas „Satz" lässt sich gut beobachten; eine entsprechende Anregung ist als Übung im Abschnitt 3.3., A1 (Arbeitsblätter 19 bis 22) ausgearbeitet.
- Frage- und Ausrufezeichen, teilweise auch andere Interpunktionszeichen werden abweichend von gewöhnlichen Fließtexten eingesetzt, um Intonationsmerkmale abzubilden. Solche Auffälligkeiten können untersucht werden und dazu anregen, die übliche Verwendung der Zeichen in normalen Texten genauer zu erfassen. Das Arbeitsblatt 1 (s. S. 126) konkretisiert diesen Auftrag anhand eines Beispiels.
- Die Kohärenz dieser Texte wird nicht oder nicht primär über sprachliche Konnektoren hergestellt. Damit eignen sie sich als Grundlage für das Verfassen von Zusammenfassungen/Inhaltsangaben/Nacherzählungen, bei denen besonders auf die klare Kennzeichnung inhaltlicher Verknüpfungen geachtet wird. Die dabei erarbeiteten Kenntnisse können den Schülerinnen und Schülern bei anspruchsvolleren Aufgaben zugutekommen.

Fotoroman

Einen Fotoroman oder einen Comic könnt ihr gut einsetzen, um Sätze genauer zu untersuchen. Die Geschichten sind meistens nicht allzu kompliziert, also könnt ihr euch auf die Darstellung konzentrieren. Am besten sucht ihr eigene Beispiele, die ihr interessant oder witzig findet (Zeitschriften, Internet). Was können wir genauer untersuchen?

1. Die verschiedenen Satzarten
Weil alltägliche Gespräche dargestellt werden, finden wir nicht nur Aussage-, sondern auch Frage- und Befehls- bzw. Aufforderungssätze. Interessant ist, dass Frage- und Ausrufezeichen sehr großzügig eingesetzt werden.

A Aufgabe 1

Sucht Beispiele für Aussage-, Frage- und Befehlssätze. Beachtet dabei die Struktur der Sätze, nicht die Frage- und Ausrufezeichen.

2. Sätze und Satzfragmente
Gewöhnliche Erzählungen sind meist so geschrieben, dass sie vor allem ganze Sätze enthalten. In Comics und Fotoromanen finden wir aber viele Satzfragmente. Diese brauchen weniger Platz – das ist wichtig für Sprechblasen –, und sie sollen die Gespräche natürlicher wirken lassen.

A Aufgabe 2

Untersucht, wo ganze Sätze und wo Satzfragmente vorkommen (Personalformen markieren), und diskutiert die Wirkung. Würden in einem echten Gespräch mehr oder weniger ganze Sätze vorkommen?

3. Zusammengesetzte Sätze, Haupt- und Nebensätze
Zusammengesetzte Sätze sind meist etwas länger als einfache Sätze. Sie passen also eher schlecht in Sprechblasen.

A Aufgabe 3

Untersucht, ob in den Sprechblasen und in den erläuternden Teilen (meistens Kästchen oben oder unten im Bild) Nebensätze vorkommen, und diskutiert die Wirkung. Beobachtet wenn möglich auch normale Gespräche, z. B. in der Pause, und versucht, auf Nebensätze zu achten.

4. Geschichten zusammenfassen
Ähnlich wie anspruchsvollere Texte kann man auch Fotoromane oder Comics zusammenfassen, z. B. wenn man sie empfehlen oder kritisieren will.

A Aufgabe 4

Fertigt eine solche Zusammenfassung oder eine Inhaltsangabe an und achtet darauf, dass ihr zeitliche Beziehungen und Gründe/Folgen von Handlungen klar darstellt und dafür verschiedene Verknüpfungsmittel verwendet.

© 2011 Kallmeyer in Verbindung mit Klett · Friedrich Verlag GmbH, Seelze. Alle Rechte vorbehalten.

A 2. Schlagzeilen (6.-8. Klasse, v. a. DaZ-Lernende)

Syntax in Schlagzeilen?

Blättert man eine beliebige Zeitung oder Zeitschrift durch, stechen einem die Schlagzeilen ins Auge. Sie sind auch habituell nichtlesenden Schülerinnen und Schülern aus ihrem sprachlichen Alltag bekannt. Der Übergang vom vorstrukturierten Material zur Arbeit mit selbst gesammelten Beispielen ist daher leicht möglich.

Das Material ist besonders geeignet für Lernende mit Deutsch als Zweitsprache, die evtl. Schwierigkeiten haben mit Strukturen wie Verbklammer, Reihenfolge der Satzglieder oder Stellung der Satzglieder in Frage- und Befehlssätzen. Auch Schülerinnen und Schüler mit Deutsch als Erstsprache können die Beispiele bearbeiten, ihnen werden sie helfen, Wissen über Strukturen aufzubauen, die sie implizit (meistens) problemlos beherrschen.

Unter Umständen sind Schlagzeilen wegen ihrer oft reduzierten Form – fehlende Personalform, vor allem bei Hilfsverben, fehlende Artikel – verwirrend für Kinder und Jugendliche, die Deutsch noch nicht sicher beherrschen. Technisch formuliert: Sie haben mit solchen Schlagzeilen nicht normgerechten Input vor sich. Ihnen kann die Arbeit mit dem vorliegenden Material helfen, Unsicherheiten zu klären, dazu ist aber gezielte Unterstützung der begleitenden Lehrpersonen nötig.

Die vorliegenden Unterlagen können direkt eingesetzt werden, im Grunde genommen sind sie aber eher als Anregung gedacht und lassen sich deshalb gut ergänzen. Besonders geeignet sind regionale, nationale und internationale Kurznachrichten ohne politischen Inhalt, da sie meist kontextfrei verständlich sind.

Zu den einzelnen Arbeitssequenzen gehört immer eine Fragestellung, die von den Lernenden Kategorisierungs- und Formulierungsarbeit verlangt. Ob und wie weit dafür auch grammatische Begriffe ins Spiel kommen, ist jeweils skizziert, es sollte aber immer möglich sein, direkt mit den sprachlichen Strukturen zu arbeiten, ohne sich um Bezeichnungen zu kümmern. Dies ist insbesondere für diejenigen Schülerinnen und Schüler wichtig, die tatsächlich noch Schwierigkeiten haben mit einzelnen Strukturen und zuerst eine gewisse Sicherheit im Umgang damit erwerben müssen. Im Folgenden werden die Aufgabenblöcke kurz kommentiert.

Verschiedene Satzarten in Schlagzeilen (Arbeitsblatt 2 und 3)

Die Satzarten Aussagesatz, Fragesatz und Befehlssatz können von Schülerinnen und Schülern recht gut unterschieden werden, insbesondere wenn sie lernen, sich auf die Bauweise bzw. auf die Stellung der Personalform zu konzentrieren.

Die beiden Schritte der Aufgabe (s. Arbeitsblatt 2 und 3), d. h. die eher intuitive Zuordnung unter Zuhilfenahme der Satzschlusszeichen und das Herausarbeiten der Stellung der Personalform, sind je nach Voraussetzungen der Lernenden unterschiedlich anspruchsvoll. Jugendliche, die mit den vorgegebenen Aufgaben unterfordert sind, sollten unbedingt eigene Beispiele suchen und sie entsprechend einordnen. Ob in Einzel- oder Partnerarbeit vorgegangen wird, entscheidet die Lehrperson.

Stellungsfelder im Aussagesatz (Arbeitsblatt 4)

Für den Aussagesatz werden zwei Schwerpunkte bearbeitet: Verbzweitstellung bzw. feste Position der Personalform und verbale Klammer. Ältere DaZ-Lernende eignen sich die Verbzweitstellung nicht ganz problemlos an. Wenn an der ersten Stelle ein anderes Satzglied als das Subjekt steht (gelegentlich als „Inversion" bezeichnet), behalten sie das Subjekt an der Stelle vor der Personalform (z. B. „Dann er ging einkaufen."; s. Abschnitt 1.4.1). Die Beispiele (s. Arbeitsblatt 4) helfen ihnen, sich deutlich zu machen, dass im Aussagesatz immer nur ein Satzglied vor der Personalform steht. Wenn es für die Lernenden (aufgrund ihres Lernstands und des Vorwissens) sinnvoll ist, kann bei der Bestimmung der Satzglieder weitergegangen werden, z. B. kann der Satzgliedbegriff vertieft werden, es kann das Subjekt bestimmt werden, oder es kann bei den Satzgliedern im Mittelfeld die Verschiebeprobe angewendet werden, um den Satz vollständig zu segmentieren.

Die Klammerstruktur ist ein typisches Merkmal des Satzbaus des Deutschen. Da in echten Schlagzeilen nur selten vollständige Klammern erscheinen, wird hier eine Umformungsübung vorgeschlagen, um das Phänomen greifbar zu machen. Mit dieser Übung sollen sich Jugendliche nur so weit befassen, wie sie mit der Satzklammer tatsächlich Schwierigkeiten haben.

Vollständige Sätze oder Satzfragmente? (Arbeitsblatt 5)

Schlagzeilen müssen kurz und prägnant sein, sie wollen einladen oder verführen, einen Text zu lesen, deshalb werden „überflüssige" Teile weggelassen. Einiges, z. B. die häufig fehlenden Artikel oder Hilfsverben, rekonstruieren kompetente Sprecherinnen und Sprecher aufgrund ihrer Sprachkompetenz, andere Elemente, wie fehlende Verben oder Satzglieder, lassen sich bei der Lektüre aus dem Text ergänzen. Wenn sie Schlagzeilen vervollständigen, setzen sich Lernende intensiv mit der Struktur der Sätze auseinander.

Der Schwerpunkt von Arbeitsblatt 5 liegt beim Ergänzen der Personalform bzw. des Verbs: Ausgehend vom Verb müssen sich die Jugendlichen klarmachen, wie der Satz organisiert ist, sie orientieren sich an der Satzklammer und ordnen die z. T. nicht eindeutig erkennbaren Satzglieder in den Valenzrahmen des Verbs ein und bilden die Klammerstruktur. Die Beispiele sind so ausgewählt, dass anhand des Textmaterials Sätze auch ohne ganz sichere Kenntnisse konstruiert werden können. Auch hier gilt: Leistungsfähigere oder besonders neugierige Lernende sollen sich mit ihren eigenen Beispielen befassen.

Schlagzeilen ohne Artikel (Arbeitsblatt 6)

Manche Lernenden mit Deutsch als Zweitsprache haben Schwierigkeiten mit komplexen Nominalphrasen. Die präsentierten Beispiele (s. Arbeitsblatt 6) helfen ihnen, ihr besonderes Augenmerk auf die Nominalphrase zu richten. Es wird darauf verzichtet, Regeln anzugeben; auch hier entscheiden Lehrpersonen, evtl. im individuellen Förderunterricht, was sinnvoll ist. Für Lernende, die mit den Strukturen keine Schwierigkeiten haben, sind die Beispiele ein Anlass, die für sie rezeptiv und produktiv unproblematische Verteilung von bestimmtem oder unbestimmtem Artikel zu untersuchen und zu reflektieren. Die auf den ersten Blick einfache Unterscheidung zwischen „bekannt/vorausgesetzt“ (bestimmter Artikel) und „unbekannt/neue Information“ lässt sich anhand der Beispiele differenzieren. So ist im folgenden Beispiel „der Fahrer“ des Unfallwagens zwar nicht bekannt, aber durch „ein Lastwagen“ als gegeben vorausgesetzt:

Laster kippte von der Brücke

Ein mit Klärschlamm beladener Lastwagen ist gestern Morgen von der Anzenwilerbrücke mitsamt dem 45-jährigen Fahrer rund zehn Meter in die Tiefe gestürzt. Ein nachfolgender Lastwagenfahrer entdeckte den Laster im Fluss. (20minuten, 2.7.2008, S. 6)

Die Fragen sollen die Lernenden zu eigenem Forschen anregen, die Antworten sollen sich in ihrem Horizont bewegen, das Arbeitsblatt 6 ist eine Anregung, mit eigenem Material zu arbeiten.

ARBEITSBLATT 2

Schlagzeilen

Längste Hängebrücke eingeweiht

Wer wird Weltmeister?

Mann stieß Frau vor Zug: 10 Jahre Haft

Badelatschen nicht vergessen!

Schlagzeilen in Zeitungen und Zeitschriften wollen unsere Aufmerksamkeit – wir sollen neugierig werden und weiterlesen. Schlagzeilen sind oft nicht ganze Sätze, aber sie übermitteln uns doch einiges vom Inhalt des Texts. Deshalb eignen sie sich gut, um mehr über Sätze herauszufinden.

A **Aufgabe**

Sammelt über einige Zeit interessante Schlagzeilen und arbeitet mit diesem Material.
Ihr könnt z. B.

a) Satzarten unterscheiden (Aussagesätze, Fragesätze, Befehls- bzw. Aufforderungssätze, Ausrufesätze),
b) den Satzbau (Personalform, verbale Teile und Satzglieder) genauer untersuchen,
c) Sätze und Satzfragmente unterscheiden,
d) missverständliche oder mehrdeutige Beispiele herausgreifen,
e) Sätze im „Telegrammstil“ vervollständigen.

© 2011 Kallmeyer in Verbindung mit Klett · Friedrich Verlag GmbH, Seelze. Alle Rechte vorbehalten.

ARBEITSBLATT 3

Verschiedene Arten von Sätzen in Schlagzeilen

Mit Sätzen kann man sehr Verschiedenes ausdrücken, je nachdem, welche Wörter und welchen Tonfall man verwendet. Ob es sich um Lob, Kritik, eine seriöse Information, Tratsch, eine Bitte oder einen Vorwurf handelt, verstehen wir meist aus dem Zusammenhang. In der deutschen Sprache gibt es aber auch die Möglichkeit, den Satz so zu bauen, dass er eine typische Aussage, eine typische Frage oder einen typischen Befehl darstellt. In diesen Schlagzeilen stehen die passenden Satzzeichen. Die Satzzeichen sind aber nicht immer ein sicheres Kennzeichen, wichtiger ist die Bauweise der Sätze.

A Aufgabe

a) Bestimme Aussagesätze, Fragesätze und Befehlssätze.
b) Markiere die Personalform in jedem Satz mit Farbe.
c) Trage die Sätze so in Tabellen ein, dass die Personalformen untereinanderstehen.
d) Diskutiert, welche Regeln für die Stellung der Personalform gelten.

1. Großdorf ist Regionalmeister
2. Gib Kindern in Afrika neue Hoffnung!
3. Freuen Sie sich auf die Weltausstellung?
4. Wer hat die Abseitsregel erfunden?
5. Gönn dir etwas Besonderes!
6. Bei einem Autounfall starben 3 Menschen
7. Was steht in den Sternen?
8. Lassen Sie sich überraschen!
9. Findet die Euro 2020 in Frankreich statt?

Aussagesätze

Großdorf	**ist**	Regionalmeister.

Fragesätze

Wer	**hat**	die Abseitsregel erfunden?
---	**Freuen**	Sie sich auf die Weltausstellung?

Befehlssätze

---	**Gönn**	dir etwas Besonderes!

© 2011 Kallmeyer in Verbindung mit Klett · Friedrich Verlag GmbH, Seelze. Alle Rechte vorbehalten.

ARBEITSBLATT 4

Die Stellung der Satzglieder

In Aussagesätzen steht die Personalform an zweiter Stelle. Die Wörter, die vor der Personalform stehen, bilden zusammen ein Satzglied, mehr als ein Satzglied kann nicht vor der Personalform stehen. Wenn ein Satz z. B. mit „kurz danach“, „deshalb“ oder „dann“ beginnt, müssen alle anderen Satzglieder nach der Personalform stehen.

A Aufgabe

a) Überprüfe diese Eigenschaft von Aussagesätzen an einigen Beispielen, indem du den Satz neu schreibst und mit „kurz danach“, „deshalb“ oder „dann“ beginnst.
Frage nach, wenn du wegen der Reihenfolge der Satzglieder nach der Personalform unsicher bist.
b) Setze die Sätze in die Zeitform Perfekt oder Futur I, und achte auf die Stellung der Personalform und der anderen verbalen Teile.

1. Großdorf ist Regionalmeister.
2. Bei einem Autounfall starben 3 Menschen.
3. Ex-Weltfußballer Rodolfo ist unerwartet arbeitslos.
4. Abendzeitungsleser haben die drei besten Kicker gewählt.
5. Es gibt wieder Karten für das neue Musical.
6. Brandstifter haben in London gewütet.

Beispiel:
a) Großdorf **ist** Regionalmeister. → Deshalb **ist** Großdorf Regionalmeister.
b) Großdorf **ist** Regionalmeister. → Großdorf **wird** Regionalmeister **werden**.

© 2011 Kallmeyer in Verbindung mit Klett · Friedrich Verlag GmbH, Seelze. Alle Rechte vorbehalten.

ARBEITSBLATT 5

Vollständige Sätze und Satzfragmente

Schlagzeilen müssen möglichst kurz sein, deshalb bestehen sie nicht immer aus vollständigen Sätzen. Untersuche in den folgenden Beispielen, ob es sich um vollständige Sätze handelt oder nicht.

(A) Aufgabe

a) Findest du in den Schlagzeilen eine Personalform? Findest du andere verbale Teile? Falls ja: markiere die Personalform oder die anderen verbalen Teile mit Farbe.
b) Nun kannst du versuchen, aus den Bruchstücken sinnvolle Sätze zu bilden. Lies dafür die kurzen Texte, zu denen die Schlagzeilen gehören, und schreibe einen neuen Satz auf.
c) Markiere in deinen Sätzen alle Personalformen und verbalen Teile.

Neuer Ruder-Europacup ab Dezember

Längste Hängebrücke eingeweiht

22 Indios bei Erkundungsflug entdeckt

Rekord bei der Bahn: fünf Prozent mehr Passagiere

Texte

1. Für alle Bootsklassen wird ab kommenden Dezember ein Ruder-Europacup eingeführt.

2. Die längste Hängebrücke der Welt ist nun für den Verkehr freigegeben worden. Die 1088 Meter lange Brücke wurde nach einer längeren Probephase eingeweiht.

3. Die Indios leben ohne Kontakt zur Außenwelt im Regenwald. In sechs Siedlungen sind es etwa 100 Menschen, die erst jetzt bei einem Erkundungsflug der Regierungsorganisation Funai entdeckt wurden.

4. Die Bahn verzeichnet einen neuen Rekord: Noch nie sind in einem halben Jahr so viele Menschen Zug gefahren. Das bedeutet einen Zuwachs von rund 5 Prozent.

© 2011 Kallmeyer in Verbindung mit Klett · Friedrich Verlag GmbH, Seelze. Alle Rechte vorbehalten.

ARBEITSBLATT 6

Schlagzeilen ohne Artikel

In vielen Schlagzeilen sind nicht nur die Sätze unvollständig. Oft fehlen auch die Artikel vor den Nomen: „Mann stieß Frau vor Zug" statt „Ein Mann stieß eine Frau vor einen Zug".

A Aufgabe

a) Markiere die Stellen, wo in der Schlagzeile die Artikel fehlen, und ergänze passende Artikel. Frage nach, wenn du unsicher bist.
b) Nun kannst du untersuchen, welche Artikel im Text nach der Schlagzeile vorkommen. Markiere jeweils den Artikel und das Nomen, das dazugehört.
c) Bei der Arbeit könnt ihr verschiedene Fragen besprechen:
- Welche Form des Artikels ist richtig? Wann ist der bestimmte, wann der unbestimmte Artikel richtig?
- Es gibt viele Sprachen, die keine Artikel einsetzen. Besprecht, was das bedeutet und was man im Deutschen alles extra lernen muss.

Teppichverkäufer versteigert seine Existenz

Mann stieß Frau vor Zug

Mit Roller Zaun gerammt und in Garten gelandet

Dank Handy gerettet

Texte

1. Ein 37-jähriger Teppichverkäufer hat in Neuseeland sein Haus, sein Auto, seinen Job und seine Freunde im Internet versteigert. „Übernimm mein Leben!", hatte er zuvor angekündigt.

2. Weil er die beste Freundin seiner Lebensgefährtin vor einen Zug gestoßen und so getötet hatte, kassierte ein 34-jähriger Mann vom Aachener Landgericht zehneinhalb Jahre Haft. Er hatte die Frau im Aachener Westbahnhof vor einen einfahrenden Regionalexpress gestoßen.
(News Nr. 126, 2008, S. 6)

3. Ein 18-jähriger Rollerfahrer wurde gestern bei einem Selbstunfall verletzt. Der junge Mann war gegen 5 Uhr auf der Hauptstraße unterwegs. In einer Linkskurve kam er von der Fahrbahn ab und durchbrach einen Zaun. Im Garten einer angrenzenden Liegenschaft kam das Motorrad zum Stehen.
(20minuten, 2.7.2008, S. 5)

4. „Hilfe, wir brauchen einen Hubschrauber, wir sind auf dem Grosshorn" – dank dieses Handynotrufs überlebten zwei Engländer am Samstag den Absturz in eine Gletscherspalte. Ein Helikopter konnte die beiden kurz nach dem Notruf orten und medizinisch versorgen.

© 2011 Kallmeyer in Verbindung mit Klett · Friedrich Verlag GmbH, Seelze. Alle Rechte vorbehalten.

A 3. Sprachberatung: Diskussionen im Internet (ab 9. Klasse)

Einleitung: Syntax in Internetforen?

In Internetforen finden Diskussionen zu allen erdenklichen Themen statt. Gelegentlich werden auch Fragen zu sprachlichen Problemen gestellt. Oft geht es sehr konkret darum, eine Formulierung zu verbessern, Interpunktionsfragen zu klären oder – meist im Zusammenhang mit Hausaufgaben – Einheiten wie Satzglieder zu kategorisieren. Die Fragenden wollen ein Problem lösen, Texte verbessern, Aufgaben bewältigen – die Sprachreflexion, die hier stattfindet, ist auf das praktische Handeln ausgerichtet, nicht auf theoretische Erkenntnis (s. Abschnitt 1.1.2). Wer antwortet, ist weniger unter Druck, entsprechend bringen meist nicht die fragenden, sondern die antwortenden Personen Fachvokabular und Erläuterungen ein. Anhand solcher Beispiele kann mit Jugendlichen diskutiert werden, ob es in diesem Kontext sinnvoll sei, mit Fachausdrücken und Erklärungen zu reagieren, oder ob einfach Vorschläge gefragt sind.

Bereits im fachwissenschaftlichen Teil wurden zur Illustration einzelne Fragen und Diskussionen aus einem Internetforum eingesetzt. Sie können auch Ausgangspunkt sein für schulische Sprachreflexion. Jugendliche können sich aktiv in solche Diskussionen einbringen, idealerweise natürlich direkt oder über ein Forum in ihrer Lernplattform. Wenn solche Möglichkeiten nicht bestehen, kann das abgedruckte Material eingesetzt werden.

Zu den einzelnen Übungen

Je nach Beispiel werden die Schülerinnen und Schüler feststellen, dass die Antworten im Forum falsch oder widersprüchlich sind – besonders deutlich ist dies bei Fragen zur Interpunktion. Diese Feststellung kann Anregung sein, den Fragen auf den Grund zu gehen und das eigene, in der Schule erworbene Fachwissen zu aktivieren. Die Anregungen, die für die Schülerinnen und Schüler formuliert sind, bewegen sich jeweils auf zwei Ebenen: In einem ersten Schritt werden sie aufgefordert, sich auf die Diskussion einzulassen und Stellung zu beziehen. Unter Umständen werden sie, wie die „echten“ Diskussionsteilnehmerinnen und -teilnehmer, zu unterschiedlichen Ansätzen und Vorschlägen gelangen. In einem zweiten Schritt bekommen sie deshalb Anleitungen, die sie bei einer zielgerichteten Analyse des Problems unterstützen, auf der sie aufbauen können, um weitere Vorschläge zu erarbeiten oder begründeter Stellung zu nehmen.

Sprachberatung 1 (Arbeitsblatt 7)

Der präsentierte Satz (s. Arbeitsblatt 7) ist tatsächlich verunglückt. Störend sind v. a. die zahlreichen Nominalisierungen, die wegen der mehrfachen Verwendung der Präposition *durch* besonders unbeholfen wirken. Die Vorschläge zur Analyse zielen darauf ab, zu zeigen, dass wir hier nur einen „einfachen“ Satz vor uns haben – allerdings einen unübersichtlichen –, und entsprechend wird angeregt, eine Variante mit mehreren Teilsätzen zu formulieren. Das wird ja auch von C vorgeschlagen.

Die Frage nach der Interpunktion, die von D und E diskutiert wird, soll hier nicht im Vordergrund stehen bzw. nur so weit, als die Schülerinnen und Schüler die Interpunktion in ihren eigenen Vorschlägen korrekt handhaben.

Sprachberatung 2 (Arbeitsblatt 8)
Die Diskussion bewegt sich bald weg von der Kommafrage. Mit den Vorschlägen zur Analyse (s. Arbeitsblatt 8) werden die Schülerinnen und Schüler angeregt, sich mit der Struktur der Sätze zu befassen und anschließend neue Varianten zu suchen. Es ist anzunehmen, dass nicht alle ihre Lösungen restlos überzeugen, was die vergleichende Diskussion umso spannender macht.

Mit dem zweiten Teil der Vorschläge werden sie angeleitet, die vorliegenden und ihre eigenen Varianten so zu analysieren, dass sie gezielt Kommas setzen können (s. Abschnitt 1.7.4). Die hier vorgestellten Verfahren können die Jugendlichen auch auf eigene Texte anwenden und so Sicherheit beim Überarbeiten gewinnen.

Sprachberatung 3 (Arbeitsblatt 9)
Ein Hinweis in der Diskussion zeigt, dass sich hier ein Schüler oder eine Schülerin meldet („Ziemlich derber Satz, wo kam der drin vor??" - „A2: Na von mir 😉 meine Lehrerin findet den Satz schlecht formuliert 🙁 "). Der Kontext dieses Beispiels (s. Arbeitsblatt 9) ist also besonders nah an der Realität der Jugendlichen. Der Autor bzw. die Autorin kämpft mit der sinnvollen Verteilung der inhaltlichen Einheiten auf sprachliche Strukturen – Nominalisierungen, koordinierende und subordinierende Verknüpfung stehen nebeneinander (s. Abschnitt 1.5.3.6). Es ist auch fachwissenschaftlich nicht einfach, das Problem, das sich an der Grenze zwischen Satz/Syntax und Text/Textlinguistik bewegt, terminologisch zu fassen. Umso wichtiger ist es, dass die Schülerinnen und Schüler nicht primär Strukturen oder Probleme benennen, sondern dass sie sich sinnvolle Handlungsmöglichkeiten für vergleichbare Situationen erarbeiten. Auch hier gilt, dass die Vorschläge zum Verfahren auf das eigene Überarbeiten übertragen werden können.

Sprachberatung 4 (Arbeitsblatt 10)
Das Ausgangsbeispiel (s. Arbeitsblatt 10) ist eigentlich unauffällig. Bezeichnenderweise kann auch der/die Fragende nicht klarer sagen, was anders sein sollte (A2). Die Reaktion eines Diskussionsteilnehmers (F2) bringt auf den Punkt, dass eine konkretere Fragestellung hilfreich wäre, und benennt auch gleich zwei Optionen: „Umstellung" (bei gleichbleibendem Material) oder „sinngemäße Umformulierung". Die Diskussion dieses Beispiels kann also in ein Gespräch darüber münden, wie man sinnvolle Fragen zur Textüberarbeitung stellen kann.

Sprachberatung 5 (Arbeitsblatt 11)
Die erste Antwort, welche A von B bekommt (s. Arbeitsblatt 11), ist tatsächlich „ein Satz", insofern als das ganze Gebilde nicht durch einen Punkt unterbrochen ist. Ant-

wort B und auch die anderen Beiträge regen dazu an, den Satzbegriff genauer zu fassen. Das alltagssprachliche „in einem Satz" soll dabei nicht als falsch abqualifiziert werden, vielmehr gilt es herauszuarbeiten, dass das Wort „Satz" eine alltägliche und eine fachsprachliche Bedeutung hat. Interessante weiterführende Anregungen bietet das Buch „500 Romane in einem Satz" von Jürgen Neckam:

> *Süskind, Patrick (1949): Das Parfüm. Die Geschichte eines Mörders*
> *Der 1738 in Paris geborene, allen Unglück bringende Waisenjunge Jean-Baptiste Grenouille besitzt keinen Eigengeruch, aber einen vollkommenen Geruchssinn, lässt sich zum Parfümeur ausbilden und tötet 26 Frauen, um ihren Geruch zu konservieren, woraufhin er zwar zum Tode verurteilt wird, der Hinrichtung aber durch ein die Menschenmenge betörendes Parfüm entgeht, sich allerdings kurz darauf einigen Verbrechern als Opfer darbietet und von ihnen zerrissen und verspeist wird.* (Neckam 2007, S. 222)
>
> *Musil, Robert (1880-1942): Der Mann ohne Eigenschaften*
> *Es ist nicht möglich, „Der Mann ohne Eigenschaften" in einem Satz wiederzugeben, da dieser zweibändige Roman mit mehr als 2000 Seiten unvollendeten Materials eine riesige Sammlung von Diskursen, Reflexionen und weit verzweigten Geschichten darstellt.* (Neckam 2007, S. 172 f.)

Solche „In-einem-Satz"-Texte strapazieren das Muster des zusammengesetzten Satzes und sind zum Teil stilistisch zweifelhaft, sie regen jedoch auf produktive Weise zum Nachdenken über die Einheiten „Satz" und „Text" an. Das Konstruieren entsprechender Beispiele hat einen gewissen Wettbewerbscharakter, was viele Jugendliche motiviert. Wenn Sinn und Grenzen der Formulierungen diskutiert werden, ist gegen Stilübungen dieser Art nichts einzuwenden.

Sprachberatung 6 und 7 (Arbeitsblatt 12 und 13)
Wie im Beispiel „Sprachberatung 5" geht es auch hier (s. Arbeitsblatt 12 und 13) um die Verwendung des Ausdrucks „Satz". Hier steht jedoch nicht eine Zusammenfassung eines längeren Texts, also von viel Information, zur Debatte, sondern es wird eine pointierte, knappe Aussage angestrebt. Entsprechend gibt es nur eine Antwort (K) in „Sprachberatung 6", die mehr als einen Satz umfasst.

Wie bereits zu „Sprachberatung 5" angemerkt, soll die alltagssprachliche Verwendung von „Satz" nicht kritisiert werden. Allenfalls kann die Debatte Schülerinnen und Schüler dazu anregen, dass sie jeweils genauer nachfragen, ob „Satz" im alltags- oder im fachsprachlichen Sinn gemeint sei. Das Nebeneinander der Verwendungen kann auch verdeutlicht werden, wenn – unabhängig von der Form – die Jugendlichen ihren Favoriten für die beste, pointierteste etc. Aussage auswählen und dann diskutieren, ob ihre Wahl davon beeinflusst ist, ob es sich im fachsprachlichen Sinn um einen Satz handelt oder nicht.

Sprachberatung 1

A Aufgabe

Beteilige dich an der Diskussion, mach weitere Vorschläge.

Analysiere dann die Vorschläge A, B und C:
a) Suche die Personalformen und unterstreiche sie.
b) Trenne mit der Verschiebeprobe die Satzglieder voneinander ab.
c) Bestimme Subjekt und Objekt(e) ausgehend vom Verb.
d) Bilde aus den Satzgliedern mit „durch" Teilsätze.
e) Achte dabei besonders auf die nötigen Satzzeichen.
f) Erarbeite weitere Vorschläge.

Was fehlt in dem Satz?

A1: „Durch gezielte und spezielle Übungen, über eine bestimmte Atemtechnik und durch Konzentration erlernen und lernen Sie Ihr eigenes Körpergefühl durch Kraft und Beweglichkeit." Ich finde am Ende des Satzes fehlt noch was? So ergibt der Satz keinen Sinn?

B1: Da ist alles ein bisschen doppelt gemoppelt! Ich würde schreiben: „Durch gezielte Übungen wie Atemtechnik und Konzentration... lernen Sie ein neues Körpergefühl kennen" oder so...

A2: „Durch gezielte und spezielle Übungen, über eine bestimmte Atemtechnik und durch Konzentration lernen Sie Ihr eigenes Körpergefühl durch Kraft und Beweglichkeit kennen."

C: Ich denke, du solltest aus diesem langen Satz mindestens 2 Sätze machen. Das ist dann auch besser verständlich, und es wirkt nicht so holperig. „Wir unterstützen sie beim Erlernen von bestimmten Atemtechniken und steigern so ihre Konzentrationsfähigkeit. Weiterhin vermitteln wir ihnen durch gezielte Kraft- und Bewegungsübungen ein gesteigertes Körpergefühl."

B2: „Durch gezielte Konzentrations- und Atemübungen erreichen Sie mehr Kraft und Beweglichkeit. Durch diese Pilates-Methode lernen Sie ein völlig neues Körpergefühl kennen." So in etwa!

D: Dann ersetz mal die fehlenden Kommas und der Satz bekommt seine Bedeutung und liest sich dann vollständiger

E: Da fehlt kein einziges Komma, außer, wenn noch ein oder mehr Worte ergänzt würden!

(http://www.gutefrage.net/frage/was-fehlt-in-dem-satz, recherchiert am 2.3.2010)

© 2011 Kallmeyer in Verbindung mit Klett · Friedrich Verlag GmbH, Seelze. Alle Rechte vorbehalten.

Sprachberatung 2

A Aufgabe

Beteilige dich an der Diskussion, kommentiere die Aussagen und mach weitere Vorschläge.

Analysiere dann die Formulierungsvorschläge A, B, D und E:
a) Suche die Personalformen und unterstreiche sie.
b) Setze zwischen Teilsätzen wo nötig Kommas.
c) Trenne mit der Verschiebeprobe die Satzglieder voneinander ab.
d) Bilde aus einzelnen Satzgliedern Teilsätze und erarbeite weitere Formulierungsvorschläge.

Gehört bei dem Satz das Komma rein?

A: „Auf der Suche nach einem passenden Ausbildungsberuf bin ich angesichts meiner persönlichen Interessen für Technik und Automobile auf die Ausbildung des Automobilkaufmanns gestoßen und wurde durch weitere Recherchen im Internet, in meiner Entscheidung bestärkt diesen Ausbildungsberuf zu wählen."

B: Also ich würde sagen, dass das wieder mal so ein Fall ist, wo du in den Satz Kommas reintun kannst, aber nicht musst. Mein Vorschlag: „Auf der Suche nach einem passenden Ausbildungsberuf bin ich angesichts meiner persönlichen Interessen für Technik und Automobile auf die Ausbildung des Automobilkaufmanns gestoßen. Durch weitere Recherchen im Internet wurde ich in meiner Entscheidung bestärkt, diesen Ausbildungsberuf zu wählen."

C: Das ist richtig – und stilistisch um Längen besser als der angefragte Satz.

D: Nach „gestoßen" ein Punkt und einen neuen Satz anfangen! „Durch weitere Recherchen im Internet" etc. Hört sich viel besser an als so ein Endlossatz. Das Komma ist eh an der falschen Stelle.

E: „Auf der Suche nach einem passenden Ausbildungsberuf, bin ich angesichts meiner persönlichen Interessen für Technik und Automobile auf die Ausbildung des Automobilkaufmanns gestoßen und wurde durch weitere Recherchen im Internet in meiner Entscheidung bestärkt, diesen Ausbildungsberuf zu wählen."
So müsste er eher lauten glaube ich. *alle Angaben ohne Gewähr :)

(http://www.gutefrage.net/frage/gehoert-bei-dem-satz-das-komma-rein-d, recherchiert am 2.3.2010)

© 2011 Kallmeyer in Verbindung mit Klett · Friedrich Verlag GmbH, Seelze. Alle Rechte vorbehalten.

Sprachberatung 3

A Aufgabe

Beteilige dich an der Diskussion, mach weitere Vorschläge.

Um Übersicht zu gewinnen, kannst du so vorgehen:
a) Ordne die Ereignisse mit Stichwörtern auf einem Zeitstrahl.
b) Bilde für jedes Ereignis einen einfachen Satz.
c) Kombiniere die Sätze auf verschiedene Arten:
Hauptsatz + Hautpsatz, Hauptsatz + Nebensatz, Nebensatz + Hauptsatz, Nominalisierung („J. hat ein Kanu gestohlen" → „Kanudiebstahl")
d) Vergleicht verschiedene Lösungen und kennzeichnet diejenigen, die euch besonders gut scheinen.

Weiß jemand, wie man diesen Satz noch anders formulieren könnte?

A1: „Als Reaktion auf den Kanudiebstahl setzt John-Johns Großmutter ihn vor die Tür und er zieht zurück zu seiner Mutter. Dort benutzt er den gestohlenen Revolver, um seinen Stiefvater aus der Wohnung zu werfen, da dieser John-Johns kleine Schwester Lena vergewaltigt hat, was John-John mitbekam."

B: „Die Großmutter reagiert mit einem Rauswurf von John-John, wegen des Diebstahls von einem Kanu. Er zieht wieder zu seiner Mutter. Dort benutzt er einen gestohlenen Revolver, um den Stiefvater von ihm und seiner Schwester Lena aus der Wohnung zu werfen. John-John bekam mit, dass der Stiefvater Lena vergewaltigt hatte."
Ziemlich derber Satz, wo kam der drin vor??

A2: Na von mir 😉 meine Lehrerin findet den Satz schlecht formuliert ☹

C: „Auf Grund des Kanudiebstahls von John-John wurde er von seiner Großmutter vor die Tür gesetzt. Er zog zurück zu seiner Mutter und vertrieb dort mit seinem gestohlenen Revolver seinen Stiefvater, da er mitbekommen hatte wie dieser seine kleine Schwester vergewaltigt hatte."

D: „Weil er ein Kanu gestohlen hatte, wurde John-John von seiner Großmutter vor die Tür gesetzt und zog zurück zu seiner Mutter. Dort warf er den Großvater mit Hilfe eines gestohlenen Revolvers aus der Wohnung, denn der hatte John-Johns kleine Schwester Lena vergewaltigt, was John-John nicht entgangen war....."

(http://www.gutefrage.net/frage/weiß-jemand-wie-man-diesen-satzt-noch-anders-formulieren-koennte, recherchiert am 2.3.2010)

© 2011 Kallmeyer in Verbindung mit Klett · Friedrich Verlag GmbH, Seelze. Alle Rechte vorbehalten.

ARBEITSBLATT 10

Sprachberatung 4

(A) Aufgabe

Beteilige dich an der Diskussion, kommentiere die Aussagen und mach weitere Vorschläge.

Um Übersicht zu gewinnen, kannst du so vorgehen:
a) Suche die Personalformen und unterstreiche sie.
b) Setze zwischen Teilsätzen wo nötig Kommas.
c) Trenne mit der Verschiebeprobe die Satzglieder voneinander ab.
d) Überlege, wie sich der inhaltliche Zusammenhang am besten darstellen lässt.

Die Frage E1 ist berechtigt. Wie drückt ihr euch aus, wenn ihr von anderen Vorschläge erfragt? Diskutiert einen eigenen Text und achtet auf diesen Punkt.

Könnt ihr mir diesen Satz anders formulieren?

A: Diesen Satz hier: „Die Strahlen wärmten ihre nackten Knie und brachten ihr hellrotes Satinkleid zum Glänzen. ‚Wenn er das nur sehen würde‘, dachte sie.“

B: „Wenn er nur das sehen würde, dachte sie, als die Strahlen ihre nackten Knie wärmte und ihr hellrotes Satinkleid zum Glänzen brachte.“

C: „Der Feuerschein brachte den hellroten Satin ihres Kleides zum Glänzen und ihre Knie, von denen der Stoff gerutscht war, wurden wohlig warm. Sie dachte an ihn und stellte sich seine Reaktion vor, wenn er sie so sehen würde.“

D: „Sie dachte „wenn er das nur sehen könnte“ und die Strahlen, welche ihr rotes Satinkleid zum Glänzen brachten, wärmten ihre nackten Knie.“

E1: Könntest du genauer beschreiben WIE du es umformuliert haben willst? Wäre relativ hilfreich.

A2: Ist eigentlich egal Hauptsache anders :-)

E2: Naja ok...aber ne Satzumstellung, wie die zwei Kollegen hier, des is ja nich wirklich n Thema. Dachte, du meintest eine sinngemäße Umformulierung ;)

(http://www.gutefrage.net/frage/koennt-ihr-mir-diesen-satz-anders-formulieren, recherchiert am 2.3.2010)

© 2011 Kallmeyer in Verbindung mit Klett · Friedrich Verlag GmbH, Seelze. Alle Rechte vorbehalten.

ARBEITSBLATT 11

Sprachberatung 5

A Aufgabe

a) Welche der Antworten B, D, E und F sind nach der grammatischen Definition Sätze? Ordne die Antworten: kein Satz – einfacher Satz – zusammengesetzter Satz – mehr als ein Satz.
b) Warum ist A mit der Antwort B nicht zufrieden?
c) Was meinen wir, wenn wir sagen, dass etwas „in einem Satz" dargestellt werden soll? Offensichtlich geht es nicht immer um die grammatische Einheit „Satz".

A1: Ein Satz, der das ganze Buch „Die Päpstin" beschreibt ...

B: Hallo A!
„Unmittelbare Quellen für den Roman um eine Frau auf dem Papstthron, die dann während einer Prozession entbunden habe, gibt es nicht, dafür aber über die Jahrhunderte weg Ausschmückungen in allen möglichen Varianten bis hin zu der Behauptung, es habe dann in der Folgezeit einen besonderen Krönungsstuhl gegeben, der in der Art eines Toilettenstuhls ausgesägt gewesen sei, damit der Kardinaldiakon von unten her das Geschlecht des Thronkandidaten ertasten könne, um so eine Wiederholung des Skandals auszuschließen."
LG B

A2: Danke, aber ich wollte den Inhalt des Buches in einem Satz wiedergegeben haben...

C: Mach halt einen langen Satz.

D: „Wir können alles erreichen, wenn wir unseren Träumen und Zielen folgen. Das können wir von Johanna lernen." Zwei Sätze

E: „Aus den Fingern gesaugt, reine Fiktion."

F: „Eine Frau als Papst, Wahrheit oder Fiktion?"

(http://www.gutefrage.net/frage/ein-satz-der-das-ganze-buch-die-paepstin-beschteibt, recherchiert am 2.3.2010)

© 2011 Kallmeyer in Verbindung mit Klett · Friedrich Verlag GmbH, Seelze. Alle Rechte vorbehalten.

Sprachberatung 6

A Aufgabe

Beteilige dich an der Diskussion, kommentiere die Aussagen und mach weitere Vorschläge.

a) Welche dieser Antworten sind nach der grammatischen Definition Sätze?
Ordne die Antworten: kein Satz – einfacher Satz – zusammengesetzter Satz mit Infinitivsatz – zusammengesetzter Satz mit Nebensatz – mehr als ein Satz.

b) Was meinen wir, wenn wir sagen, dass etwas „in einem Satz“ dargestellt werden soll? Offensichtlich geht es nicht immer um die grammatische Einheit „Satz“.

Liebe :* ist schön!!!

A: Was ist Liebe? Ich brauche einen schönen Satz, der das beschreibt :D

B: Liebe ist, dem anderen seine Freiheit zu lassen und zu wissen, dass man zusammen gehört

C: Liebe ist.... zu schön, um sie zu beschreiben..♥

D: Liebe ist, wenn sie mit zum Zahnarzt geht.

E: Liebe ist die Lust und das Verlangen, die liebende Person ist die zweite Hälfte eines selbst, das Leben, das man ohne sie/ihn nicht führen könnte, das stärkste Gefühl, das einzige Gefühl, das man einfach nicht vollendet beschreiben kann!

F: Liebe ist, wenn sich zwei Menschen auf einer Frequenz befinden, die nur sie beide hören können.:)

G: Liebe ist schön, aber auch anstrengend

H: Liebe ist nicht, wenn man sich anblickt, sondern wenn man gemeinsam in die Zukunft schaut.

I: Gibt´s nicht

J: Liebe ist nur ein Wort.

K: Liebe (von mhd. liebe „Gutes, Angenehmes, Wertes“) ist im engeren Sinne die Bezeichnung für die stärkste Zuneigung, die ein Mensch für einen anderen Menschen (auch zu einem Tier u. a.m.) zu empfinden fähig ist. Der Erwiderung bedarf sie nicht.

(http://www.gutefrage.net/frage/liebe-ist-schoen, recherchiert am 2.3.2010)

© 2011 Kallmeyer in Verbindung mit Klett · Friedrich Verlag GmbH, Seelze. Alle Rechte vorbehalten.

Sprachberatung 7

A **Aufgabe**

Beteilige dich an der Diskussion, kommentiere die Aussagen und mach weitere Vorschläge. Wenn 2008 zu weit weg ist, kannst du etwas zum vergangenen Jahr sagen.

a) Welche dieser Antworten sind nach der grammatischen Definition Sätze?
b) Was meinen wir, wenn wir sagen, dass etwas „in einem Satz" dargestellt werden soll? Offensichtlich geht es nicht immer um die grammatische Einheit Satz.

Euer persönlicher Satz des Jahres 2008

A: Wenn Ihr das Jahr 2008 – so wie Ihr es selbst erlebt habt – in einem Satz beschreiben müsstet: Wie würde dieser Satz lauten?

B: Alles Scheiße. Ganz im Ernst
C: Ich brauch sogar nur ein Wort xD: G E I L
D: Das neue Jahr wird immer besser werden.
E: Auf ein Neues!
F: Yes, we can.

(http://www.gutefrage.net/frage/euer-persoenlicher-satz-des-jahres-2008, recherchiert am 2.3.2010)

© 2011 Kallmeyer in Verbindung mit Klett · Friedrich Verlag GmbH, Seelze. Alle Rechte vorbehalten.

3.3 Gezielte Übungen zu einzelnen Themen

Vor dem Hintergrund der Tatsache, dass es in Lehrmitteln und anderen Unterlagen viele anspruchsvolle Grammatikübungen gibt, ist das vorliegende Material bewusst einfach gehalten. Entsprechend können Schülerinnen und Schüler ab der 5. Klasse damit arbeiten. Lernende, die mit diesen Übungen unterfordert sind, sollen dazu angeregt werden, nach dem vorliegenden Muster Übungen für andere zu erstellen, da sie sich dabei auch mit den Phänomenen befassen, aber eigenes Material und eigene Interessen einbringen können.

Die vorliegenden Übungen sind so gestaltet, dass sie nicht an bestimmte Lehrmittel gebunden und flexibel in verschiedenen Kontexten einsetzbar sind. Das Benennen von Einheiten spielt nie eine wichtige Rolle, da sich hier schnell Widersprüche zu den verschiedenen Lehrplänen und den Bezugsdokumenten auswirken würden.

Im Folgenden werden die nach Themenbereichen gruppierten Übungen je einzeln erläutert, sodass sie neben dem Material eines Lehrmittels oder einer vorgegebenen Unterrichtseinheit eingesetzt werden können. Anschließend an die Erläuterungen wird jeweils gezeigt, wie sich Übungen zu kürzeren Unterrichtssequenzen verbinden lassen. Eine weitere Möglichkeit, das Material einzusetzen, ist die Hinführung zur Auseinandersetzung mit einem Phänomen. Die Fortsetzung wäre die Arbeit mit weiteren Beispielen (auch aus eigenen Texten) und die Benennung der Einheiten, soweit dies dem Lehrplan entspricht. Des Weiteren können die Übungen als Einstieg in eine Repetition dienen: Die Schüler fokussieren Phänomene und rekapitulieren, was sie über diese bereits wissen.

Zur sprachlichen Form: Die Anleitung ist im Singular formuliert, außer dort, wo ausdrücklich ein Austausch in Partner- oder Gruppenarbeit gefordert ist. Arbeit im Tandem oder in Lerngruppen ist aber bei allen Aufgaben sinnvoll. Bei vielen Aufgaben ist zudem Vorlesen oder Vorspielen eine sinnvolle Form der Auswertung, die aber in der Anleitung für die Schülerinnen und Schüler nicht formuliert ist, weil damit in die Unterrichtsgestaltung eingegriffen würde.

Anhand der Anleitungen und der ausformulierten Beispiele können die Schülerinnen eigene Texte gegenseitig korrigieren oder mindestens aufmerksam werden auf Stellen, bei denen sie zu unterschiedlichen Lösungen gekommen sind. Diese können in ein Unterrichtsgespräch eingebracht werden. Unterstützung und zusätzliche Anleitungen durch die Lehrperson sind je nach Voraussetzungen nötig, dabei sollen die Materialien aus dem Lehrmittel o. Ä. beigezogen werden.

A 1. Satzarten

Im Konzept der Satzarten überschneiden sich sprachliche Handlungsmuster mit typischen Formen (Stellungstypen) von Sätzen (s. Abschnitt 1.2). Die Handlungen des Fragens, Aussagens/Informierens und Aufforderns/Befehlens sind schon kleinen Kindern vertraut – sie führen sie bereits aus, bevor sie über die normativ richtigen formalen Mittel dafür verfügen. Beim Aufschreiben von Sätzen können sie bald passende Satzschlusszeichen setzen. Erst später lernen sie, analytisch die Stellungstypen zu unterschieden. Die Übungen zum Thema „Satzarten" gehen deshalb klar von der Funktion aus und lenken erst später den Blick auf die typischen sprachlichen Formen und deren Analyse. Um Sätze den verschiedenen Satzarten zuzuordnen, sollen sich die Schülerinnen und Schüler immer an typischen Beispielen orientieren können, in welchen die wichtigsten Merkmale (Stellung der Personalform, evtl. Fragewörter) hervorgehoben sind.

Zu den einzelnen Übungen:

Wimmelbild (ab 3. Klasse; Arbeitsblatt 14 und 15)
Das Formulieren von Sätzen zu einem Wimmelbild ermöglicht eine einfache, produktive Annäherung an das Thema. Es kann durchaus sein, dass bei den Sätzen der Schülerinnen und Schüler z. B. auch Aussagesätze mit einem Ausrufezeichen versehen werden (z. B. „Das ist wunderschön!"). Dies soll nicht verhindert werden, es ist allerdings wenig sinnvoll, mit den so entstandenen Sätzen eine Bestimmungsübung vorzunehmen.

Statt des in der Übung vorgegebenen Wimmelbildes können Fotos oder Bilder z. B. aus oder zu Jugendbüchern eingesetzt werden, auf denen mehrere Personen zu sehen sind, welche Verschiedenes sagen, fragen oder befehlen, auch ohne dass ein geschlossener Handlungszusammenhang gegeben sein muss. Für Schülerinnen und Schüler ist es motivierend, selbst nach solchen Vorlagen zu suchen.

Schilder (ab 4. Klasse; Arbeitsblatt 16)
Mit Verbots- und Warnschildern wird die Funktion von sprachlichen Äußerungen fokussiert. Da die Funktion (Verbot bzw. Aufforderung, etwas nicht zu tun) klar ist, kann genauer untersucht werden, wie die einzelnen Einheiten konstruiert sind. Es wird nicht eine vollständige Bestimmung aller Einheiten angestrebt; vielmehr werden Befehls-/Aufforderungssätze und (evtl.) Aussagesätze gezielt gesucht. Für das Erkennen von Befehls-/Aufforderungssätzen (im formalen Sinn) orientieren sich die Schülerinnen und Schüler an Beispielen. Das Umformulieren (b) macht deutlich, dass es für die Absicht „befehlen" verschiedene Ausdrucksmöglichkeiten gibt.

Es bietet sich an, dass die Schülerinnen und Schüler im Anschluss an diese Übung selbst Verbote und Warnungen sammeln oder formulieren. Dabei können sie die verschiedenen formalen Möglichkeiten einbeziehen.

Horoskope (ab 5. Klasse; Arbeitsblatt 17 und 18)
Anspruchslose Horoskoptexte sind in Zeitungen und Zeitschriften sehr verbreitet. Sie haben als Texte eine informierende und eine im weiteren Sinn direktive Funktion, deshalb enthalten sie verschiedene Satzarten, auch (rhetorische) Fragen wie *Finden Sie genügend Ruhe?* oder Aufforderungen, die mit Modalverben (in Aussagesätzen) for-

muliert sind wie *Sie müssen keine Angst haben vor neuen Aufgaben*. Für das Bestimmen der Satzarten beziehen sich die Schülerinnen und Schüler auf vorgegebene Muster; der Unterschied zwischen Form (z. B. Frage) und Funktion (Aufforderung) muss thematisiert werden.

Das Umformulieren (Schritt b) macht die Schülerinnen und Schüler darauf aufmerksam, dass die Verwendung von Modalverben eine Alternative bietet zur Formulierung von direkten Befehlen/Aufforderungen.

Fotoromane (ab 7. Klasse; Arbeitsblatt 19 bis 22)

Ein Ausschnitt der Arbeit mit Fotoromanen (s. Abschnitt 3.2, A1) betrifft die Satzarten. In vielen Fotoromanen werden großzügig Ausrufe- und Fragezeichen gesetzt, welche Intonation oder Emphase, aber oft nicht Befehls- oder Fragesätze im Sinn der Satzarten signalisieren. Dem Arbeitsblatt liegt ein authentisches Beispiel zugrunde. Anders als bei der Arbeit mit dem Wimmelbild soll hier die mögliche Spannung zwischen Form und Funktion der Sätze ausdrücklich thematisiert werden. Die Tabelle erleichtert das Bearbeiten der Sätze. Generell oder mindestens bei Unsicherheiten muss der Vergleich mit typischen Beispielen für die verschiedenen Satzarten möglich sein.

Rezepte (ab 5. Klasse, für Lernende, die Unterstützung brauchen beim Bilden der Strukturen; Arbeitsblatt 23)

Rezepttexte und Anleitungen, auch solche, die keine ganzen Sätze enthalten, bilden überschaubare Handlungsabläufe ab. Die Aufgabenstellung, aus den verbalen Wortketten im Rezept verschiedene Satzarten zu bilden, schafft – ähnlich wie die Aufgabe zum Wimmelbild – einen Situationsbezug, der die Verwendung verschiedener Satzarten nachvollziehbar macht. Diese Aufgabe eignet sich vor allem für Schülerinnen und Schüler, welche beim Bilden der richtigen Strukturen unsicher sind. Sie müssen in dieser Übung die Personalform richtig platzieren und für die verschiedenen Satzglieder eine korrekte und kommunikativ sinnvolle Reihenfolge finden. Um die produktive Seite dieser Übung zu betonen, können die Texte vorgelesen oder gespielt werden, was die kommunikative Funktion der verschiedenen Stellungstypen deutlicher sichtbar macht als das reine Aufschreiben. Sinnvoll und für die Schülerinnen und Schüler attraktiv ist es, selbst gewählte Rezepte oder Anleitungen aus ihrem Interessensbereich analog zu bearbeiten.

Unterrichtssequenzen:

Ziel: Satzarten unterscheiden lernen, anhand typischer Beispiele benennen (4. oder 5. Klasse)

Die Schülerinnen und Schüler bilden ausgehend von der Übung „Wimmelbild" (Arbeitsblatt 14 und 15) verschiedene Beispielsätze und setzen passende Satzzeichen. Sie lesen einander die Sätze mit passender Intonation vor, lassen das Wimmelbild sozusagen akustisch lebendig werden. Anhand von vorgegebenen Beispielen notieren sie typische Aussage-, Frage- und Befehlssätze, am besten in eine dreispaltige Tabelle. Anschließend sind die Satzarten ein Thema beim Formulieren und Überarbeiten von Texten.

Bei jüngeren oder schwächeren Lernenden ist es sinnvoll, die einzelnen Sätze auf Papierstreifen oder Zettel zu schreiben, die Schlusszeichen zu kontrollieren und die Zettel nach Satzarten in einer Tabelle zu ordnen.

Ziel: Form und Funktion von Sätzen unterscheiden (6. oder 7. Klasse)
Die Schülerinnen und Schüler ergänzen die Beispielsammlung aus der Übung „Schilder" (Arbeitsblatt 16). Dafür können sie reale Schilder abschreiben oder fotografieren oder selbst welche erfinden, wobei durchaus auch ein spielerischer Akzent möglich ist: Sie denken sich eine Umgebung aus, in der verboten wird, was sonst erlaubt und üblich ist. Wenn eine größere Sammlung vorliegt, wird der Blick, am besten mit einem gewissen zeitlichen Abstand, auf die sprachliche Form gerichtet. Der Leitgedanke ist, dass alle Schilder etwas verbieten, ein Verbot ist eine Art Befehl: „Tu das" oder „Tu das nicht". Verbote kann man unterschiedlich formulieren, Befehlssätze mit Imperativ sind nicht die einzige Möglichkeit. Nun werden die Beispiele genauer untersucht (vgl. Übung „Schilder").

In einem nächsten Schritt werden Horoskoptexte (Arbeitsblatt 17 und 18) untersucht. Zuerst werden anhand eines Beispiels die Funktionen geklärt: Wir haben zwar keine eigentlichen Verbote oder Warnungen vor uns, aber doch oft Aufforderungen, etwas zu tun oder zu lassen. Dazu kommen Informationen über astrologische Konstellationen oder unser momentanes Leben. Auch hier gilt es, die sprachliche Form genauer zu untersuchen. Beispielsätze erleichtern die Orientierung. Vertiefend können die Aussagesätze mit Modalverben genauer untersucht werden. Aus ihrem sprachlichen Alltag kennen die Schülerinnen und Schüler diese Ausdrucksmöglichkeit bestens – wenn sie einzelne Beispiele umformulieren, können sie den Unterschied zwischen Form und Funktion noch genauer erfassen.

Dass die Satzzeichen kein eindeutiges Signal sind, um Satzarten zu erkennen, kann anhand des Fotoromanbeispiels (Arbeitsblatt 19 bis 22) mit einer leistungsfähigen Klasse im Anschluss an die Horoskoptexte thematisiert werden. Ansonsten können diese Beispiele später separat eingesetzt werden, um den besonderen rhetorischen Gebrauch von Interpunktionszeichen zu thematisieren, evtl. auch unter Einbezug der Zeichensetzung in elektronischen Medien (Forumbeiträge, Chat).

ARBEITSBLATT 14

Wimmelbild

Am Flussufer und auf der Wiese ist ziemlich viel los. Stell dir vor, du würdest dich durch die Szene bewegen und einzelne Gespräche belauschen. Du hörst Fragen, Ausrufe, Auffoderungen…

A Aufgabe

Schreibe auf, was du hörst:
a) Schreibe die Sätze mit dem richtigen Schlusszeichen auf.
b) Ergänze einleitende Sätze, verwende Doppelpunkt und Anführungszeichen.
c) * Setze einige Sätze in die indirekte Rede.

Beispiele:
a) Ich habe dich nicht verstanden, Manosch. Kannst du mich hören?
b) Cristina sagt: „Ich habe dich nicht verstanden, Manosch. Kannst du mich hören?“
c) Cristina sagt, sie habe Manosch nicht verstanden. Sie fragt, ob er sie hören könne.

© 2011 Kallmeyer in Verbindung mit Klett Friedrich Verlag GmbH, Seelze. Alle Rechte vorbehalten.

© 2011 Kallmeyer in Verbindung mit Klett · Friedrich Verlag GmbH, Seelze. Alle Rechte vorbehalten.

ARBEITSBLATT 15

Wimmelbild (Material)

© Walter Uhlein

Schilder

An vielen Orten, z. B. auf der Straße oder in Parks, finden wir Schilder. Oft steht darauf, dass man etwas nicht tun soll, weil es gefährlich oder verboten ist. Solch ein Schild ist also eine Art Befehl. Dafür kann man sogenannte Befehls- oder Aufforderungssätze verwenden: Tu dies! Tun Sie jenes nicht! Wenn du diese Schildertexte aber genauer anschaust, findest du viele andere Formulierungen. Achtung: Dass ein Ausrufezeichen dort steht, heißt nur, dass etwas Wichtiges auf dem Schild steht, nicht, dass es ein Befehssatz ist.

A Aufgabe

a) Suche aus den nachfolgenden Sätzen diejenigen heraus, die tatsächlich Befehls- oder Aufforderungssätze sind.
b) Bilde zu allen Beispielen einen passenden Befehls- oder Aufforderungssatz in der Du- und in der Sie-Form (Höflichkeitsform).
c) * Suche die Aussagesätze.

1. Warten Sie hinter der Absperrung, bis das Signal ertönt.
2. Rasen nicht betreten
3. Betreten verboten!
4. Füttern gefährdet die Gesundheit der Tiere
5. Bitte hier warten!
6. Bitte warten Sie hinter der gelben Linie
7. Keep off the lawn/grass (Bleib weg vom Rasen/Gras)
8. Alle Fahrkarten vorweisen bitte!
9. O Jardim es un amigo – protege-o! (portugiesisch: Der Garten ist ein Freund – schütze ihn!)
10. Das Betreten der Baustelle ist untersagt!
11. Vorsicht, Starkstrom! Nicht berühren!
12. Achtung, bissiger Hund!

Beispiele:
a) *„Warten Sie …“* ist ein Befehlssatz/Aufforderungssatz.
b) *„Rasen nicht betreten“* → *„Betreten Sie den Rasen nicht!“*
c) *„Füttern gefährdet …“* ist ein Aussagesatz.

© 2011 Kallmeyer in Verbindung mit Klett · Friedrich Verlag GmbH, Seelze. Alle Rechte vorbehalten.

Horoskope (Teil 1)

Horoskope wollen uns über die Zukunft informieren und Tipps geben. Sie enthalten deshalb oft nicht nur Aussagesätze, sondern auch Aufforderungs- bzw. Befehlssätze und auch Fragesätze.

A Aufgabe

Lies die folgenden kurzen (erfundenen!) Horoskoptexte.
a) Bestimme bei mindestens zwei Texten, ob die einzelnen Sätze Aussagesätze, Fragesätze oder Aufforderungs- bzw. Befehlssätze sind.
b) Wenn in einem Aussagesatz *müssen*, *sollen*, *können* oder *dürfen* vorkommt, wandle ihn in einen Aufforderungssatz um.
c) Formuliere die Sie-Texte in die Du-Form um und umgekehrt.

Beispiele:
a) Finden Sie genügend Ruhe? – Fragesatz
Sie müssen keine Angst haben vor neuen Aufgaben. – Aussagesatz
b) Haben Sie keine Angst vor neuen Aufgaben!
c) Findest du genügend Ruhe? Du musst keine Angst haben vor neuen Aufgaben

Horoskop:
Wassermann:
1. Zurzeit erlebst du viel Routine.
2. So kannst du träumen und Veränderungen ins Auge fassen.
3. Stimm dich im Alltag gut mit deinen Freunden ab, damit ihr gemeinsam Spaß haben könnt.
4. Du musst auch auf die leiseren Töne achten.

Fische:
1. Sie haben viel Schwung und genießen viel Wohlwollen.
2. Aber treiben sie es nicht zu weit, die Geduld Ihrer Mitmenschen ist nicht unendlich groß.
3. Auch kleine, unwichtige Signale müssen Sie ernst nehmen.
4. Seien Sie manchmal auch etwas entspannter.

Widder:
1. Trauen Sie sich ruhig anspruchsvolle Projekte zu.
2. Für eine wichtige Entscheidung in der Beziehung sollten Sie sich aber viel Zeit nehmen.
3. Wollen Sie wieder einmal zu schnell handeln?
4. Seien Sie geduldig.

Stier:
1. Du möchtest etwas ändern.
2. Weißt du wieder mal nicht, was die ersten Schritte sind?
3. Such das Gespräch mit einer guten Freundin.
4. Dabei musst du zeigen, dass du die Verantwortung für dich übernehmen willst.

© 2011 Kallmeyer in Verbindung mit Klett · Friedrich Verlag GmbH, Seelze. Alle Rechte vorbehalten.

Horoskope (Teil 2)

Zwillinge:
1. Venus blockiert eine Klärung der Situation.
2. Am Sonntag müssen Sie Zugeständnisse machen.
3. Der Wochenstart wird anstrengend sein.
4. Sie sollten sich schonen.

Krebs:
1. Wunsch und Wirklichkeit sind leider nicht das Gleiche.
2. Geh in kleinen Schritten vor.
3. Überlegst du dir, was du wirklich willst?
4. Du musst Geduld haben, auch wenn es dir schwerfällt.

Löwe:
1. Du hast zurzeit eine sehr gute Ausstrahlung.
2. Nun musst du deine Vorschläge einbringen.
3. Vertrau auf deinen Charme und deine guten Argumente.
4. Deine innere Gelassenheit macht Eindruck, auch bei deinen Freunden.

Jungfrau:
1. Nehmen Sie sich Zeit für den Gedankenaustausch mit anderen Menschen.
2. Sie dürfen Sie sich nicht gegen Veränderungen und Vorschläge sperren.
3. Solche Anregungen sind wichtig für Sie.
4. Nur so können Sie Ihre Projekte und Vorhaben realisieren.

Waage:
1. Sie haben sich viel vorgenommen.
2. Lassen Sie sich nicht unter Druck setzen.
3. Die Konstellation von Saturn und Venus ist interessant.
4. Sie sollten vorsichtig, aber nicht zu passiv sein.

Skorpion:
1. Du bist kompetent und zuverlässig.
2. Übernimm anspruchsvolle Aufgaben!
3. In der Beziehung musst du vorsichtig sein.
4. Es zählen nicht nur deine Bedürfnisse.

Schütze:
1. Sie sind optimistisch und sehen, dass sich vieles verändern lässt.
2. Sind Sie Single?
3. Dann sollten Sie sich mit Freunden treffen.
4. Denken Sie immer an Ihre Ziele.

Steinbock:
1. Nicht alles läuft so, wie du es gerne hättest.
2. Betrachte die Situation von verschiedenen Seiten.
3. Du musst dir überlegen, was besonders wichtig ist.
4. Geh in kleinen Schritten vor.

© 2011 Kallmeyer in Verbindung mit Klett - Friedrich Verlag GmbH, Seelze. Alle Rechte vorbehalten.

Satzarten in Fotoromanen

Viele Fotoromane schildern alltägliche Gespräche zwischen Jugendlichen. Wir sollen uns die Geschichte wie einen Film vorstellen können. Um den Tonfall abzubilden, werden sehr viele Frage- und Ausrufezeichen eingesetzt, auch bei Sätzen, die eigentlich keine Fragesätze oder Befehls-, Aufforderungs- oder Ausrufesätze sind. Informiere dich wenn nötig darüber, wie du diese Satzarten erkennen kannst.

A Aufgabe

a) Untersuche im nachfolgenden Beispiel die Sätze, unterscheide dabei zwischen Aussage-, Frage- und Befehls- bzw. Aufforderungssätzen. Selten findest du auch Ausrufesätze oder Wunschsätze.
b) Arbeite mit eigenen Beispielen (aus Zeitschriften oder aus dem Internet).
c) * Wählt besonders interessante Beispiele aus und gestaltet damit ein Informationsplakat für jüngere Schülerinnen und Schüler. Erklärt ihnen, warum ein Frage- oder ein Ausrufezeichen nicht immer ein sicheres Signal ist für einen Frage- oder Befehls- bzw. Aufforderungssatz.

Bild			Satzschlusszeichen	Satzart
1	Gemeinsam mit Tierpflegerin Christa geht Rachel zur Fütterung der Seehunde im Robbarium …		---	Aussagesatz
	Ch:	Na? Gefällt dir das Praktikum?	? ?	kein Satz Fragesatz
	R:	Ja, super! Ich fühle mich hier total wohl!		
2	R:	Und verliebt bin ich auch – in „Sammy"! Er ist mein Lieblingsseehund, so süß!		
3				
4				

© 2011 Kallmeyer in Verbindung mit Klett · Friedrich Verlag GmbH, Seelze. Alle Rechte vorbehalten.

Satzarten in Fotoromanen (Material 1)

© 2011 Kallmeyer in Verbindung mit Klett · Friedrich Verlag GmbH, Seelze. Alle Rechte vorbehalten.

ARBEITSBLATT 21

Satzarten in Fotoromanen (Material 2)

Mit freundlicher Genehmigung von der Bauer München Redaktions GmbH, München, Fotos: Tamas Magyar, Produktion: Dany Rohe

© 2011 Kallmeyer in Verbindung mit Klett · Friedrich Verlag GmbH, Seelze. Alle Rechte vorbehalten.

Satzarten in Fotoromanen (Selbstkontrolle)

Bild				
1	Gemeinsam mit Tierpflegerin Christa geht Rachel zur Fütterung der Seehunde im Robbarium…		---	Aussagesatz
	Ch:	Na? Gefällt dir das Praktikum?	? ?	kein Satz Fragesatz
	R:	Ja, super! Ich fühle mich hier total wohl!	! !	Aussagesatz Aussagesatz
2	R	Und verliebt bin ich auch – in „Sammy"! Er ist mein Lieblingsseehund, so süß!	! !	Aussagesatz Aussagesatz
3	Bei der Fütterung der Tiere wird den Touristen viel über Kegelrobben und Seehunde erklärt. Obwohl die niedlichen Meeresbewohner sogar „Fußball spielen", sind sie doch Raubtiere und keine Kuscheltiere …		. ---	Aussagesatz Aussagesatz
4	„Sammy" kann von den leckeren Heringen gar nicht genug bekommen und „flirtet" Rachel frech an …		---	Aussagesatz
5	R:	Fang, „Sammy"! Das ist der letzte Fisch, nur für dich …!	! !	Befehlssatz Aussagesatz
6	Tatsächlich schnappt „Sammy" den Fisch allen anderen Seehunden vor der Nase weg!		!	Aussagesatz
7	Als Rachel im Shop aushilft, wird ein süßer Junge auf sie aufmerksam – Björn…		---	Aussagesatz
	R:	Süß, diese Plüschrobben! Die sehen alle aus wie „Oelk", unser Robben-Baby!	!	kein Satz Aussagesatz
	B:	Wow, die ist aber sehr hübsch! Genau mein Typ! Was für ein bezauberndes Lächeln …	! ! ---	Ausrufesatz kein Satz kein Satz
8	B	Hallo, hast du nach der Arbeit schon was vor? Ich bin hier im Urlaub und kenne mich nicht so gut aus …	? ---	Fragesatz Aussagesatz
	R:	An der Kasse gibt es Ortspläne! Ich bin hier nicht als Fremdenführerin angestellt, sorry!	! !	Aussagesatz Aussagesatz
9	Björn versucht, Rachel anzubaggern, und wird dabei richtig offensiv – doch Rachel gibt ihm absolut keine Chance!		– !	Aussagesatz Aussagesatz
	B	Ach, nur ein kleines Date! Bitte …	! ---	kein Satz kein Satz
10	R:	Vergiss es, ich habe für sowas keine Zeit! Ich mache hier ein Praktikum und habe mich voll auf die Robben eingeschossen, da kann ich mich nicht auch noch um Jungs kümmern …	, ! ---	Befehlssatz Aussagesatz Aussagesatz

© 2011 Kallmeyer in Verbindung mit Klett · Friedrich Verlag GmbH, Seelze. Alle Rechte vorbehalten.

Rezept – Aufforderungen, Aussagen, Fragen

Rezepte werden oft nicht mit ganzen Sätzen formuliert. Das wirkt übersichtlicher. Probiert verschiedene Formen von Sätzen aus und vergleicht ihre Wirkung. Damit das geht, müsst ihr jeweils mindestens 5 Sätze nacheinander bilden.

A Aufgabe

a) Bilde Aufforderungs- bzw. Befehlssätze.
b) Beschreibe mit Aussagesätzen, wie Heike und Olaf kochen (aktiv).
c) * Beschreibe mit Aussagesätzen, was getan wird (passiv).
d) Stell dir vor, Heike und Olaf stellten einander Fragen, und bilde Fragesätze (aktiv).
e) * Stell dir vor, dass Heike fragt, was getan werden muss (passiv; Präsens).

Gazpacho – kalte Suppe
1 Gurke, 2 rote Paprika, 4 reife Tomaten, 1 Zwiebel, 1 Knoblauchzehe
2 Scheiben Weißbrot, 1 dl Gemüsebrühe
1 EL Essig, 1 TL Tabasco, Salz, Pfeffer, 1 EL Olivenöl
Je 1 EL gewürfelte Gurke, Tomate, Paprika für die Garnitur

Die Gurke schälen, längs halbieren, entkernen
Paprika in Stücke schneiden
Tomaten häuten, halbieren, würfeln
Zwiebel und Knoblauch hacken
Vom Toastbrot die Rinde abschneiden, Brot 10 Minuten in der Brühe einweichen
Gemüse und Brot mit der Brühe im Mixer pürieren
Öl und Essig dazugeben
Mit Tabasco, Salz und Pfeffer abschmecken
Ca. eine Stunde in den Kühlschrank stellen
Gut umrühren und in Schälchen anrichten
Mit Gurken-, Tomaten- und Paprikawürfeln bestreuen

Beispiele:
a) Schäle die Gurke, halbiere sie längs und entkerne sie.
b) Heike schält die Gurke. Olaf halbiert sie längs und entkernt sie.
c) Die Gurke wird geschält, längs halbiert und entkernt.
d) „Hast du die Gurke geschält, Olaf?“ – „Halbierst du sie längs, Heike?“
e) „Wird die Gurke geschält?“ – „Wird sie längs halbiert?“

© 2011 Kallmeyer in Verbindung mit Klett · Friedrich Verlag GmbH, Seelze. Alle Rechte vorbehalten.

A 2. Satzglieder

Satzglieder sind eine abstrakte Einheit, die von Lernenden analytisch erst spät erfasst wird. Sätze und Satzglieder zu erweitern oder umzustellen ist aber schon früh möglich, die prozedurale Bewusstheit für den Umgang mit dieser Einheit ist eine wichtige Voraussetzung für den Erwerb von konzeptuell schriftlichen Registern (s. Abschnitt 1.6.2). Entsprechend sind die ersten Übungen („Sätze ausbauen") so angelegt, dass die Schülerinnen und Schüler Sätze gezielt aus- und umbauen. Fragen (vor allem Fragen nach Adverbialien, die in vielen Kontexten kommunikativ sinnvoll sind) helfen, einen Satz zu erweitern bzw. die Darstellung eines Sachverhalts zu entfalten, denn sie dienen hier nicht der genaueren Bestimmung der Satzglieder, sondern sind darauf ausgerichtet, sinnvolle Information zu erfragen. Die Beispiele regen dazu an, nicht nur einzelne Wörter, sondern auch ganze Wortgruppen einzusetzen. Diese Gruppe von Übungen eignet sich für jüngere Schülerinnen und Schüler; für ältere können solche Übungen (z. B. „Sätze ausbauen 3", Arbeitsblatt 26) eine Wiederaufnahme vor dem Einstieg in die Analyse von Sätzen sein.

Da Satzglieder nicht sichtbar markiert werden, muss man sie mit einem gezielten Verfahren sichtbar machen. Viele Schwierigkeiten beim Benennen von Satzgliedern beruhen darauf, dass vor der Klassifikation die Segmentierung zu wenig geklärt wird. Der analytische Zugang („Sätze zerlegen") vermittelt Sicherheit im Umgang mit der Verschiebeprobe. Sie muss sorgfältig eingeführt und erarbeitet werden. Unsichere Lernende schreiben Sätze auf Papierstreifen und zerschneiden sie an der passenden (evtl. vorgegebenen) Stelle, um so die Probe ganz konkret durch reales Verschieben anzuwenden. Die verschiedenen Varianten des Satzes, die dabei entstehen, werden abgeschrieben. Dies ist zwar relativ aufwendig, muss aber nicht an vielen Beispielen durchgearbeitet werden. Sind die Satzglieder mit der Verschiebeprobe erfasst, können sie passenden Fragen zugeordnet werden. Da die Frageprobe in der Anwendung nicht unproblematisch ist, sind in den vorliegenden Übungen die Fragen vorgegeben. Die Schülerinnen und Schüler müssen also nicht die richtige Frage „finden", sondern die bereits eruierten Satzglieder der richtigen Frage in einer Tabelle zuordnen.
Falls es im Lehrplan/Lehrmittel vorgesehen ist, können auf dieser Basis die wichtigsten Satzglieder mit den passenden Fachbegriffen benannt werden (Subjekt, Objekte, Adverbiale). Gerade wenn mit diesen Begriffen gearbeitet wird, ist aber die leitende Frage in Erinnerung zu rufen: Aus welchen Einheiten besteht der einfache Satz? Oder – noch einfacher –: Wie können wir einen zufälligen Haufen Wörter von einem Satz unterscheiden? Der Satz ist eine strukturierte Einheit, Satzglieder sind nicht bloß Wörter.

Zu den einzelnen Übungen:

Sätze ausbauen 1 (ab 4. Klasse; Arbeitsblatt 24)
Die Fragen leiten die Schülerinnen dazu an, den Valenzrahmen des Satzes auszufüllen

(Ergänzungen) und zusätzliche Satzglieder (Angaben) zu ergänzen. Ob die Reihenfolge der Satzglieder in den einzelnen Beispielen richtig und angemessen ist, hängt von der konkreten Lösung ab. DaZ-Lernende müssen hier evtl. unterstützt werden. Das Abschreiben des Satzes soll erfahrbar machen, dass hinter der linearen Struktur die verschiedenen Satzglieder stehen – konkret illustriert mit den Kästchen.

Sätze ausbauen 2 (ab 4. Klasse; Arbeitsblatt 25)
Diese Übung baut auf „Sätze ausbauen 1" auf. Nun sind nicht mehr Kästchen vorgegeben, sondern die (sehr kurzen, aber syntaktisch vollständigen) Sätze werden schrittweise um weitere Satzglieder erweitert. Sichtbar sind nur noch die linearen Reihungen von Satzgliedern, nicht mehr die strukturierenden Blöcke/Kästchen wie in „Sätze ausbauen 1". Ob die Reihenfolge der Satzglieder in den einzelnen Beispielen richtig und angemessen ist, hängt von der konkreten Lösung ab. DaZ-Lernende müssen hier evtl. unterstützt werden.

Sätze ausbauen 3 (ab 5. Klasse; Arbeitsblatt 26)
Diese Übung kann unabhängig eingesetzt oder aufbauend auf „Sätze ausbauen 1" und „Sätze ausbauen 2" bearbeitet werden. Für schwächere Lernende sind die Schritte d und e ohne Grundlage anspruchsvoll, aber lösbar. Vorgegeben sind nicht mehr Sätze, sondern nur Stichwörter – Nomen, keine Verben –, zu denen die Schülerinnen und Schüler kleine Dialoge erfinden. Nach dem gleichen Muster könne sie weitere entsprechende Aufgaben entwerfen.
Die Schritte d und e leiten hin zur Auseinandersetzung mit der Satzgliedstruktur. Wichtig ist, dass d nicht zu einer vollständigen Analyse oder zur Benennung der Satzglieder führt, sondern dass, ausgehend von der Personalform, verschiedene Fragen formuliert werden. Die Frage „Wer" lässt sich bei allen Beispielen stellen und beantworten. Bei allen anderen Fragen hängt es vom Verb und seiner Valenz ab, ob z. B. ein Akkusativobjekt vorkommt, also „wen" gefragt werden kann, und von der Ausgestaltung des Satzes mit Adverbialien, ob Fragen wie „wo", „wann" oder „wie" sinnvoll sind. Unproblematisch sind deshalb alle Fragen, die Adverbialien erfragen, z. B. „wo", „wie", „wann" oder „weshalb". Dabei ist es wichtig, dass die Schülerinnen und Schüler sich darauf einstellen, dass nicht alle Fragen zu Antworten führen, sondern wirklich relativ offen suchen und auch entsprechend angeleitet werden. Damit keine falschen Fixierungen entstehen, ist es sinnvoll, diesen Schritt mündlich zu bearbeiten. Die folgenden Aufgaben werden die Auseinandersetzung mit den Satzgliedern vertiefen und systematisieren.

Sätze zerlegen – Satzglieder erkennen 1 (ab 5. Klasse; Arbeitsblatt 27 und 28)
Diese Übung thematisiert im Wesentlichen die Verschiebeprobe; das Verfahren ist in der Anleitung erläutert. Der Begriff „Satzglied" wird von Anfang an verwendet, mit der Idee, dass die Operationalisierung in der Übung den Begriff verständlicher macht als eine einführende Definition oder alltagssprachliche Umschreibung.

Das Zählen der Satzglieder macht deutlich, dass Personalform und verbale Teile nicht als Satzglieder bezeichnet werden, und dient der rascheren Überprüfung. Ansonsten spielen diese Zahlen keine Rolle, z. B. für die Auseinandersetzung mit der Valenz des Verbs (Anzahl der Ergänzungen).

Sätze zerlegen – Satzglieder erkennen 2, 3 und 4 (ab 5. Klasse; Arbeitsblätter 29 bis 36)

Diese Übungen verbinden die Verschiebe- mit der Frageprobe. Wichtig ist, dass die Frageprobe erst angewendet wird, wenn die Sätze mit der Verschiebeprobe segmentiert sind. Die Beispielsätze sind so konstruiert, dass in der Tabelle passende Fragen vorkommen, allerdings kann nicht in jedem Satz jede Frage beantwortet werden. Weiterführend ist die Benennung der Satzglieder möglich: Antwort auf die Frage „wer" = Subjekt, auf „wen" und „wem": Dativ- und Akkusativobjekt, andere Satzglieder: Adverbialien (präpositionale Objekte kommen in diesen Bsp. nicht vor). Ob diese Benennung vorgenommen wird (und mit welcher Terminologie), hängt von den geltenden Vorgaben (Lehrplan, Lehrmittel) ab.

Der Unterschied zwischen Teil 2, 3 und 4 liegt in der Realisierung des Prädikats: in 2 jeweils nur eine Personalform, in 3 Personalform und weitere verbale Teile, in 4 beide Möglichkeiten. Für die Systematik der Satzglieder spielt diese Frage keine Rolle, in der praktischen Auseinandersetzung ist es aber für Schülerinnen und Schüler anspruchsvoller, mit Beispielen zu arbeiten, in denen der zweite Klammerteil realisiert ist (3) oder in denen sie die Besetzung der Klammer zuerst klären müssen (4). Sie müssen sich klarmachen, dass die verbalen Teile keine Satzglieder sind und entsprechend nicht in die Verschiebeprobe einbezogen werden und nicht erfragt werden.

Rezepte aktiv und passiv (ab 7. Klasse; Arbeitsblatt 37 und 38)

Das Nebeneinander von aktiven und passiven Verbformen für den gleichen Vorgang macht die Funktion der Verbformen und ihre Auswirkungen auf den Satz deutlich. Schülerinnen und Schüler, die Subjekt und Akkusativobjekt als Bezeichnung kennen, können diese Termini bei der Beschreibung der Wirkung einsetzen.

Leistungsfähigere Jugendliche bearbeiten nach dem gleichen Muster eigene Beispiele oder stellen andere Abläufe entsprechend dar. Das Abwechseln zwischen Aktiv- und Passivsätzen soll auch ins Überarbeiten von Texten (insbesondere von beschreibenden Sachtexten) übernommen werden.

Attribute (ab 5. Klasse; Arbeitsblatt 39 und 40)

Die Vorlage bietet eine Art Baukastensystem. Wie bei der Arbeit mit den Satzgliedern liegt der Akzent nicht auf der Analyse, sondern auf der gezielten Produktion.

Es wird sichtbar, dass Attribute in ein bestehendes syntaktisches Gerüst eingebaut werden und Satzglieder mit Information anreichern. Die morphosyntaktische Anpassung (Numerus- und Genuskongruenz, Kasus, Adjektivflexion) ist für DaZ-Lernende anspruchsvoll, weshalb in Tabelle 1 passende Formen vorgegeben werden. So ist es ihnen möglich, sich auf die Funktion der Attribute zu konzentrieren, ohne über formale Probleme zu stolpern. Das Unterstreichen der Bezugswörter in Schritt b und c lenkt den Blick auf die Struktur der nun komplexeren Satzglieder. Da die formalen Eigenschaften von Attributen meistens nicht Lernstoff sind, wurde hier darauf verzichtet, Bestimmungsschritte auszuarbeiten bzw. zu unterscheiden zwischen Adjektiven, Nominalgruppen im Genitiv, Präpositionalgruppen etc. (s. Abschnitt 1.3.4). Dagegen ist es sehr sinnvoll, wenn die Schülerinnen und Schüler ihre Texte mit diesem Fokus überarbeiten. Schülerinnen und Schüler können selbstverständlich zusätzliche Attribute einfügen, je nach Voraussetzungen müssen sie bei der formalen Anpassung unterstützt werden.

Unterrichtssequenzen:

Ziel: Sätze ausbauen, die Einheit „Satzglied" handelnd erfassen (5. oder 6. Klasse)
Die Schülerinnen und Schüler reagieren auf einige sehr kurze, teilweise unvollständige Sätze (z. B. auf einen kleinen Text in der Art von „Sätze ausbauen 3"; Arbeitsblatt 26). Solche Vorlagen können auch Lernende füreinander verfassen. Sie machen Vorschläge, wie man diese Sätze informativer und spannender formulieren könnte. U. a. arbeiten sie mit dem Schema von „Sätze ausbauen 1" (Arbeitsblatt 24). Dabei wird explizit gemacht, dass in jedes Kästchen auch mehr als nur ein Wort kommen kann, und dass die Teile/Satzglieder in den Kästchen nicht nur in einer einzigen Reihenfolge linearisiert werden können. Von hier ist der Schritt zur Verschiebeprobe nicht mehr groß (Übung „Sätze zerlegen 1" ; Arbeitsblatt 27). Beim Schreiben/Überarbeiten achten die Schülerinnen und Schüler anschließend darauf, ob sich Sätze ausbauen lassen oder ob die Reihenfolge der Satzglieder geändert werden kann – hier wird es oft darum gehen, dass nicht immer das Subjekt oder ein Konnektor wie *dann* am Anfang steht.

Ziel: Sätze segmentieren, Satzglieder nach Funktion unterscheiden (6. oder 7. Klasse).
Die Schülerinnen und Schüler rekapitulieren die Verschiebeprobe (z. B. mit der Übung „Sätze zerlegen 1"; Arbeitsblatt 27). Mit Übungen aus der Serie „Sätze zerlegen 2" (Arbeitsblatt 29) wird deutlich, dass die Satzglieder verschiedene Funktionen haben: Sie lassen sich als Antworten verschiedenen Fragewörtern zuordnen. Satzglieder, die in der Tabelle in der gleichen Spalte stehen, haben gemeinsame Eigenschaften (die gleiche Funktion, teilweise die gleiche Form; s. Abschnitt 1.3.3). Sofern es der Lehrplan vorsieht, können an dieser Stelle die Bezeichnungen für einzelne Satzglieder eingeführt werden.

ARBEITSBLATT 24

Sätze ausbauen 1

Manchmal möchte man Sätze so formulieren, dass sie mehr als nur die nötigste Information vermitteln. Wenn man vom Verb (genauer: von der Personalform) ausgeht, kann man Fragen stellen und sich Antworten ausdenken, die dann in den Satz einbezogen werden.

A Aufgabe

a) Beantworte die Fragen und schreib die Antworten in die Kästchen.
b) Lies den Satz halblaut und überlege, ob die Reihenfolge der Teile stimmt. Besprich das mit anderen, wenn du nicht sicher bist.
c) * Teste verschiedene Reihenfolgen und schreibe einen Satz ohne Kästchen auf.

wer?		andere Fragen	
		wo?	*auf dem Balkon*
Tülin	*liest*	wie lange?	*den ganzen Nachmittag*
		was?	*einen neuen Comic*

		mit wem?	
Mona	*lief*	wie?	
		wohin?	

wer?			
		wann?	
	zeichnet	womit?	
		wie?	
		was?	

wer?			
		wann?	
	lachte	wie?	
		worüber?	

© 2011 Kallmeyer in Verbindung mit Klett · Friedrich Verlag GmbH, Seelze. Alle Rechte vorbehalten.

Sätze ausbauen 2

Manchmal möchte man Sätze so formulieren, dass sie mehr als nur die nötigste Information vermitteln. Wenn man vom Verb (genauer: von der Personalform) ausgeht, kann man Fragen stellen und sich Antworten ausdenken, die dann in den Satz einbezogen werden.

(A) **Aufgabe**

a) Beantworte die Fragen und schreibe die Antworten in einem ganzen Satz auf.
b) * Teste für den längsten Satz verschiedene Reihenfolgen. Besprich das mit anderen, wenn du unsicher bist, und schreibe den Satz mit einer neuen Reihenfolge.
c) * Schreibe einige deiner Sätze mit der Zeitform Perfekt auf.

1. Timea lief.
Wann?
Warum?
Wie?
Wo?

2. Serge trank Cola.
Wo?
Wie?
Weshalb?
Mit wem?

3. Jana weinte.
Wie?
Wann?
Weshalb?
Wie lange?

4. Simon kichert.
Weshalb?
Wie?
Wo?
Mit wem?

5. June schwimmt.
Wo?
Wie lange?
Mit wem?
Wie?
Wann?

Beispiel:
a) Murat spielt Fußball.
Wo? Murat spielt auf dem großen Sportplatz Fußball.
Wann? Murat spielt jeweils am Freitag auf dem großen Sportplatz Fußball.
Mit wem? Murat ...
b) Jeweils am Freitag spielt Murat mit seinen Freunden auf dem großen Sportplatz Fußball.
c) Murat hat auf dem großen Sportplatz Fußball gespielt.

© 2011 Kallmeyer in Verbindung mit Klett · Friedrich Verlag GmbH, Seelze. Alle Rechte vorbehalten.

ARBEITSBLATT 26

Sätze ausbauen 3

Hier unterhalten sich jeweils zwei Personen im Telegrammstil. Mit vollständigen Sätzen würden wir besser verstehen, was sie sagen.

A Aufgabe

a) Überleg dir, was sie sagen könnten, und schreib die Dialoge auf.
b) Wenn du magst, kannst du weitere Sätze erfinden.
c) Spielt euch die Dialoge vor und beobachtet, wie verschieden sie sind.
d) Markiere in den Sätzen die Personalform.
e) * Verwende die Verben der Personalformen, um Fragen zu stellen, die du mit Wörtern aus dem Satz beantworten kannst. Stelle z. B. Fragen mit *wer, wo, wie, wohin, wann...*

1. Vor dem Urlaub treffen sich zwei Nachbarinnen.
A: Urlaub an der Nordsee?
B: Südfrankreich.
A: Familie?
B: Großeltern.
A: Wohnmobil?
B: Ferienwohnung.

2. Dirk sitzt an den Hausaufgaben, Caja kommt ins Zimmer.
A: Klassenarbeit?
B: Vortrag.
A: Pinguin?
B: Antarktis.
A: Interessant?
B: Schwierig.
A: Gutes Buch?
B: Internet.

Beispiel:
Zwei Mädchen sehen sich zufällig an der Bushaltestelle.
a) A: Sportplatz? → Kommst du mit zum Sportplatz? –
B: Gitarrenstunde. → Nein, ich bin auf dem Weg zur Gitarrenstunde.
d) **Kommst** du mit zum Sportplatz? Nein, ich **bin** auf dem Weg zur Gitarrenstunde.
e) **Wer** kommt zum Sportplatz? – **Du** kommst.
Wer ist auf dem Weg? – **Ich** bin auf dem Weg.
Wohin kommst du mit? – **Zum Sportplatz.**

© 2011 Kallmeyer in Verbindung mit Klett · Friedrich Verlag GmbH, Seelze. Alle Rechte vorbehalten.

ARBEITSBLATT 27

Sätze zerlegen – Satzglieder erkennen 1

Für Satzglieder gibt es keine speziellen Zeichen, wir erkennen sie nicht so leicht wie Wörter. Die Verschiebeprobe hilft uns, die Grenzen zwischen Satzgliedern zu erkennen. Was vor der Personalform stehen kann, ist ein Satzglied. Was schon dort steht oder sich nach vorne „verschieben" lässt, ist also ein Satzglied. Wenn du Teile nach vorne schiebst, müssen die Teile, die schon dort sind, nach hinten geschoben werden.

A Aufgabe

a) Markiere in jedem Satz die Personalform und die verbalen Teile.
b) Prüfe mit der Verschiebeprobe, welches die Satzglieder sind, trenne sie mit senkrechten Strichen.
c) Zähle, wie viele Satzglieder du vorfindest (nur Satzglieder! Personalform und verbale Teile werden nicht gezählt).
d) Bilde einige ähnliche Sätze zu einem Buch, das du gerne magst, und lass andere die Satzglieder bestimmen und zählen.

1. Robinson Crusoe strandete auf einer einsamen Insel.
2. Einige Gegenstände konnte er mit einem Floß aus dem Schiffswrack holen.
3. Später versank das Wrack endgültig.
4. Robinson begann geduldig Pflanzen und Getreide anzubauen.
5. Außerdem jagte er geschickt wilde Ziegen.
6. Mit Kerben in einem Holzkreuz wollte er die Tage zählen.
7. Eines Tages kam ein Mann zu ihm.
8. Wegen des Wochentags nannte er diesen Mann Freitag.
9. Nach 28 Jahren konnten Freitag und Robinson die Insel endlich verlassen.

Beispiel:
1. Robinson Crusoe / **strandete** / auf einer einsamen Insel. → 2 Satzglieder

© 2011 Kallmeyer in Verbindung mit Klett · Friedrich Verlag GmbH, Seelze. Alle Rechte vorbehalten.

ARBEITSBLATT 28

Sätze zerlegen – Satzglieder erkennen 1 (Selbstkontrolle)

1. Robinson Crusoe / **strandete** / auf einer einsamen Insel. → 2 Satzglieder

2. Einige Gegenstände / **konnte** / er / mit einem Floß / aus dem Schiffswrack / **holen**. → 4 Satzglieder

3. Später / **versank** / das Wrack / endgültig. → 3 Satzglieder

4. Robinson / **begann** / geduldig / Pflanzen und Getreide / **anzubauen**. → 3 Satzglieder

5. Außerdem / **jagte** / er / geschickt / wilde Ziegen. → 4 Satzglieder

6. Mit Kerben in einem Holzkreuz / **wollte** / er / die Tage / **zählen**. → 3 Satzglieder

7. Eines Tages / **kam** / ein Mann / zu ihm. → 3 Satzglieder

8. Wegen des Wochentags / **nannte** / er / diesen Mann / Freitag. → 4 Satzglieder

9. Nach 28 Jahren / **konnten** / Freitag und Robinson / die Insel / endlich / **verlassen**. → 4 Satzglieder

© 2011 Kallmeyer in Verbindung mit Klett Friedrich Verlag GmbH, Seelze. Alle Rechte vorbehalten.

Sätze zerlegen – Satzglieder erkennen 2

A Aufgabe

a) Markiere in jedem Satz die Personalform.
b) Prüfe mit der Verschiebeprobe, welches die Satzglieder sind, trenne sie mit senkrechten Strichen.
c) Überlege, welches Satzglied zu welcher Frage passt, und trage die Satzglieder in die Tabelle (Arbeitsblatt 30) ein. Sie müssen den richtigen Fragen zugeordnet werden. Vielleicht passt die Reihenfolge der Satzglieder dabei nicht, aber das ist für diese Übung nicht so wichtig.

1. Im Labor untersuchen die Chemiker mit ihrem Spezialgerät ein weißes Pulver.
2. Die Naturforscher erforschen nächstes Jahr die Gorillas mit speziellen Kameras.
3. Letzten Sommer vergruben die Eichhörnchen einen großen Vorrat.
4. Jonas schenkte seiner Freundin gestern einen großen Blumenstrauß.
5. Hinter dem Busch kauert ängstlich ein kleiner Hund.
6. Die Uhrmacherin reparierte letzte Woche sehr geschickt eine kostbare Uhr.
7. Die Pfadfinder helfen während des Schneesturms freiwillig älteren Menschen.

Beispiel:
1. a), b) Im Labor / **untersuchen** / die Chemiker / mit ihrem Spezialgerät / ein weißes Pulver.

© 2011 Kallmeyer in Verbindung mit Klett · Friedrich Verlag GmbH, Seelze. Alle Rechte vorbehalten.

© 2011 Kallmeyer in Verbindung mit Klett · Friedrich Verlag GmbH, Seelze. Alle Rechte vorbehalten.

Sätze zerlegen – Satzglieder erkennen 2 (Tabelle)

Wer?	Personalform	Wem?	Wen?	Wie?	Wann?	Wo?
die Chemiker	**untersuchen**		ein weißes Pulver	mit ihrem Spezial-gerät		im Labor

© 2011 Kallmeyer in Verbindung mit Klett · Friedrich Verlag GmbH, Seelze. Alle Rechte vorbehalten.

Sätze zerlegen – Satzglieder erkennen 2 (Selbstkontrolle)

Wer?	Personalform	Wem?	Wen?	Wie?	Wann?	Wo?
die Chemiker	**untersuchen**	---	ein weißes Pulver	mit ihrem Spezial-gerät	---	im Labor
die Naturforscher	**erforschen**		die Gorillas	mit speziellen Kameras	nächstes Jahr	
die Eichhörnchen	**vergruben**	---	einen großen Vorrat	---	letzten Sommer	---
Jonas	**schenkte**	seiner Freundin	einen großen Blumenstrauß	---	gestern	---
ein kleiner Hund	**kauert**	---	---	ängstlich	---	hinter dem Busch
die Uhrmacherin	**reparierte**	---	eine kostbare Uhr	sehr geschickt	letzte Woche	---
die Pfadfinder	**helfen**	älteren Menschen	---	freiwillig	während dem Schneesturm	---

Sätze zerlegen – Satzglieder erkennen 3

A Aufgabe

a) Markiere in jedem Satz die Personalform und die verbalen Teile.
b) Prüfe mit der Verschiebeprobe, welches die Satzglieder sind, trenne sie mit senkrechten Strichen.
c) Überlege, welches Satzglied zu welcher Frage passt, und trage die Satzglieder in die Liste (Arbeitsblatt 33) ein. In der Tabelle müssen die Satzglieder den richtigen Fragen zugeordnet werden. Vielleicht passt die Reihenfolge der Satzglieder dabei nicht, aber das ist für diese Übung nicht so wichtig.

1. Im Museum schauen wir das Modell der ältesten Dampfmaschine genau an.
2. Die Großmutter nimmt ihrem Enkel im Park voller Schreck das gefährliche Spielzeug weg.
3. Letztes Jahr haben wir im Urlaub mit viel Ausdauer den Skating-Langlauf erlernt.
4. Dem besten Sportler wird in der Arena nach dem Wettkampf eine Medaille überreicht.
5. Am Wochenende bringen wir unseren Freunden eine wunderbare Torte mit.
6. Erik kann mit seinem neuen Computer sehr schnell komplizierte Berechnungen ausführen.
7. Monika hat ihre Nachbarin nach dem Aufenthalt im Krankenhaus sehr herzlich begrüßt.

Beispiel:
1. a), b) Im Museum / **schauen** / wir /das Modell der ältesten Dampfmaschine / genau / **an**.

© 2011 Kallmeyer in Verbindung mit Klett · Friedrich Verlag GmbH, Seelze. Alle Rechte vorbehalten.

© 2011 Kallmeyer in Verbindung mit Klett · Friedrich Verlag GmbH, Seelze. Alle Rechte vorbehalten.

Sätze zerlegen – Satzglieder erkennen 3 (Tabelle)

Wer?	Personalform	Wem?	Wen?	Wie?	Wann?	Wo?	verbale Teile
wir	**schauen**	---	das Modell der ältesten Dampf-maschine	genau	---	im Museum	**an**

© 2011 Kallmeyer in Verbindung mit Klett Friedrich Verlag GmbH, Seelze. Alle Rechte vorbehalten.

Sätze zerlegen – Satzglieder erkennen 3 (Selbstkontrolle)

Wer?	Personalform	Wem?	Wen?	Wie?	Wann?	Wo?	verbale Teile
wir	**schauen**	---	das Modell der … Dampfmaschine	genau	---	im Museum	**an**
die Großmutter	**nimmt**	ihrem Enkel	das … Spielzeug	voller Schreck	---	im Park	**weg**
wir	**haben**	---	den Skating-Langlauf	mit viel Ausdauer	letztes Jahr	im Urlaub	**erlernt**
eine Medaille	**wird**	dem … Sportler	---	---	nach dem Wettkampf	in der Arena	**überreicht**
wir	**bringen**	unseren Freunden	eine … Torte	---	am Wochenende	---	**mit**
Erik	**kann**	---	komplizierte Berechnungen	mit seinem … Computer / sehr schnell	---	---	**ausführen**
Monika	**hat**	---	ihre Nachbarin	sehr herzlich	nach dem A. im Krankenhaus	---	**begrüßt**

ARBEITSBLATT 35

Sätze zerlegen – Satzglieder erkennen 4

A Aufgabe

a) Markiere in jedem Satz die Personalform und die verbalen Teile (falls welche vorhanden sind).
b) Prüfe mit der Verschiebeprobe, welches die Satzglieder sind, trenne sie mit senkrechten Strichen.
c) Überlege, welches Satzglied zu welcher Frage passt, und trage die Satzglieder in die Liste ein. In der Tabelle auf Arbeitsblatt 34 müssen die Satzglieder den richtigen Fragen zugeordnet werden. Vielleicht passt die Reihenfolge der Satzglieder dabei nicht, aber das ist für diese Übung nicht so wichtig.

1. Am letzten Wochenende haben wir im Wald völlig unerwartet wunderbare Steinpilze gefunden.
2. Sie wuchsen sehr gut verborgen auf einer kleinen Lichtung.
3. Gabriela wärmt am Mittag mit dem neuen Mikrowellengerät einen Rest Spaghetti auf.
4. Das Gerät steht seit dem Umbau der Küche nahe am Fenster.
5. Vor dem Besuch beim Zahnarzt will Ivana auf keinen Fall Süßigkeiten essen.
6. Sie putzt sich mit viel Sorgfalt am Waschbecken die Zähne.
7. Die Tierärztin hat Gil letzte Woche die Operation seiner Katze sehr geduldig erklärt.
8. Das Tier wird während der Behandlung sorgfältig überwacht.
9. Das Team wird das Stadion sofort nach Spielschluss durch einen Nebenausgang verlassen.
11. Seit den Krawallen im letzten Jahr wird diese Sicherheitsmaßnahme vorgeschrieben.
12. Nach dem Streit mit ihrem Bruder schlägt Babs die Zimmertür mit einem heftigen Knall zu.
13. Dann hört sie extralaut die alte Beatles-CD.
14. Im Spielwarengeschäft sucht Vincent voller Freude ein neues Modellauto aus.
15. Seine Patentante schenkt es ihm vor der langen Reise ans Meer.

Beispiel:
1. a), b) Am letzten Wochenende / **haben** / wir / im Wald / völlig unerwartet / wunderbare Steinpilze / **gefunden**.

© 2011 Kallmeyer in Verbindung mit Klett · Friedrich Verlag GmbH, Seelze. Alle Rechte vorbehalten.

© 2011 Kallmeyer in Verbindung mit Klett · Friedrich Verlag GmbH, Seelze. Alle Rechte vorbehalten.

Sätze zerlegen – Satzglieder erkennen 4 (Selbstkontrolle)

Wer?	Personalform	Wem?	Wen?	Wie?	Wann?	Wo?	verbale Teile
wir	**haben**	---	wunderbare Steinpilze	völlig unerwartet	am … Wochenende	im Wald	**gefunden**
sie	**wuchsen**	---	---	sehr gut verborgen	---	auf einer kleinen Lichtung	**---**
Gabriela	**wärmt**	---	einen Rest Spaghetti	mit dem … Mikrowellengerät	am Mittag	---	**auf**
das Gerät	**steht**	---	---	---	seit dem Umbau der Küche	nahe am Fenster	**---**
Ivana	**will**	---	Süßigkeiten	auf keinen Fall	vor dem Besuch beim Zahnarzt	---	**essen**
sie	**putzt**	sich	die Zähne	mit viel Sorgfalt	---	am Waschbecken	**---**
die Tierärztin	**hat**	Gil	die Operation seiner Katze	sehr geduldig	letzte Woche	---	**erklärt**
das Tier	**wird**	---	---	sorgfältig	während der Behandlung	---	**überwacht**
das Team	**wird**	---	das Stadion	durch einen … Ausgang	gleich nach dem Ende des Spiels	---	**verlassen**
diese Sicherheitsmaßnahme	**wird**	---	---	---	seit den Krawallen im letzten Jahr	---	**vorgeschrieben**
Babs	**schlägt**	---	die Zimmertür	mit einem heftigen Knall	nach dem Streit mit ihrem Bruder	---	**zu**
sie	**hört**	---	die alte Beatles-CD	extralaut	dann		**---**
Vincent	**sucht**	---	ein … Modellauto	voller Freude	---	im Spielwarengeschäft	**aus**
seine Patentante	**schenkt**	ihm	es	---	vor der … Reise ans Meer	---	**---**

ARBEITSBLATT 37

Rezept – aktiv und passiv

Rezepte werden oft nicht mit ganzen Sätzen formuliert. Das wirkt übersichtlicher. Ausformulierte Sätze mit den Verbformen aktiv und passiv bedeuten das Gleiche (es soll ja das gleiche Gericht gekocht werden), aber sie wirken unterschiedlich. Probiert verschiedene Formen aus und vergleicht ihre Wirkung. Damit das geht, müsst ihr jeweils mindestens 5 Sätze nacheinander bilden.

A Aufgabe

a) Beschreibe mit Aussagesätzen, wie Alexandra und Manuel Popcorn herstellen (aktiv) und was mit den Zutaten geschieht (passiv).
b) Bestimme in den Sätzen von a) die Satzglieder (Verschiebeprobe).
c) Trage die Satzglieder in eine Tabelle ein.
d) Überprüfe: Wie unterscheiden sich die Sätze mit aktiver und passiver Verbform?

Popcorn/Puffmais

1 großer, tiefer Topf mit Glasdeckel, 1 große Schüssel
3 El Öl, ½ Tasse Popcornmais-Körner
Salz oder Zucker, evtl. flüssige Butter

1 ½ EL Öl in den Topf geben
Öl stark, aber nicht rauchig erhitzen
Deckel schließen
Topf leicht hin- und herschütteln, um die Körner zu verteilen
Nach dem ersten „Plopp" den Topf unbedingt geschlossen halten
Gelegentlich den Topf leicht schütteln
Wenn alle Körner geplatzt sind, den Deckel abheben
Popcorn in die Schüssel geben
Salz oder Zucker darüberstreuen, gut mischen
Evtl. Popcorn mit flüssiger Butter beträufeln, umrühren

Beispiele:
a), b) Alexandra / gibt / Öl / in den Topf. Manuel / erhitzt / das Öl.
Das Öl / wird / in den Topf / gegeben. Das Öl / wird / erhitzt.

Aktive Verbform

Subjekt (wer?)	Personalform	übrige Satzglieder	verbale Teile
Alexandra	gibt	Öl / in den Topf	
Manuel	erhitzt	das Öl	

Passive Verbform

Subjekt (wer?)	Personalform	übrige Satzglieder	verbale Teile
Öl	wird	in den Topf	gegeben
Das Öl	wird		erhitzt

© 2011 Kallmeyer in Verbindung mit Klett · Friedrich Verlag GmbH, Seelze. Alle Rechte vorbehalten.

ARBEITSBLATT 38

Rezept – aktiv und passiv (Selbstkontrolle)

Aktive Verbform

Subjekt (wer?)	Personalform	übrige Satzglieder	verbale Teile
Alexandra	schließt	den Deckel	
Manuel	schüttelt	den Topf / leicht / um die Körner zu verteilen	hin- und her
Alexandra	hält	nach dem ersten „Plopp" / den Topf / unbedingt	geschlossen
Manuel	schüttelt	gelegentlich / den Topf / leicht	
Alexandra	hebt	den Deckel / wenn alle Körner geplatzt sind	ab
Manuel	gibt	das Popcorn / in die Schüssel	
Alexandra	streut	Salz oder Zucker darüber	
(und)	mischt	alles / gut	
Manuel	beträufelt	das Popcorn / mit flüssiger Butter	
(und)	rührt	es	um

Passive Verbform

Subjekt (wer?)	Personalform	übrige Satzglieder	verbale Teile
Der Deckel	wird		geschlossen
Der Topf	wird	leicht / um die Körner zu verteilen	hin- und herge-schüttelt
Der Topf	wird	nach dem ersten „Plopp" / geschlossen	gehalten
Der Topf	wird	gelegentlich / leicht	geschüttelt
Der Deckel	wird	wenn alle Körner geplatzt sind	abgehoben
Das Popcorn	wird	in die Schüssel	gegeben
Salz oder Zucker	wird	darüber	gestreut
(und) alles	wird	gut	gemischt
Das Popcorn (und)	wird	mit flüssiger Butter	beträufelt umgerührt

© 2011 Kallmeyer in Verbindung mit Klett · Friedrich Verlag GmbH, Seelze. Alle Rechte vorbehalten.

ARBEITSBLATT 39

Attribute

In diese Sätze bzw. in die einzelnen Satzglieder kannst du zusätzliche Informationen einbauen.
Einfacher: Arbeite mit Tabelle 1 auf Arbeitsblatt 37 (Attribute haben die richtige Form).
Schwieriger: Arbeite mit Tabelle 2 auf Arbeitsblatt 37 (die Form der Attribute muss evtl. angepasst werden).

A Aufgabe

a) Ergänze ein Element und schreibe den Satz neu auf, markiere die Ausgangswörter.
b) Ergänze zu jedem Wort ein Element und schreibe den Satz neu auf, markiere die Ausgangswörter.
c) * Ergänze zu jedem Wort zwei oder mehr Elemente und schreibe den Satz neu auf, markiere die Ausgangswörter.

Beispiele

a) **Auf den** großen **Wettkampf** freuen sich die Schüler wegen der Preise.
Auf den Wettkampf freuen sich die Schüler **wegen der** tollen **Preise**.
b) **Auf den** großen **Wettkampf** freuen sich **die Schüler** aus der Waldschule **wegen der** tollen **Preise**.
c) **Auf den** großen **Wettkampf** am Schulsportfest freuen sich …

© 2011 Kallmeyer in Verbindung mit Klett · Friedrich Verlag GmbH, Seelze. Alle Rechte vorbehalten.

Attribute (Tabelle)

Tabelle 1

1 Auf den Wettkampf freuen sich die Schüler wegen der Preise		
Wettkampf	Schüler	Preise
bevorstehenden am Schulsportfest großen aller fünften Klassen	aus der Waldschule sportlichen gut trainierten ehrgeizigen	tollen von einem Sportgeschäft spendierten vielen für Höchstleistungen
2 Die Pflegerin hilft dem Patienten beim Anziehen		
Pflegerin	Patienten	Anziehen
freundliche erfahrene mit der eleganten Brille gut ausgebildete	ungeduldigen schwer kranken mit den zittrigen Händen traurigen	mühsamen des Schlafanzugs schwierigen täglichen
3 Der Fußballer gibt seinen Fans Autogramme		
Fußballer	Fans	Autogramme
bekannte mit den kurzen dunklen Haaren aus Spanien freundlich lächelnde	wartenden aus der Kleinstadt vor dem Hotel versammel-ten frierenden	auf bunten Karten schnell hingekritzelte sehr begehrte kostbare

Tabelle 2

1 Auf den Wettkampf freuen sich die Schüler wegen der Preise		
Wettkampf	Schüler	Preise
bevorstehend am Schulsportfest groß aller fünften Klassen	aus der Waldschule sportlich gut trainiert ehrgeizig	toll von einem Sportgeschäft spendiert viel für Höchstleistungen
2 Die Pflegerin hilft dem Patienten beim Anziehen		
Pflegerin	Patienten	Anziehen
freundlich erfahren mit der eleganten Brille gut ausgebildet	ungeduldig schwer krank mit den zittrigen Händen traurig	mühsam des Schlafanzugs schwierig täglich
3 Der Fußballer gibt seinen Fans Autogramme		
Fußballer	Fans	Autogramme
bekannt mit den kurzen dunklen Haaren aus Spanien freundlich lächelnd	wartend aus der Kleinstadt vor dem Hotel versammelt frierend	auf bunten Karten schnell hingekritzelt sehr begehrt kostbar

© 2011 Kallmeyer in Verbindung mit Klett · Friedrich Verlag GmbH, Seelze. Alle Rechte vorbehalten.

A 3. Reihenfolge der Satzglieder

Zur Reihenfolge der Satzglieder liegt kein separates Material vor. Dies hat mehrere Gründe, u. a. ist die Reihenfolge stark kontextabhängig (s. Abschnitt 1.4) und lässt sich schlecht isoliert thematisieren. Deshalb werden Fragen der Reihenfolge dort angesprochen, wo sie konkret auftauchen, so bei einigen Übungen unter 3.3., A2 oder in Anregungen auf der Ebene Text (Schreibcheckliste 3.1 und Übungen in Abschnitt 3.3, A5), außerdem natürlich möglichst konkret in der rezeptiven und produktiven Auseinandersetzung mit Texten. Deklaratives Wissen in diesem Bereich gehört nicht zum Stoff der Schulgrammatik, dagegen wird Flexibilität und prozedurale Bewusstheit angestrebt.

DaZ-Lernende brauchen spezifische Unterstützung, um sich mit den topologischen Gegebenheiten des Deutschen vertraut zu machen (s. Abschnitt 1.4); eine konkrete Möglichkeit dafür ist im Zusammenhang mit den Schlagzeilen ausgearbeitet (s. Abschnitt 3.2, A2).

A 4. Zusammengesetzte Sätze

Wie bereits im fachwissenschaftlichen Teil erläutert, beschränkt sich die Bearbeitung des Themas „zusammengesetzte Sätze" oft auf die Klassifikation von Nebensätzen. Das hier angebotene Material legt den Akzent dagegen auf die Vielfalt der möglichen Verknüpfungen und Verknüpfungsmittel. Wie für den sensiblen Umgang mit der Reihenfolge von Satzgliedern ist auch hierfür prozedurale Bewusstheit wichtiger als deklaratives Wissen; dies umso mehr, als die Strukturen in ihrer Vielfalt bereits im vorschulischen Spracherwerb aufgebaut werden. Das implizite Wissen ist also vorhanden, zu erarbeiten ist der gezielte Einsatz der sprachlichen Mittel, besonders in schriftsprachlichen Registern.

Gerade deshalb ist es jedoch schwierig, sinnvolle gezielte Übungen anzubieten. Der stärkste Akzent muss auf dem Schreiben und Überarbeiten von Texten liegen. Die hier zusammengestellten Materialien fokussieren das Erkennen von Teilsätzen und den Einsatz von Verknüpfungsmitteln, u. a. von Konjunktionen. Die Auseinandersetzung mit inhaltlichen Kategorien der Verknüpfung wird nicht analytisch angeboten (z. B. als inhaltliche Kategorisierung adverbialer Nebensätze), sondern produktiv, indem verschiedene Verknüpfungsmittel gezielt eingesetzt werden.

Zu den einzelnen Übungen:

Zusammengesetzte Sätze genauer bestimmen (ab 7. Klasse; Arbeitsblatt 41 bis 43)
Mit der Übung werden die Begriffe einfacher Satz, zusammengesetzter Satz, zusammengezogener Satz und Satzfragment rekapituliert; die Anleitung betont, dass die Personalform zur Bestimmung herangezogen werden muss. Die Sätze in der Tabelle

und im Text sind identisch, es ist aber erheblich schwieriger, die Grenzen der Teilsätze im Text (bewusst ohne Nummerierung) zu erkennen und sich auf die formalen Strukturen zu konzentrieren.

Sätze verbinden 1, 2, 3 und 4 (ab 4. oder 5. Klasse; Arbeitsblatt 44 bis 47)
Die hier angebotenen Übungen fokussieren die Bedeutung verschiedener Konjunktionen. Das reine Einsetzen von Konjunktionen ist nicht besonders anspruchsvoll, deshalb kommt als zusätzliche Herausforderung das Suchen nach zusammengehörigen Teilsätzen dazu.

Wenn Schülerinnen und Schüler nur die Teilsätze in der jeweils linken Spalte und die entsprechenden Konjunktionen verwenden, können sie weitere Teilsätze bilden und sich ebenso mit der Leistung der Konjunktionen auseinandersetzen.

Sätze erfinden und verbinden (ab 7. Klasse; Arbeitsblatt 48)
Ein Bild (statt Sätze/Teilsätze) als Ausgangspunkt zu nehmen hat den Vorteil, dass die zu verbindenden Inhalte jeweils neu versprachlicht werden. In der Vorlage sind nur die Verknüpfungsmittel in sprachlicher Form gegeben. Zuerst sollen die Schülerinnen und Schüler Verknüpfungsmittel einsetzen, die sie bereits kennen. Wenn sie neue, ihnen unbekannte Konnektoren verwenden, brauchen sie evtl. Unterstützung in Form von Mustersätzen, um zu erkennen, wie die syntaktische Umgebung aussehen muss (z. B. Präposition vs. Konjunktion) – es ist jedoch sinnvoller, hier mit Mustern zu arbeiten, nicht mit Informationen über die Wortarten. DaZ-Lernende brauchen zusätzlich Unterstützung (und Kontrolle) im Bereich der Rektion von Präpositionen und der Gestaltung von Nebensätzen.

Zusammengesetzte Sätze: Direkte und indirekte Rede (ab 6. Klasse; Arbeitsblatt 49)
Direkte und indirekte Rede war bereits im Zusammenhang mit den Satzarten ein Thema. Hier wird es unter der Perspektive „zusammengesetzter Satz" nochmals aufgegriffen. An den Texten wird die unterschiedliche Integration der Teilsätze sichtbar, ohne dass dies explizit begrifflich gefasst werden muss.

Unterrichtssequenzen:
Der Bereich der zusammengesetzten Sätze wird am nachhaltigsten ausgehend von Schülertexten bearbeitet. Die hier skizzierten Sequenzen sind deshalb auf das Bearbeiten eigener Texte ausgerichtet, indem sie den Blick für sprachliche Strukturen und die Vielfalt an Verknüpfungsmitteln schärfen.

Ziel: Teilsätze erkennen und von Satzfragmenten unterscheiden (7. Klasse)
Wenn sie schreiben, setzen Schülerinnen verschiedene Typen von Teilsätzen, auch Satzfragmente, völlig selbstverständlich ein. Anhand der Frage, was eigentlich ein Satz sei, kann hier differenziert werden: Wird die Einheit dadurch bestimmt, ob sie im Text zwischen zwei Punkten steht, oder muss eine und nur eine Personalform vor-

handen sein? Im ersten Fall gelten auch Satzfragmente und zusammengesetzte Sätze als „Satz“, im zweiten nur Teilsätze mit einer Personalform. Nun kann begrifflich differenziert werden. Die Begriffe „Satzfragment“ und „Teilsatz“ helfen, die formale Seite zu erfassen, „Äußerung“ weist auf die kommunikative Funktion der Einheiten hin. Die Übung „Zusammengesetzte Sätze genauer bestimmen“ (Arbeitsblatt 41) kann zum Festigen der Begriffe dienen. Wichtiger – und interessanter – sind aber Untersuchungen an verschiedenen anderen Texten aus verschiedenen Medien und literarischen Texten. Anspruchsvoller, aber ebenfalls interessant ist die genaue Beobachtung von gesprochenen Texten. Auf jeden Fall wird dabei deutlich, dass auch in anspruchsvollen Texten bei Weitem nicht immer „ganze Sätze“ stehen.

Wenn vom Lehrplan vorgesehen, können die Teilsätze nach Haupt- und Nebensätzen unterschieden werden, es soll aber keine Vollständigkeit angestrebt werden (s. Abschnitt 1.5).

Ziel: Sätze verbinden (5. Klasse)
Die Voraussetzungen für das Bilden von adverbialen Satzgefügen bringen die Schülerinnen und Schüler an sich mit: Nebensätze werden schon vor der Schulzeit als Ausdrucksmittel erworben, und auch Handlungen wie „Begründen“ oder „zeitlich Situieren“ sind den Kindern vertraut. Diese Mittel beim Schreiben einzusetzen fällt dennoch einigen von ihnen schwer. Das – relativ anspruchslose – Verbinden von Teilsätzen soll ihnen diese Ausdrucksmöglichkeiten bewusst machen (Arbeitsblatt 44 bis 47). Sobald sich Schülerinnen und Schüler mit diesen Vorgaben unterfordert fühlen, sollen sie die Perspektive wechseln, indem sie eigene Beispiele entwerfen, die dann von anderen bearbeitet werden. Das Üben mit vorgegebenem Material soll auf keinen Fall zu viel Raum einnehmen, viel wichtiger ist, dass die entsprechenden Mittel in Texten gezielt eingesetzt werden.

Ziel: Verschiedene Verknüpfungsmittel kennen und verwenden (ab 7. Klasse)
Zur differenzierten Schriftlichkeit gehört ein gewisses Repertoire an Verknüpfungsmitteln (s. Abschnitt 1.5.3.5 und 1.5.3.6). Einige davon verwenden Schülerinnen und Schüler aktiv, andere können sie rezeptiv richtig einordnen, wenige sind ihnen ganz fremd (z. B. *nichtsdestotrotz, desungeachtet* u. a.). Im Prinzip geht es um Wortschatzerweiterung, aber im Bereich von eher anspruchsvollen Kategorien. Deshalb hat es sich als fruchtbar erwiesen, nicht losgelöst von einem konkreten Sachverhalt über Verknüpfungswörter und mögliche Synonyme zu sprechen, sondern sowohl einen Inhalt (z. B. mit einem Bild/Cartoon) als auch einige Verknüfpungswörter vorzugeben. Mit der Vorlage (Arbeitsblatt 48) können auch Jugendliche, deren Repertoire noch nicht gut ausgebaut ist, Formulierungsalternativen austesten. Um die Fragestellung zuzuspitzen, sehen die Schülerinnen und Schüler zuerst nur das Bild (ohne Verknüpfungsmittel) und werden aufgefordert, mit einzelnen, unverbundenen Sätzen zu erfassen, was geschieht. Dann verbinden sie jeweils zwei Aussagen (nicht Sätze!) – allenfalls gibt die Lehrperson einige Beispiele vor, z. B. eine Verknüpfung mit *weil*, eine mit

nach (Präposition), eine mit *aber*. Die Beispiele der Schülerinnen und Schüler notiert sie so, dass jeweils inhaltlich äquivalente Verknüpfungen beieinanderstehen. Im nächsten Schritt arbeiten die Schülerinnen und Schüler mit der Vorlage, evtl. ergänzt um eigene Beispiele. Die Vorlage oder eine analoge Sammlung wird anschließend beim Schreiben und Überarbeiten von Texten eingesetzt. Jugendlichen der Sekundarstufe 2 kann auch die Tabelle aus dem fachwissenschaftlichen Teil (1.5.3.6.) als Arbeitsinstrument dienen, sodass sie sich nicht nur mit den inhaltlichen, sondern auch mit den formalen Kategorien auseinandersetzen.

ARBEITSBLATT 41

Zusammengesetzte Sätze genauer bestimmen

Im folgenden kleinen Text findest du einfache und zusammengesetzte Sätze, Satzfragmente und zusammengezogene Sätze. Zur Erinnerung: In einfachen Sätzen steht nur eine Personalform, zusammengesetzte Sätze bestehen aus zwei Teilsätzen (je eine Personalform), Satzfragmente haben keine Personalform, und zusammengezogene Sätze sind sozusagen abgekürzte zusammengesetzte Sätze: Ein Satzglied, das zweimal vorkommt, wird weggelassen.

A Aufgabe

a) Markiere die Personalform oder die Personalformen.
b) Bestimme den Satz/die Sätze und trage die Bestimmung in die Tabelle auf Arbeitsblatt 42 ein (einfacher: Arbeit mit der Tabelle, schwieriger: Arbeit nur mit dem gedruckten Text).

Es war dunkel, und draußen funkelte der erste Stern. Er war gut sichtbar, da keine einzige Wolke die Sicht trübte. Ein wunderschöner Anblick! Susi wurde dennoch traurig und schaute nachdenklich in die Nacht. An einem solchen Abend war ihr bester Freund verunglückt, das würde sie nie vergessen. Martin war so ein fröhlicher Mensch gewesen und konnte wunderbar von seinen Reisen erzählen. Obwohl sie traurig war, musste Susi lächeln, als sie sich erinnerte. Manche dieser Geschichten hatte Martin wohl mit viel Fantasie ausgeschmückt. Aber so unterhaltsam! Still wischte Susi sich eine Träne ab und nahm noch einen Schluck Tee. Sie blieb noch lange draußen auf der Terrasse. Mit der Zeit würde sie sich an den Gedanken gewöhnen, dass sie Martins Geschichten nur in der Erinnerung hörte.

© 2011 Kallmeyer in Verbindung mit Klett · Friedrich Verlag GmbH, Seelze. Alle Rechte vorbehalten.

Zusammengesetzte Sätze genauer bestimmen (Tabelle)

	Anzahl Personalformen	Einfacher Satz	Zusammengesetzter Satz	Zusammengezogener Satz	Satzfragment
1. Es **war** dunkel, und draußen **funkelte** der erste Stern.	2		x		
2. Er war gut sichtbar, da keine einzige Wolke die Sicht trübte.					
3. Ein wunderschöner Anblick!					
4. Susi wurde dennoch traurig und schaute nachdenklich in die Nacht.					
5. An einem solchen Abend war ihr bester Freund verunglückt, das würde sie nie vergessen.					
6. Martin war so ein fröhlicher Mensch gewesen und konnte wunderbar von seinen Reisen erzählen.					
7. Obwohl sie traurig war, musste Susi lächeln, als sie sich erinnerte.					
8. Manche dieser Geschichten hatte Martin wohl mit viel Fantasie ausgeschmückt.					
9. Aber so unterhaltsam!					
10. Still wischte Susi sich eine Träne ab und nahm noch einen Schluck Tee.					
11. Sie blieb noch lange draußen auf der Terrasse.					
12. Mit der Zeit würde sie sich an den Gedanken gewöhnen, dass sie Martins Geschichten nur in der Erinnerung hörte.					

© 2011 Kallmeyer in Verbindung mit Klett Friedrich Verlag GmbH, Seelze. Alle Rechte vorbehalten.

Zusammengesetzte Sätze genauer bestimmen (Selbstkontrolle)

	Anzahl Personalformen	Einfacher Satz	Zusammengesetzter Satz	Zusammengezogener Satz	Satzfragment
1. Es **war** dunkel, und draußen **funkelte** der erste Stern.	2		x		
2. Er **war** gut sichtbar, da keine einzige Wolke die Sicht **trübte**.	2		x		
3. Ein wunderschöner Anblick!	0				x
4. Susi **wurde** dennoch traurig und **schaute** nachdenklich in die Nacht.	2			x	
5. An einem solchen Abend **war** ihr bester Freund verunglückt, das **würde** sie nie vergessen.	2		x		
6. Martin **war** so ein fröhlicher Mensch gewesen und **konnte** wunderbar von seinen Reisen erzählen.	2			x	
7. Obwohl sie traurig **war**, **musste** Susi lächeln, als sie sich **erinnerte**.	3		x		
8. Manche dieser Geschichten **hatte** Martin wohl mit viel Fantasie ausgeschmückt.	1	x			
9. Aber so unterhaltsam!	0				x
10. Still **wischte** Susi sich eine Träne ab und **nahm** noch einen Schluck Tee.	2			x	
11. Sie **blieb** noch lange draußen auf der Terrasse.	1	x			
12. Mit der Zeit **würde** sie sich an den Gedanken gewöhnen, dass sie Martins Geschichten nur in der Erinnerung **hörte**.	2		x		

© 2011 Kallmeyer in Verbindung mit Klett · Friedrich Verlag GmbH, Seelze. Alle Rechte vorbehalten.

ARBEITSBLATT 44

Sätze verbinden 1 (Hauptsatz + Hauptsatz)

Wenn in einem Text nur kurze einzelne Sätze stehen, wirkt er schnell eintönig. Deshalb ist es oft sinnvoll, Sätze miteinander zu verbinden. In den folgenden Beispielen kannst du jeweils zwei Sätze miteinander verbinden.

(A) Aufgabe

a) Verbinde jeweils einen Teilsatz aus der linken mit einem Teilsatz aus der rechten Spalte. Verwende dazu eine passende Konjunktion.
b) Schreibe die Sätze ab und setze das Komma und die anderen Satzzeichen richtig.
c) * Probiere bei den einzelnen Beispielen aus, ob die Reihenfolge der Teilsätze auch umgekehrt sein kann, ohne dass der Sinn verändert wird.

Einfacher: Tabelle 1 (Teilsätze aus Spalte rechts stehen in der richtigen Reihenfolge)
Schwieriger: Tabelle 2 (Teilsätze aus Spalte rechts müssen passend ausgewählt werden)

Tabelle 1

1. Dirk geht in den Supermarkt. 2. Zusammen mit Mara hat er eine Liste geschrieben. 3. Soll er trotzdem einkaufen gehen? 4. Er kann Mara nicht erreichen. 5. Cola und Salzstangen muss er auf jeden Fall mitnehmen. 6. Dirk kauft auch noch Papierservietten. 7. Hat er wohl an alles gedacht?	und oder denn aber	1. Er will für eine Party einkaufen. 2. Die Liste hat er zu Hause vergessen. 3. Soll er Mara anrufen und eine neue Liste machen? 4. Die wichtigsten Dinge fallen ihm wieder ein. 5. Mara hat Schokomilch aufgeschrieben. 6. Er nimmt eine riesige Packung Kekse aus dem Sonderangebot mit.

Tabelle 2

1. Dirk geht in den Supermarkt. 2. Zusammen mit Mara hat er eine Liste geschrieben. 3. Soll er trotzdem einkaufen gehen? 4. Er kann Mara nicht erreichen. 5. Cola und Salzstangen muss er auf jeden Fall mitnehmen. 6. Dirk kauft auch noch Papierservietten. 7. Hat er wohl an alles gedacht?	und oder denn aber	a) Die wichtigsten Dinge fallen ihm wieder ein. b) Er nimmt eine riesige Packung Kekse aus dem Sonderangebot mit. c) Die Liste hat er zu Hause vergessen. d) Soll er Mara anrufen und eine neue Liste machen? e) Mara hat Schokomilch aufgeschrieben. f) Er will für eine Party einkaufen. g) Hat er etwas Wichtiges vergessen?

Beispiel:
a), b) Dirk geht in den Supermarkt, **denn er** will für eine Party einkaufen.
c) Soll er trotzdem einkaufen gehen, **oder** soll er Mara anrufen und eine neue Liste machen?
→ Soll er Mara anrufen und eine neue Liste machen, **oder** soll er trotzdem einkaufen gehen?

© 2011 Kallmeyer in Verbindung mit Klett · Friedrich Verlag GmbH, Seelze. Alle Rechte vorbehalten.

Sätze verbinden 2 (Hauptsatz + Hauptsatz)

Wenn in einem Text nur kurze einzelne Sätze stehen, wirkt er schnell eintönig. Deshalb ist es oft sinnvoll, Sätze miteinander zu verbinden. In den folgenden Beispielen kannst du jeweils zwei Sätze miteinander verbinden.

A Aufgabe

a) Verbinde jeweils einen Teilsatz aus der linken mit einem Teilsatz aus der rechten Spalte. Verwende dazu eine passende Konjunktion.
b) Schreibe die Sätze ab und setze das Komma und die anderen Satzzeichen richtig.
c) * Probiere bei den einzelnen Beispielen aus, ob die Reihenfolge der Teilsätze auch umgekehrt sein kann, ohne dass der Sinn verändert wird.

Einfacher: Tabelle 1 (Teilsätze aus Spalte rechts müssen passend ausgewählt werden)
Schwieriger: Tabelle 2 (Teilsätze aus Spalte links müssen passend geordnet werden)

Tabelle 1

1. Liv beeilt sich auf dem Weg zur Schule. 2. Kann sie schnell genug laufen? 3. Der Wecker hat um sieben Uhr geklingelt. 4. Sie hat etwas Aufregendes geträumt. 5. Um halb acht ist ihr kleiner Bruder ins Zimmer gekommen. 6. Der Kleine ist immer schon um sechs Uhr putzmunter. 7. Steh jetzt schnell auf! 8. Wird sie es wohl noch schaffen?	und oder denn aber	a) Sie hat das Klingeln nicht gehört. b) Wird ihr die Puste nicht ausgehen? c) Sie hat verschlafen. d) Er hat sie gekitzelt. e) Wird sie zu spät kommen? f) Sie war einfach viel zu müde. g) Er muss früh schlafen gehen. h) Nimm deine Schultasche und lauf los!

Tabelle 2

A. Kann sie schnell genug laufen? B. Der Kleine ist immer schon um sechs Uhr putzmunter. C. Der Wecker hat um sieben Uhr geklingelt. D. Steh jetzt schnell auf! E. Um halb acht ist ihr kleiner Bruder ins Zimmer gekommen. F. Sie hat etwas Aufregendes geträumt. G. Liv beeilt sich auf dem Weg zu Schule. H. Wird sie es wohl noch schaffen?	und oder denn aber	a) Sie hat das Klingeln nicht gehört. b) Wird ihr die Puste nicht ausgehen? c) Sie hat verschlafen. d) Nimm deine Schultasche und lauf los! e) Er hat sie gekitzelt. f) Wird sie zu spät kommen? g) Sie war einfach viel zu müde. h) Er muss früh schlafen gehen.

Beispiel:
a), b) Liv beeilt sich auf dem Weg zu Schule, **denn** sie hat verschlafen.
c) Kann sie schnell genug laufen, **und** wird ihr die Puste nicht ausgehen?
→ Wird ihr die Puste nicht ausgehen, **und** kann sie schnell genug laufen?

© 2011 Kallmeyer in Verbindung mit Klett · Friedrich Verlag GmbH, Seelze. Alle Rechte vorbehalten.

ARBEITSBLATT 46

Sätze verbinden 3 (Hauptsatz + Nebensatz)

Wenn in einem Text nur kurze einzelne Sätze stehen, wirkt er schnell eintönig. Deshalb ist es oft sinnvoll, Sätze miteinander zu verbinden. In den folgenden Beispielen kannst du jeweils zwei Sätze miteinander verbinden.

(A) Aufgabe

a) Verbinde jeweils einen Teilsatz aus der linken mit einem Teilsatz aus der rechten Spalte. Verwende dazu eine passende Konjunktion. Setze im Teilsatz aus der rechten Spalte die Personalform an die richtige Stelle.

b) Schreibe die Sätze ab und setze das Komma und die anderen Satzzeichen richtig.

c) * Probiere bei den einzelnen Beispielen aus, ob die Reihenfolge der Teilsätze auch umgekehrt sein kann, ohne dass der Sinn verändert wird.

Einfach: Tabelle 1 (Teilsätze in der Spalte rechts haben bereits die richtige Form)
Schwieriger: Tabelle 2 (die Teilsätze in der rechten Spalte rechts müssen formal angepasst werden)

Tabelle 1

1) Heute geht die Klasse 3b auf einen Ausflug 2) Der Zug fährt ab 3) Familie Jansen unternimmt eine Fahrradtour 4) Kommst du auch mit? 5) Toms Rucksack wurde gestohlen 6) Wir gönnen uns ein kühles Getränk 7) Morgen musst du eine warme Jacke mitnehmen	weil wenn während als sobald nachdem obwohl	1) die 3c eine Klassenarbeit schreibt. 2) das Signal auf Grün gestellt wird 3) es wahrscheinlich bald regnet 4) wir morgen in den neuen Freizeitpark fahren 5) er am Kiosk Kaugummi kaufte 6) wir auf der Wanderung so sehr geschwitzt haben 7) es sehr kalt sein wird

Tabelle 2

1) Heute geht die Klasse 3b auf einen Ausflug 2) Der Zug fährt ab 3) Familie Jansen unternimmt eine Fahrradtour 4) Kommst du auch mit? 5) Toms Rucksack wurde gestohlen 6) Wir gönnen uns ein kühles Getränk 7) Morgen musst du eine warme Jacke mitnehmen	weil wenn während als sobald nachdem obwohl	1) die 3c schreibt eine Klassenarbeit. 2) das Signal wird auf Grün gestellt 3) es regnet wahrscheinlich bald 4) wir fahren morgen in den neuen Freizeitpark 5) er kaufte am Kiosk Kaugummi 6) wir haben auf der Wanderung so sehr geschwitzt 7) es wird sehr kalt sein

Beispiel:
a), b) Heute geht die Klasse 3b auf einen Ausflug, **während** die 3c eine Klassenarbeit schreibt.
c) Während die 3c eine Klassenarbeit schreibt, geht die Klasse 3b heute auf einen Ausflug.

© 2011 Kallmeyer in Verbindung mit Klett · Friedrich Verlag GmbH, Seelze. Alle Rechte vorbehalten.

ARBEITSBLATT 47

Sätze verbinden 4 (Hauptsatz + Hauptsatz, Hauptsatz + Nebensatz)

Wenn in einem Text nur kurze einzelne Sätze stehen, wirkt er schnell eintönig. Deshalb ist es oft sinnvoll, Sätze miteinander zu verbinden. In den folgenden Beispielen kannst du jeweils zwei Sätze miteinander verbinden.

(A) Aufgabe

a) Verbinde jeweils zwei Teilsätze mit einer passenden Konjunktion.
b) Setze im Teilsatz aus der rechten Spalte die Personalform an die richtige Stelle, falls das nötig ist.
c) Schreibe die Sätze ab und setze das Komma und die anderen Satzzeichen richtig.
d) * Probiere bei den einzelnen Beispielen aus, ob die Reihenfolge der Teilsätze auch umgekehrt sein kann, ohne dass der Sinn verändert wird.

1) Selma sucht für ihre Schwester ein schönes Weihnachtsgeschenk	und	1) Bis jetzt hat sie noch nichts Passendes gefunden
2) Das Einkaufszentrum ist sehr voll	oder	2) Heute ist ein schulfreier Tag
3) Vor manchen Geschäften stehen Sicherheitsbeamte	denn	3) In letzter Zeit wurden immer mehr Waren gestohlen
4) Alex möchte eine teure Jacke kaufen	aber	4) Er braucht das Geld eigentlich für eine neue Hose.
5) Wir gehen nach Hause	weil	5) Unsere Suche nach einem Rucksack war erfolgreich
6) Der Brandalarm schrillt los	wenn	6) Jemand hat in der Toilette geraucht
7) Ihr könnt im Café auf uns warten	während	7) Wir gehen neue Computerspiele ausprobieren
8) Ich werde verspätet ins Training kommen	als	8) An der Kasse muss ich sehr lange warten
9) Weihnachtsgeschenke kauft Pedro erst nächste Woche	sobald	9) Er bastelt selber etwas Kleines für seine Oma
10) Ein bekannter TV-Moderator geht durch das Möbelgeschäft	nachdem	10) Alle Anwesenden schauen ihm nach
	obwohl	

Beispiel:
a), b), c) Das Einkaufszentrum ist sehr voll, **weil** heute ein schulfreier Tag ist.
d) Weil heute ein schulfreier Tag ist, ist das Einkaufszentrum sehr voll.

© 2011 Kallmeyer in Verbindung mit Klett · Friedrich Verlag GmbH, Seelze. Alle Rechte vorbehalten.

ARBEITSBLATT 48

Sätze erfinden und verbinden

Etwas mit Sprache darzustellen bedeutet, dass man für die einzelnen Informationen Sätze bildet und diese richtig verbindet. Oft denkt man auch zuerst an die Verbindung und bildet erst dann die fertigen Sätze. Mit dem abgedruckten oder einem anderen Bild (Comic, Wimmelbild etc.) kannst du das üben und Verbindungswörter gezielt einsetzen.

A

Aufgabe

Verbinde jeweils Informationen mit Verknüpfungswörtern.

a) Verwende aus jedem Block ein Verknüpfungswort.
b) Verwende alle Verknüpfungswörter, die du bereits kennst.
c) Verwende alle Verknüpfungswörter. (Frage nach, wenn du nicht sicher bist, wie sie gebraucht werden oder was sie genau bedeuten).
d) Ergänze zusätzliche Verknüpfungswörter.

und
außerdem
oder

Aufzählung

als, während,
dabei, solange

dann, danach,
nachher, sobald,
nach

davor, bevor,
vorher, bis, seit

Zeit
temporal

wenn, falls
wenn ..., dann
sonst
jedes Mal, wenn

Bedingung
konditional

© Walter Uhlein

weil, da, deshalb, deswegen, denn, nämlich, ja, wegen	*..., so dass so..., dass ohne dass folglich, also*	*um zu damit*	*obwohl wenn auch aber trotzdem dennoch immerhin trotz*	*indem, dadurch, damit dadurch, dass mit, durch, wobei ohne dass*
Grund Kausal	Folge konsekutiv	Absicht final	Einwand konzessiv	Mittel instrumental, modal

© 2011 Kallmeyer in Verbindung mit Klett · Friedrich Verlag GmbH, Seelze. Alle Rechte vorbehalten.

Zusammengesetzte Sätze: Direkte und indirekte Rede

Was jemand gesagt hat, kann man in der direkten/wörtlichen oder in der indirekten Rede wiedergeben. Inhaltlich kann man das Gleiche ausdrücken, aber die Wirkung ist nicht gleich. Überprüfe das mit den folgenden Sätzen.

A Aufgabe

a) Entscheide bei jeder Zeile, ob der zweite Satz in der direkten oder in der indirekten Rede steht.
b) Markiere direkte Rede mit einem D, indirekte Rede mit einem I.
c) * Schreibe jede Zeile mit den richtigen Satzzeichen ab.
d) * Forme die Sätze in direkter Rede in indirekte Rede um und schreibe sie ab.
e) * Verändere die Reihenfolge der Teilsätze bei c) und d) wie im Beispiel.

1. Danny schreit	Samira hat ein grobes Foul begangen	
2. Sina schluchzt	ich habe Nasenbluten	
3. Der Turnlehrer fragt	ob jemand den Vorfall gesehen hat	
4. Petra sagt	das ist kein Foul gewesen, Samira ist bloß gestolpert	
5. Moni tröstet Sina	mit dem kühlen Umschlag werde die Nase weniger wehtun	
6. Der Turnlehrer erkundigt sich bei Sina	hast du Kopfschmerzen	
7. Tapfer sagt Sina	dass es ihr schon wieder besser geht	

Beispiele:
a), b), c) Danny schreit: „Samira hat ein grobes Foul begangen!“ – D
d) Danny schreit, Samira habe ein grobes Foul begangen.
e) „Samira hat ein grobes Foul begangen!“, schreit Danny. –
„Samira“, schreit Danny, „hat ein grobes Foul begangen!“ –
Samira habe ein grobes Foul begangen, schreit Danny. –
Samira, schreit Danny, habe ein grobes Foul begangen.

© 2011 Kallmeyer in Verbindung mit Klett · Friedrich Verlag GmbH, Seelze. Alle Rechte vorbehalten.

A 5. Zusammenhang im Text

Die textuelle Ebene muss primär integriert in Lese- und Schreibanlässe thematisiert werden. Hier werden einige wenige Anregungen formuliert, die sich an der Grenze zu syntaktischen Übungen bewegen. Für anwendungsbezogenes Arbeiten sei erneut auf die Checkliste zum Schreiben verwiesen (s. Abschnitt 3.1).

Zeitliche Abfolge im Text 1 und 2 (ab 5. Klasse; Arbeitsblatt 50 und 51)
Die zeitliche Abfolge kann anhand von stichwortartigen Notizen, aber auch mit Skizzen, Zetteln oder nur gedanklich hergestellt werden. Die Übung verlangt einerseits, dass die Lernenden eine sinnvolle Reihenfolge herstellen, andererseits, dass sie die Satzanschlüsse angemessen gestalten, sei es mit Verknüpfungsmitteln oder mit passender topologischer Gliederung. Am sinnvollsten ist es, wenn die Schülerinnen und Schüler ihre Lösungen vergleichen und Unterschiede diskutieren.

Eine Situation – zwei Perspektiven 1 und 2 (ab 7. Klasse; Arbeitsblatt 52 und 53)
Texte bieten uns die Möglichkeit, Sachverhalte unterschiedlich zu perspektivieren. Dies lässt sich nur bedingt auf ein Übungsformat reduzieren, die Funktion dieser Übung ist nicht Training, sondern Sensibilisierung. Diese gelingt am besten, wenn die Texte ausgetauscht und diskutiert werden. Dabei kann man auch arbeitsteilig vorgehen, d. h., dass mit dem gleichen Ausgangsmaterial die einen Schülerinnen und Schüler einen Text zu Titel 1, die anderen einen zu Titel 2 schreiben.

Zeitliche Abfolge im Text 1

Wenn man eine Geschichte erzählen oder ein Ereignis beschreiben will, ist es wichtig, dass die Reihenfolge der einzelnen Schritte sinnvoll ist. Am einfachsten ist es, Handlungen in der Reihenfolge darzustellen, in der sie geschehen, also eine nach der anderen. Mit den folgenden Sätzen kannst du das ausprobieren.

A Aufgabe

a) Lies die Informationen und überlege, was geschieht. Satz 1 ist der Anfang des Texts; nummeriere die folgenden Schritte in einer sinnvollen zeitlichen Reihenfolge (es gibt verschiedene Möglichkeiten).
b) Bilde Sätze und schreibe sie nacheinander auf, wenn du willst, mit verknüpfenden Wörtern dazwischen.
c) Vergleicht eure Lösungen und besprecht Unterschiede.

1. Die Freundin anrufen
   - a Sich über die viele Werbung vor dem Film ärgern
   - b Sich gemeinsam für einen Film entscheiden
   - c An der Kinokasse die Karten bezahlen
   - d Warten, bis das Licht ausgeht
   - e Am Automaten Geld besorgen
   - f Erwartungsvoll auf die Leinwand schauen
   - g Schlange stehen am Eingang zum Kino
   - h Popcorn kaufen
   - i Sich am vereinbarten Treffpunkt einfinden

Beispiele:
a) auf Satz 1 folgt b; b = Satz 2
b) Liv ruft ihre Freundin an, (und) sie entscheiden sich gemeinsam für einen Film.

© 2011 Kallmeyer in Verbindung mit Klett · Friedrich Verlag GmbH, Seelze. Alle Rechte vorbehalten.

Zeitliche Abfolge im Text 2

Wenn man eine Geschichte erzählen oder ein Ereignis beschreiben will, ist es wichtig, dass die Reihenfolge der einzelnen Schritte sinnvoll ist. Am einfachsten ist es, Handlungen in der Reihenfolge darzustellen, wie sie geschehen, also eine nach der anderen. Mit den folgenden Sätzen kannst du das ausprobieren.

A Aufgabe

a) Lies die Informationen und überlege, was geschieht. Satz 1 ist der Anfang des Texts; nummeriere die folgenden Schritte in einer sinnvollen zeitlichen Reihenfolge (es gibt verschiedene Möglichkeiten).
b) Bilde Sätze und schreibe sie nacheinander auf, wenn du willst, mit verknüpfenden Wörtern dazwischen.
c) Vergleicht eure Lösungen und besprecht Unterschiede.

1. Im Kleiderschrank die Badesachen zusammensuchen
   a Eine Flasche Saft aus dem Kühlschrank nehmen
   b Im Freibad einen Schattenplatz suchen
   c Schnell zum Bus laufen
   d Bei der jüngeren Schwester Sonnenmilch ausleihen
   e Alles Nötige in eine Tasche packen
   f Brote bereitmachen in der Küche
   g Beim Einsteigen die Freunde begrüßen

Beispiele:
a) auf Satz 1 folgt f; f = Satz 2.
b) Erik sucht im Kleiderschrank die Badesachen zusammen, danach macht er in der Küche Brote bereit.

© 2011 Kallmeyer in Verbindung mit Klett · Friedrich Verlag GmbH, Seelze. Alle Rechte vorbehalten.

Eine Situation – zwei Perspektiven 1

Die meisten Situationen kann man verschieden wahrnehmen und darstellen, je nachdem, worauf man besonders achtet oder was einen interessiert. Hier findest du Stichwörter zu einer Situation und zwei Titel-Vorschläge. Zu beiden Titeln kannst du nach der folgenden Anleitung einen Text schreiben.

A Aufgabe

a) Entscheide dich für einen der beiden Titel.
b) Stell dir die Situation möglichst genau vor.
c) Zwei Sätze passen schlecht zu Titel 1, zwei passen schlecht zu Titel 2. Streiche sie mit Bleistift durch.
d) Bilde aus den vorgegebenen Teilen Sätze und schreibe den Text auf.

Text 1: Cristina bäckt einen Kuchen
Text 2: So wird ein Kuchen gebacken

Bereitlegen, was nötig ist: eine Packung Teig, Äpfel, geriebene Nüsse, Zucker und Sahne.
Sich auf den Kuchen freuen
In eine Kuchenform Backtrennpapier und dann den Teig legen
Die Äpfel schälen und sie in Spalten schneiden
Frisch vom Baum gepflückt sein
Die Äpfel sorgfältig auf den Teig mit den Nüssen legen
Die Haselnüsse darüberstreuen
Frisch gemahlen sein
Den Kuchen ohne Sahne während 15 Minuten backen
Sahne darübergießen
Den Kuchen fertig backen
Den Sahnerest aus der Schüssel lecken
Am Schluss Zucker über den Kuchen streuen

Beispiel:
Text 1: Cristina legt alles bereit, was nötig ist: …
Text 2: Zuerst muss alles bereitgelegt werden, was nötig ist: …

© 2011 Kallmeyer in Verbindung mit Klett · Friedrich Verlag GmbH, Seelze. Alle Rechte vorbehalten.

ARBEITSBLATT 53

Eine Situation – zwei Perspektiven 2

Die meisten Situationen kann man verschieden wahrnehmen und darstellen, je nachdem, worauf man besonders achtet oder was einen interessiert. Hier findest du Stichwörter zu einer Situation und zwei Titelvorschläge. Zu beiden Titeln kannst du nach der folgenden Anleitung einen Text schreiben.

A Aufgabe

a) Entscheide dich für einen der beiden Titel.
b) Stell dir die Situation möglichst genau vor.
c) Zwei Sätze passen schlecht zu Titel 1, zwei passen schlecht zu Titel 2. Streiche sie mit Bleistift durch.
d) Bilde aus den vorgegebenen Teilen Sätze und schreibe den Text auf.

Text 1: Mirko und Renate kaufen auf dem Markt ein
Text 2: Begegnung mit einem alten Freund

Langsam alle Marktstände absuchen
Karotten, Sellerie und Kohl kaufen
Müde werden
Im geheizten Zelt einen Glühwein trinken
Laut „Hallo" rufen
Sich herzlich begrüßen
Von Ferienerlebnissen erzählen
Sich plötzlich eilig verabschieden
Suppenfleisch und Knochen abwägen lassen
Nach Petersilienwurzel und Lorbeerblättern fragen
Sich an die vergessenen Kartoffeln erinnern
Nach Hause gehen und Suppe kochen

Beispiel:
Text 1: Mirko und Renate suchen langsam alle Marktstände ab, denn ...
Text 2: Während Mirko und Renate langsam alle Marktstände absuchen, ...

© 2011 Kallmeyer in Verbindung mit Klett · Friedrich Verlag GmbH, Seelze. Alle Rechte vorbehalten.

A 6. Interpunktion

Studien zeigen, dass die Kompetenz, Kommas richtig zu setzen, nicht primär von Regelwissen und -lernen gestützt wird (s. Abschnitt 1. 7). Sinnvoll ist also nicht isoliertes Regelwissen, sondern vonseiten der Schülerinnen und Schüler das grundsätzliche Verständnis, dass nicht das Gefühl oder „gehörte" Pausen maßgeblich sind, sondern die syntaktischen Strukturen. Übungen sind sinnvoll, wenn sie Lernende darin unterstützen, Texte konzentriert so zu lesen, dass sie die syntaktischen Strukturen besser erkennen. Dabei liegt der Schwerpunkt vor allem auf dem Erkennen der Personalform. Wiederholt wurde darauf hingewiesen, dass das systematische Erarbeiten von Interpunktionsregeln eher unfruchtbar ist. Deshalb sollen die Übungen nicht zu größeren Einheiten verbunden werden. Sinnvoller ist es, mit Jugendlichen ab der 8. Klasse zu besprechen, in welchen Bereichen der Interpunktion sie besondere Unsicherheiten feststellen und mit welchen Strategien sie darauf reagieren können.

Teilsätze erkennen, richtiges Satzzeichen 1, 2 und 3 (ab 5. Klasse; Arbeitsblatt 54 bis 59)
Die Ausgangstexte (fiktive Interviews) enthalten vor allem Aussagesätze, daneben, vor allem in den Beispielen 2 und 3, diverse Nebensätze. Als Abwechslung sind Frage- und Befehls- bzw. Aufforderungssätze eingestreut.

Neben den vorgeschlagenen Lösungen („Selbstkontrolle") sind Alternativen möglich, z. B. Punkt statt Komma, Komma statt Punkt oder der Einsatz von Strichpunkt und Doppelpunkt. Es ist wichtig, dass Schülerinnen und Schüler, welche solche Varianten vorschlagen, sie besprechen können und nicht den Eindruck bekommen, es gebe nur eine richtige Lösung.

Direkte und indirekte Rede mit richtigen Zeichen (ab 6. Klasse; Arbeitsblatt 60)
Die vorliegende Übung bietet (noch einmal) Material zur direkten und indirekten Rede. Neben den korrekten Satzzeichen befassen sich die Schülerinnen und Schüler auch mit der textuellen Gestaltung der kleinen Szene.

Aufzählungen 1 und 2 (ab 5. Klasse; Arbeitsblatt 61 bis 63)
Das Komma bei Aufzählungen zählt nicht zu den wichtigsten Problembereichen, entsprechend sollen diese Übungen nur dann als Repetition eingesetzt werden, wenn Bedarf besteht.

Teilsätze erkennen, richtiges Satzzeichen 1

In Interviews stellt eine Person Fragen, die andere gibt Antworten oder reagiert ihrerseits mit Fragen. Solche Texte findest du hier. Aber die Satzzeichen fehlen. Erkennst du, welche Zeichen sinnvoll sind?

A Aufgabe

a) Lies den Interviewtext. Vielleicht erkennst du direkt, wo Satzzeichen hingehören. Setze sie mit Bleistift. Kennzeichne die Interviewerin mit A, den Interviewten mit B.
b) Suche die Personalformen und markiere sie.
c) Überlege bei jeder Personalform, zu welchem Satz sie gehört. Markiere die Grenze mit einem senkrechten Strich (Bleistift).
d) Setze mit einem dicken farbigen Stift die Satzzeichen (Punkt, Fragezeichen, Ausrufezeichen und Komma). Besprecht eure Lösungen.

A: Hältst du bei einem Stoppsignal immer an?
B: Ich bemühe mich sehr ich weiß wie gefährlich es ist wenn man es nicht tut halte unbedingt immer an

A: Wer bekommt von dir ein Weihnachtsgeschenk?
B: Meine Familie tauscht keine Geschenke aus man trifft sich zu einem feinen Essen aber meiner Freundin schenke ich gerne etwas Kleines darüber freut sie sich immer

Was kannst du schlecht wegwerfen?
Stell mir diese Frage nicht ich kann überhaupt nichts wegwerfen mein Zimmer gleicht einem Trödelladen

Wann hast du zuletzt etwas Nettes zu jemand Unbekanntem gesagt?
Heute früh habe ich eine Verkäuferin aufgemuntert sie sah schrecklich müde aus ich glaube sie hat sich darüber sehr gefreut

Wie kann man dich am besten verärgern?
Ganz schlecht ertrage ich vorwurfsvolle Fragen bei solchen werde ich schnell ungeduldig dann breche ich das Gespräch ab

Beispiel:
B: Ich **bemühe** mich sehr. / Ich **weiß**, wie gefährlich es ist, / wenn man es nicht **tut**.

© 2011 Kallmeyer in Verbindung mit Klett · Friedrich Verlag GmbH, Seelze. Alle Rechte vorbehalten.

Teilsätze erkennen, richtiges Satzzeichen 1 (Selbstkontrolle)

A Aufgabe

An manchen Stellen sind auch andere Lösungen richtig (Punkt statt Komma, Komma statt Punkt, Doppelpunkt statt Punkt u. a.). Besprecht Unterschiede in euren Lösungen.

A: **Hältst** du bei einem Stoppsignal immer an?
B: Ich **bemühe** mich sehr. / Ich **weiß**, / wie gefährlich es **ist**, / wenn man es nicht **tut.** / **Halte** unbedingt immer an!

A: Wer **bekommt** von dir ein Weihnachtsgeschenk?
B: Meine Familie **tauscht** keine Geschenke aus. / Man **trifft** sich zu einem feinen Essen. / Aber meiner Freundin **schenke** ich gerne etwas Kleines, / darüber **freut** sie sich immer.

A: Was **kannst** du schlecht wegwerfen?
B: **Stell** mir diese Frage nicht! / Ich **kann** überhaupt nichts wegwerfen. / Mein Zimmer **gleicht** einem Trödelladen.

A: Wann **hast** du zuletzt etwas Nettes zu jemand Unbekanntem gesagt?
B: Heute früh **habe** ich eine Verkäuferin aufgemuntert. / Sie **sah** schrecklich müde aus, / ich **glaube**, / sie **hat** sich darüber sehr gefreut.

A: Wie **kann** man dich am besten verärgern?
B: Ganz schlecht **ertrage** ich vorwurfsvolle Fragen. / Bei solchen **werde** ich schnell ungeduldig, / dann **breche** ich das Gespräch ab.

© 2011 Kallmeyer in Verbindung mit Klett · Friedrich Verlag GmbH, Seelze. Alle Rechte vorbehalten.

ARBEITSBLATT 56

Teilsätze erkennen, richtiges Satzzeichen 2

A Aufgabe

a) Lies den Interviewtext. Vielleicht erkennst du direkt, wo Satzzeichen hingehören. Setze sie mit Bleistift. Kennzeichne die Interviewerin mit A, den Interviewten mit B.
b) Suche die Personalformen und markiere sie.
c) Überlege bei jeder Personalform, zu welchem Satz sie gehört. Markiere die Grenze mit einem senkrechten Strich (Bleistift).
d) Setze mit einem dicken farbigen Stift die Satzzeichen (Punkt, Fragezeichen, Komma, Ausrufezeichen). Besprecht eure Lösungen.

A: Halten Sie bei einem Stoppsignal immer an
B: jetzt sollte ich natürlich „Ja“ sagen aber ich möchte ehrlich sein manchmal fahre ich ganz langsam weiter obwohl ich weiß dass das nicht gut ist

Wer bekommt von Ihnen ein Weihnachtsgeschenk alle Freunde die ich zu meiner Weihnachtsparty einlade wir haben jedoch vereinbart dass wir nicht mehr als 20 Euro für ein Geschenk ausgeben und die meisten von uns halten sich an diese Abmachung

Was können Sie schlecht wegwerfen von Dingen mit denen ich Erinnerungen verbinde kann ich mich kaum trennen denn sie sind ein Teil von mir geht es nicht den meisten Menschen so Erinnerungen sind doch wichtig für uns

Wann haben Sie zuletzt etwas Nettes zu jemand Unbekanntem gesagt ich fürchte dass ich das zu selten tue und ihre Frage erinnert mich daran dass ich mich häufiger dazu aufraffen sollte solche netten kleinen Gesten kosten ja nichts aber man kann damit sehr viel Freude bereiten gerade wenn man jemanden nicht kennt

Wie kann man Sie am besten verärgern versuchen Sie es ruhig es wird Ihnen nicht gelingen denn ich bin ein Mensch der sich nicht aus der Ruhe bringen lässt und die wenigen Dinge die mich tatsächlich ärgern werde ich Ihnen nicht verraten

Beispiel:
A: **Halten** Sie bei einem Stoppsignal immer an?/ B: Jetzt **sollte** ich natürlich „Ja“ sagen, / aber ich **möchte** ...

© 2011 Kallmeyer in Verbindung mit Klett · Friedrich Verlag GmbH, Seelze. Alle Rechte vorbehalten.

Teilsätze erkennen, richtiges Satzzeichen 2 (Selbstkontrolle)

A Aufgabe

An manchen Stellen sind auch andere Lösungen richtig (Punkt statt Komma, Komma statt Punkt, Doppelpunkt statt Punkt u. a.). Besprecht Unterschiede in euren Lösungen.

A: **Halten** Sie bei einem Stoppsignal immer an? /
B: Jetzt **sollte** ich natürlich „Ja" sagen, / aber ich **möchte** ehrlich sein. / Manchmal **fahre** ich ganz langsam weiter, / obwohl ich **weiß**, / dass das nicht gut **ist**.

A: Wer **bekommt** von Ihnen ein Weihnachtsgeschenk? /
B: Alle Freunde, / die ich zu meiner Weihnachtsparty **einlade**. / Wir **haben** jedoch vereinbart, / dass wir nicht mehr als 20 Euro für ein Geschenk **ausgeben**, / und die meisten von uns **halten** sich an diese Abmachung.

A: Was **können** Sie schlecht wegwerfen? /
B: Von Dingen, / mit denen ich Erinnerungen **verbinde**, / **kann** ich mich kaum trennen, / denn sie **sind** ein Teil von mir. / **Geht** es nicht den meisten Menschen so? / Erinnerungen **sind** doch wichtig für uns.

A: Wann **haben** Sie zuletzt etwas Nettes zu jemand Unbekanntem gesagt? /
B: Ich **fürchte**, / dass ich das zu selten **tue**, / und ihre Frage **erinnert** mich daran, / dass ich mich häufiger dazu aufraffen **sollte**. / Solche netten kleinen Gesten **kosten** ja nichts, / aber man **kann** damit sehr viel Freude bereiten, / gerade wenn man jemanden nicht **kennt**.

A: Wie **kann** man Sie am besten verärgern? /
B: **Versuchen** Sie es ruhig! / Es **wird** Ihnen nicht gelingen, / denn ich **bin** ein Mensch, / der sich nicht aus der Ruhe bringen **lässt**, / und die wenigen Dinge, / die mich tatsächlich **ärgern**, / **werde** ich Ihnen nicht verraten.

© 2011 Kallmeyer in Verbindung mit Klett · Friedrich Verlag GmbH, Seelze. Alle Rechte vorbehalten.

Teilsätze erkennen, richtiges Satzzeichen 3

A Aufgabe

a) Lies den Interviewtext. Vielleicht erkennst du direkt, wo Satzzeichen hingehören. Setze sie mit Bleistift. Kennzeichne die Interviewerin mit A, den Interviewten mit B.
b) Suche die Personalformen und markiere sie.
c) Überlege bei jeder Personalform, zu welchem Satz sie gehört. Markiere die Grenze mit einem senkrechten Strich (Bleistift).
d) Setze mit einem dicken farbigen Stift die Satzzeichen (Punkt, Fragezeichen, Komma, Ausrufezeichen). Besprecht eure Lösungen.

A: Halten Sie bei einem Stoppsignal immer an B: schaffen Sie das denn man muss doch ehrlich sein wenn man diese Frage beantwortet das schafft niemand
Wer bekommt von Ihnen ein Weihnachtsgeschenk ich beschenke meine beiden Patenkinder weil das für Kinder wichtig ist wie ich aus Erfahrung weiß aber Erwachsenen mache ich keine Geschenke lieber spende ich einem Hilfswerk das Kinder in Entwicklungsländern unterstützt etwas Geld
Was können Sie schlecht wegwerfen eigentlich kann ich alles wegwerfen nur bei Büchern die ich gerne gelesen habe schaffe ich es schlecht da ich immer wieder umziehen musste habe ich Dinge die mir überflüssig schienen immer gleich weitergegeben oder weggeworfen
Wann haben Sie zuletzt etwas Nettes zu jemand Unbekanntem gesagt begleiten Sie mich ein paar Stunden Sie werden merken dass ich dauernd nette Sachen zu allen sage auch wenn ich manchmal seltsam angeschaut werde deswegen eigentlich ist es traurig dass Leute misstrauisch werden wenn man nett zu ihnen ist
Wie kann man Sie am besten verärgern warum stellen Sie diese Frage es dauert ziemlich lange bis ich mich ärgere das wissen alle die mich kennen man kommt einfach leichter durchs Leben wenn man sich nicht gleich die Laune verderben lässt von Dingen die man ja doch nicht ändern kann

Beispiel:
A: **Halten** Sie bei einem Stoppsignal immer an?/ B: **Schaffen** Sie das denn? / Man **muss** doch ...

© 2011 Kallmeyer in Verbindung mit Klett · Friedrich Verlag GmbH, Seelze. Alle Rechte vorbehalten.

Teilsätze erkennen, richtiges Satzzeichen 3 (Selbstkontrolle)

A Aufgabe

An manchen Stellen sind auch andere Lösungen richtig (Punkt statt Komma, Komma statt Punkt, Doppelpunkt statt Punkt u. a.). Besprecht Unterschiede in euren Lösungen.

A: **Halten** Sie bei einem Stoppsignal immer an? /
B: **Schaffen** Sie das denn? / Man **muss** doch ehrlich sein, / wenn man diese Frage **beantwortet**. / Das **schafft** niemand.

A: Wer **bekommt** von Ihnen ein Weihnachtsgeschenk? /
B: Ich **beschenke** meine beiden Patenkinder, / weil das für Kinder wichtig ist, / wie ich aus Erfahrung **weiß**, / aber Erwachsenen **mache** ich keine Geschenke. / Lieber **spende** ich einem Hilfswerk, / das Kinder in Entwicklungsländern **unterstützt**, / etwas Geld.

A: Was **können** Sie schlecht wegwerfen? /
B: Eigentlich **kann** ich alles wegwerfen, / nur bei Büchern, / die ich gerne gelesen **habe**, / **schaffe** ich es schlecht. / Da ich immer wieder umziehen **musste**, / **habe** ich Dinge, / die mir überflüssig **schienen**, / immer gleich weitergegeben oder weggeworfen.

A: Wann **haben** Sie zuletzt etwas Nettes zu jemand Unbekanntem gesagt? /
B: **Begleiten** Sie mich ein paar Stunden! / Sie **werden** merken, / dass ich dauernd nette Sachen zu allen **sage**, / auch wenn ich manchmal seltsam angeschaut **werde** deswegen. / Eigentlich **ist** es traurig, / dass Leute misstrauisch **werden**, / wenn man nett zu ihnen **ist**.

A: Wie **kann** man Sie am besten verärgern? /
B: Warum **stellen** Sie diese Frage? / Es **dauert** ziemlich lange, / bis ich mich **ärgere**. / Das **wissen** alle, / die mich **kennen**. / Man **kommt** einfach leichter durchs Leben, / wenn man sich nicht gleich die Laune verderben **lässt** von Dingen, / die man ja doch nicht ändern **kann**.

© 2011 Kallmeyer in Verbindung mit Klett · Friedrich Verlag GmbH, Seelze. Alle Rechte vorbehalten.

ARBEITSBLATT 60

Direkte und indirekte Rede mit richtigen Zeichen

Dirk, Sabine, Jens und Mariam haben gesehen, wie ein Auto einen Radfahrer angefahren hat. Sie werden von der Polizei zum Hergang des Unfalls befragt. Alle reden durcheinander.

(A) Aufgabe

a) Ordne die Sätze einzelnen Personen zu und erstelle eine sinnvolle Reihenfolge.
b) Formuliere je einen Begleitsatz und direkte Rede mit den richtigen Zeichen.
c) * Formuliere einzelne Sätze in indirekter Rede mit den richtigen Zeichen.
d) Lest einander eure Texte vor, auch ohne Begleitsätze, und vergleicht die Wirkung.

Dirk, Sabine, Jens und Mariam

1. Wahrscheinlich waren die Bremsen des Autos defekt.
2. Ich bin erst hinterher zu meinen Freunden gekommen und habe nichts gesehen.
3. Das Auto war viel zu schnell unterwegs.
4. Sabine und ich, wir beide standen hier vor dem Fußgängerstreifen.
5. Ist der Radfahrer schwer verletzt?
6. Die Autofahrerin hat mehrmals gehupt.
7. Der Baum hier hat die Sicht behindert.
8. Ich habe gesehen, dass die Frau beim Fahren ihr Handy benützt hat.
9. Der Radfahrer hat wohl an etwas anderes gedacht.

Polizist und Polizistin

10. Wer von euch war an der Kreuzung, als der Unfall passierte?
11. Bitte redet nicht alle auf einmal.
11. Sagt nur, was ihr gesehen habt.
12. Stellt bitte keine Vermutungen an.
13. Wo standest du genau, als der Radfahrer stürzte?
14. Er wird im Krankenhaus untersucht, aber seine Verletzungen scheinen nicht schlimm zu sein.

Beispiele

a) Wahrscheinlich waren die Bremsen des Autos defekt. – Stellt bitte keine Vermutungen an.
b) Mariam spekuliert: „Wahrscheinlich waren die Bremsen des Autos defekt." Die Polizistin mahnt: „Stellt bitte keine Vermutungen an!"
c) Mariam spekuliert, dass wahrscheinlich die Bremsen des Autos defekt gewesen seien. Die Polizistin mahnt, sie sollten keine Vermutungen anstellen.

© 2011 Kallmeyer in Verbindung mit Klett Friedrich Verlag GmbH, Seelze. Alle Rechte vorbehalten.

Aufzählungen 1

Mehrere gleiche Wörter, Wortgruppen oder Sätze kann man in einer Aufzählung mit „und“ verbinden. Das klingt aber nicht besonders flüssig. Statt „und“ kann auch ein Komma stehen. Das letzte Element der Aufzählung wird mit „und“ angehängt. Wenn man nur Stichwörter notiert, genügt auch dort ein Komma.

A Aufgabe

a) Zähle mindestens 3 weitere Dinge auf und setze die Kommas richtig.
b) * Beschreibe die aufgezählten Elemente mit zusätzlichen Eigenschaften und setze die Kommas richtig.
c) * Schreibe die Sätze von Schritt b) ohne Kommas ab und lass andere Schülerinnen und Schüler die richtigen Zeichen einsetzen.

1. Aus dem Kühlschrank holt sich Julian Cola, ...
2. Im Garten blühen Ringelblumen, ...
3. Im Schlussverkauf kauft Tamara eine Jeans, ...
4. Besorge für die Party bitte Orangensaft, ...
5. Am Andenkenstand betrachtet Manosch Ansichtskarten, ...
6. Auf meinem Schreibtisch liegen Heftklammern, ...
7. Für den Urlaub am Meer brauchst du eine Sonnenbrille, ...
8. An die Wand meines neuen Zimmers hänge ich zwei Poster, ...
9. Nach den Ferien kauft June neue Bleistifte, ...
10. Im Urlaub schickt Simon Postkarten an seinen besten Freund, ...
11. Die Touristen suchen als Andenken Kalender, ...

Beispiel:
a, b) Aus dem Kühlschrank holt sich Julian eine Riesenflasche **Cola**, sonnengereifte **Tomaten** aus dem Garten, sein bevorzugtes **Joghurt** aus Schafsmilch und würzigen **Käse** vom Bauernhof.

© 2011 Kallmeyer in Verbindung mit Klett · Friedrich Verlag GmbH, Seelze. Alle Rechte vorbehalten.

ARBEITSBLATT 62

Aufzählungen 2

Mehrere gleiche Wörter, Wortgruppen oder Sätze kann man in einer Aufzählung mit „und“ verbinden. Das klingt aber nicht besonders flüssig. Statt „und“ kann auch ein Komma stehen. Das letzte Element der Aufzählung wird mit „und“ angehängt. Wenn man nur Stichwörter notiert, genügt auch dort ein Komma. Aus den folgenden Sätzen kannst du jeweils einen einzigen Satz mit einer Aufzählung machen. Findest du heraus, worum es sich handelt?

A Aufgabe

a) Suche die Teile, die mehrmals vorkommen, und streiche sie mit Bleistift durch.
b) Bilde einen einzigen Satz mit einer Aufzählung, setze die Kommas richtig.
c) Schreibe die Sätze von Schritt B ohne Kommas ab und lass andere Schülerinnen und Schüler die richtigen Zeichen einsetzen.

1. Der Nachtisch wird aus Äpfeln und besonderem Teig gebacken. Er schmeckt warm am besten. Er wird mit Sahne oder Vanillesauce serviert.

2. Der Stoff ist meistens blau. Er ist grob gewebt. Er bleicht beim Waschen aus. Er wird oft für Hosen verwendet. Er galt lange als typisch amerikanisch.

3. Das Gemüse ist rot. Das Gemüse schmeckt im Sommer am besten. Es kann für Salate oder Saucen gebraucht werden. Es hieß früher Paradiesapfel.

4. Die Frucht ist gelb. Die Frucht ist gekrümmt. Die Frucht hat eine dicke Schale. Sie schmeckt sehr gut in Milchshakes oder mit Eis und Schokosauce.

5. Dieses besondere Buch gibt es schon sehr lange. Das Buch ist für manche Menschen heilig. Es wurde in sehr viele Sprachen übersetzt.

6. Das Spielzeug ist viereckig und besteht aus kleinen Würfeln. Es ist schwarz und knallfarbig bunt. Es fasziniert auch Erwachsene. Es verlangt logisches Vorgehen. Es trägt den Namen seines Erfinders.

Beispiel:
b) Der Nachtisch wird aus Äpfeln und besonderem Teig gebacken, schmeckt warm am besten und wird mit Sahne oder Vanillesauce serviert.

© 2011 Kallmeyer in Verbindung mit Klett · Friedrich Verlag GmbH, Seelze. Alle Rechte vorbehalten.

ARBEITSBLATT 63

Aufzählungen 2 (Selbstkontrolle)

1. Der Nachtisch wird aus Äpfeln und besonderem Teig gebacken, schmeckt warm am besten und wird mit Sahne oder Vanillesauce serviert.

2. Der Stoff ist meistens blau, ist grob gewebt, bleicht beim Waschen aus, wird oft für Hosen verwendet und galt lange als typisch amerikanisch.

3. Das Gemüse ist rot, schmeckt im Sommer am besten, kann für Salate oder Saucen gebraucht werden und hieß früher Paradiesapfel.

4. Die Frucht ist gelb, ist gekrümmt, hat eine dicke Schale und schmeckt sehr gut in Milchshakes oder mit Eis und Schokosauce.

5. Dieses besondere Buch gibt es schon sehr lange, (es) ist für manche Menschen heilig und wurde in sehr viele Sprachen übersetzt.

6. Das Spielzeug ist viereckig und besteht aus kleinen Würfeln, ist schwarz und knallfarbig bunt, fasziniert auch Erwachsene, verlangt logisches Vorgehen und trägt den Namen seines Erfinders.

© 2011 Kallmeyer in Verbindung mit Klett · Friedrich Verlag GmbH, Seelze. Alle Rechte vorbehalten.

Literaturverzeichnis

Abraham, Ulf/Baurmann, Jürgen/Feilke, Helmuth/Kammler, Clemens/Müller, Astrid 2007: Kompetenzorientiert unterrichten. Überlegungen zum Schreiben und Lesen. In: Praxis Deutsch, H. 203 (Basisartikel), S. 6-14.

Abraham, Ulf/Müller, Astrid 2009: Aus Leistungsaufgaben lernen. In: Praxis Deutsch H. 214 (Basisartikel), S. 4-12.

Adamzik, Kirsten 2008: Textsorten und ihre Beschreibung. In: Janich, Nina: Textlinguistik. 15 Einführungen. Tübingen, S. 145-175.

Afflerbach, Sabine 1997: Zur Ontogenese der Kommasetzung vom 7. bis zum 17. Lebensjahr. Eine empirische Studie. Frankfurt am Main u.a.

Altmann, Hans/Hofmann, Ute 2008: Topologie fürs Examen. Göttingen.

Altmann, Hans/Hahnemann, Suzan 2010: Prüfungswissen Syntax. Arbeitstechniken – Klausurfragen – Lösungen. 4., durchgesehene Auflage. Göttingen.

Amtliche Regelung 2004: Die amtliche Regelung der deutschen Rechtschreibung. Zitiert nach: Duden. Die deutsche Rechtschreibung 2005. Mannheim u.a., Dudenverlag, S. 1113-1152.

Andresen, Helga/Funke, Reinold 2003: Entwicklung sprachlichen Wissens und sprachlicher Bewusstheit. In: Bredel, Ursula u.a. (Hrsg.), S. 438-451.

Balhorn, Heiko/Giese, Heinz/Osburg Claudia (Hrsg.): Betrachtungen über Sprachbetrachtungen. Grammatik und Unterricht. Seelze 2001.

Bildungsplan 2004 Baden-Württemberg: Bildungsstandards für Deutsch, Gymnasium, Klassen 6, 8, 10, Kursstufe. URL: http://www.bildung-staerkt-menschen.de/service/down-loads/Bildungsstan-dards/Gym/Gym_D_bs.pdf [recherchiert am 4.1.2010].

Boettcher, Wolfgang 2009a: Grammatik verstehen. Band 2: Der Satz. Tübingen.

Boettcher, Wolfgang 2009b: Grammatik verstehen. Band 3: Komplexer Satz. Tübingen.

Boettcher, Wolfgang/Sitta, Horst 1981: Der andere Grammatikunterricht. München u.a.

Bredel, Ursula 2007: Sprachbetrachtung und Grammatikunterricht. Paderborn u.a.

Bredel, Ursula 2008: Die Interpunktion des Deutschen. Ein kompositionelles System zur Online-Steuerung des Lesens. Tübingen.

Bredel, Ursula/Günther, Hartmut/Klotz, Peter/Ossner, Jakob/Siebert-Ott, Gesa (Hrsg.) 2003: Didaktik der deutschen Sprache. Ein Handbuch. Paderborn.

Bremerich-Vos, Albert 1993: Grammatikunterricht – ein Plädoyer für das Backen kleinerer Brötchen. In: Bremerich-Vos (Hrsg.), S. 102-129.

Bremerich-Vos, Albert 2009: Die Bildungsstandards Deutsch. In: Bremerich-Vos u. a. (Hrsg.), S. 14-42.

Bremerich-Vos, Albert/Böhme, Katrin 2009: Kompetenzdiagnostik im Bereich „Sprache und Sprachgebrauch untersuchen". In: Granzer, Dietlinde/Köller, Olaf/Bremerich-Vos, Albert u. a. (Hrsg.): Bildungsstandards Deutsch und Mathematik. Leistungsmessung in der Grundschule. Weinheim und Basel, S. 376-392.

Bremerich-Vos, Albert (Hrsg.) 1993: Handlungsfeld Deutschunterricht im Kontext. Festschrift für Hubert Ivo. Frankfurt.

Bremerich-Vos, Albert (Hrsg.) 1999: Zur Praxis des Grammatikunterrichts. Mit Materialien für Lehrer und Schüler. Freiburg i. Br.

Bremerich-Vos, Albert/Granzer, Dietlinde/Köller, Olaf (Hrsg.) 2008: Lernstandsbestimmung im Fach Deutsch. Gute Aufgaben für den Unterricht. Weinheim/Basel.

Bremerich-Vos, Albert/Granzer, Dietlinde/Behrens, Ulrike/Köller, Olaf (Hrsg.) 2009: Bildungsstandards für die Grundschule. Deutsch konkret. Berlin.

Brinker, Klaus 2005: Linguistische Textanalyse. Eine Einführung in Grundlagen und Methoden. Berlin.

Duden 1998: Grammatik der deutschen Gegenwartssprache. 6., neu bearbeitete Auflage. Mannheim u.a.

Duden 2004: Die deutsche Rechtschreibung. 23. Auflage. Mannheim u.a.

Duden 2006: Die Grammatik. Unentbehrlich für richtiges Deutsch. Überarbeiteter Neudruck der 7., völlig neu erarbeiteten und erweiterten Auflage. Mannheim u.a.

Duden 2009: Die Grammatik. Unentbehrlich für richtiges Deutsch. 8., überarbeitete Auflage. Mannheim u.a.

Dürscheid, Christa 2007: Syntax. Grundlagen und Theorien. Göttingen.

Eichler, Wolfgang 1996: Grammatikunterricht. In: Lange, Günther/Neumann, Karl/Ziesenis, Werner (Hrsg.): Taschenbuch des Deutschunterrichts. Band 1: Grundlagen, Sprachdidaktik, Mediendidaktik. Baltmannsweiler, S. 252-284.

Eichler, Wolfgang 2007a: Sprachbewusstheit bei DESI. In: Willenberg, Heiner (Hrsg.): Kompetenzhandbuch für den Deutschunterricht. Baltmannsweiler, S. 124-133.

Eichler, Wolfgang 2007b: Prozedurale Sprachbewusstheit, ein neuer Begriff für die Lehr-Lernforschung und didaktische Strukturierung in der Muttersprachdidaktik. In: Hug, Michael/Siebert-Ott, Gesa (Hrsg.): Sprachbewusstheit und Mehrsprachigkeit. Baltmannsweiler, S. 32-48.

Eisenberg, Peter 2006: Grundriss der deutschen Grammatik. Band 2: Der Satz. Stuttgart/Weimar.

Eisenberg, Peter/Menzel, Wolfgang 1995: Grammatik-Werkstatt. Praxis Deutsch, H. 129 (Basisartikel), S. 14-23.

Eisenberg, Peter/Feilke, Helmuth/Menzel, Wolfgang 2005: Zeichen setzen – Interpunktion. In: Praxis Deutsch, H. 191 (Basisartikel), S. 6-15.

Fabricius-Hansen, Cathrine 1992: Subordination. In: Hoffmann, Ludger (Hrsg.): Deutsche Syntax. Ansichten und Aussichten. Berlin/New York, S. 458-483.

Gage, Nathaniel L./Berliner, David C. 1996: Pädagogische Psychologie. Weinheim: Beltz (5., vollständig überarbeitete Auflage).

Gallmann, Peter/Sitta, Horst 1996: Deutsche Grammatik. Zürich.

Gansel, Christina/ Jürgens, Frank 2007: Textlinguistik und Textgrammatik. Göttingen.

Glinz, Hans 1987. Grundsätzliches über grammatische Begriffe und grammatische Termini. In: Bausch, Karl-Heinz/Grosse, Siegfried (Hrsg.): Grammatische Terminologie in Sprachbuch und Unterricht. Düsseldorf, S. 21-49

Glinz, Hans 1994: Grammatiken im Vergleich. Deutsch - Französisch - Englisch - Latein. Formen, Bedeutungen, Verstehen. Tübingen.

Gornik, Hildegard 2003: Methoden des Grammatikunterrichts. In: Bredel u. a. (Hrsg.), S. 814-829.

Grimm, Brüder 1986: Kinder- und Hausmärchen, gesammelt durch die Brüder Grimm. 1. Band. Zürich.

Heidolph, Karl Erich/Flämig, Walter/Motsch, Wolfgang u.a. 1984: Grundzüge einer deutschen Grammatik. Berlin, 2., unveränderte Auflage.

Heinemann, Wolfgang/Viehweger, Dieter 1991: Textlinguistik. Eine Einführung. Tübingen, Niemeyer.

Helmke, Andreas 2009: Unterrichtsqualität und Lehrerprofessionalität. Seelze.

Hoffman, Ludger 2003a: Einleitung. In: Hoffmann, Ludger (Hrsg.), S. 1-17.

Hoffman, Ludger 2003b: Funktionale Syntax: Prinzipien und Prozeduren. In: Hoffmann, Ludger (Hrsg.), S. 18-121.

Hoffmann, Ludger (Hrsg.) 2003: Funktionale Syntax. Die pragmatische Perspektive. Berlin/New York.

Hurrelmann, Bettina 2002: Leseleistung – Lesekompetenz. Folgerungen aus PISA, mit einem Plädoyer für ein didaktisches Konzept des Lesens als kultureller Praxis. In: Praxis Deutsch 29, H. 176 (Basisartikel), S. 6-18 (wieder abgedruckt in: Praxis Deutsch-Sonderheft „Texte lesen – Texte verstehen", 2003, S. 10-21).

Ingendahl, Werner 1999: Sprachreflexion statt Grammatik. Ein didaktisches Konzept für alle Schulstufen. Tübingen.

Johnson, Uwe 1973: Das dritte Buch über Achim. Frankfurt am Main (Originalausgabe 1961).

Johnson, Uwe 1980: Begleitumstände. Frankfurter Vorlesungen. Frankfurt am Main.

Klotz, Peter 1996: Grammatische Wege zur Textgestaltungskompetenz. Tübingen.

Klotz, Peter 2007: Grammatikdidaktik – auf dem Prüfstand. In: Köpcke/Ziegler (Hrsg.), S. 7-31.

KMK (Kultusministerkonferenz) 1982: Verzeichnis grundlegender grammatischer Fachausdrücke. Vorlage: Vereinbarung der Kultusministerkonferenz vom 26.02.1982, überarbeitet von Christian Lehmann am 20.12.2002. URL: http://www2.uni-erfurt.de/sprachwissenschaft/Lehre&Studium/d_gramm_Fachausdruecke.html [recherchiert am 4.1.2010].

KMK (Kultusministerkonferenz) 2003: Bildungsstandards im Fach Deutsch für den Mittleren Schulabschluss (Jahrgangsstufe 10) Beschluss vom 4.12.2003. URL: http://www.kmk.org/fileadmin/veroeffentlichungen_beschluesse/2003/2003_12_04-BS-Deutsch-MS.pdf [recherchiert am 4.1.2010].

KMK (Kultusministerkonferenz) 2004: Bildungsstandards im Fach Deutsch für den Primarbereich (Jahrgangsstufe 4) Beschluss vom 15.10.2004. URL: http://www.kmk.org/fileadmin/veroeffentlichungen_beschluesse/2004/2004_10_15-Bildungsstandards-Deutsch-Primar.pdf [recherchiert am 4.1.2010].

KMK (Kultusministerkonferenz) 2004: Bildungsstandards im Fach Deutsch für den Hauptschulabschluss (Jahrgangsstufe 9) Beschluss vom 15.10.2004. URL: http://www.kmk.org/fileadmin/veroeffentlichungen_beschluesse/2004/2004_10_15-Bildungsstandards-Deutsch-Haupt.pdf [recherchiert am 4.1.2010].

Köpcke, Klaus-Michael/Ziegler, Arne (Hrsg.) 2007: Grammatik in der Universität und für die Schule. Theorie, Empirie und Modellbildung. Tübingen.

Kühn, Peter 2008: „Gute Aufgaben" zur Lernstandsbestimmung im Kompetenzbereich „Sprache und Sprachgebrauch untersuchen". In: Bremerich-Vos /Granzer /Köller (Hrsg.), S. 196-212.

Kurzrock, Tanja 2002: Intuitives Wissen über die neuen Medien von Jugendlichen der Sekundarstufe 1 – insbesondere hinsichtlich Mündlichkeit und Schriftlichkeit. In: Didaktik Deutsch, H. 13: 50-65.

Lindauer, Thomas/Schmellentin, Claudia 2008: Studienbuch Rechtschreibdidaktik. Die wichtigsten Regeln im Unterricht. Zürich.

Lindauer, Thomas/Sutter Elisabeth 2005: Könige, Königreiche und Kommaregeln. Eine praxistaugliche Vereinfachung des Zugangs zur Kommasetzung. In: Praxis Deutsch, H. 191, S. 28-35.

Linke, Angelika/Nussbaumer, Markus/Portmann, Paul R. 2004: Studienbuch Linguistik. 5., erweiterte Auflage, Tübingen.

Mandl, Heinz u.a. 1986: Psychologie des Wissenserwerbs. In: Weidemann, B./Krapp, A. (Hrsg.): Pädagogische Psychologie. Weinheim, S. 143-187.

Melenk, Hartmut/Knapp, Werner 2001: Inhaltsangabe – Kommasetzung. Schriftsprachliche Leistungen in Klasse 8. Baltmannsweiler.

Menzel, Wolfgang 1999: Grammatik-Werkstatt. Theorie und Praxis eines prozessorientierten Grammatikunterrichts für die Primar- und Sekundarstufe. Seelze.

Menzel, Wolfgang 2001: Grammatik-Werkstatt – Antwort auf Switalla und Ossner. In: Balhorn/Giese/Osburg (Hrsg.), S. 242-248.

Merz-Grötsch, Jasmin 2010: Texte schreiben lernen. Seelze.
Metz, Kerstin 2005: Grammatikkenntnisse – Kommasetzung. Eine empirische Studie über das Verhältnis von Grammatikkenntnissen und Kommasetzungen bei Achtklässlern im Schulvergleich. Baltmannsweiler.
Motsch, Wolfgang 2000: Handlungsstrukturen von Texten. In: Brinker, Klaus u.a. (Hrsg.): Text- und Gesprächslinguistik. Ein internationales Handbuch zeitgenössischer Forschung. Berlin/New York, S. 414-422.
Motsch, Wolfgang /Reis, Marga/Rosengren, Inger 1990: Zum Verhältnis von Satz und Text. In: Deutsche Sprache 18, S. 97-125.
Müller, Christoph 2003: Schulgrammatik und schulgrammatische Terminologie. In: Bredel u.a. (Hrsg.), S. 464-475.
Müller, Hans-Georg 2007: Zum „Komma nach Gefühl". Implizite und explizite Kommakompetenz von Berliner Schülerinnen und Schülern im Vergleich. Frankfurt am Main u.a.
Neckam, Jürgen 2007: 500 Romane in einem Satz. Das schnellste Literaturlexikon der Welt. Köln.
Neuland, Eva 1993: Reflexion über Sprache. Reformansatz und uneingelöstes Programm der Sprachdidaktik. In: Bremerich-Vos, Albert (Hrsg.), S. 85-101.
Neuland, Eva 1994: Sprachbewusstsein und Sprachvariation. Zur Entwicklung und Förderung eines Sprachdifferenzbewusstseins. In: Klotz, Peter/Sieber, Peter: Vielerlei Deutsch. Umgang mit Sprachvarietäten in der Schule. Stuttgart, S. 173-191.
Neuland, Eva 2002: Sprachbewusstsein – eine zentrale Kategorie für den Sprachunterricht. In: Der Deutschunterricht, H. 3, S. 4-10.
Nussbaumer, Markus 1991: Was Texte sind und wie sie sein sollen. Tübingen.
Oomen-Welke, Ingelore 2003: Entwicklung sprachlichen Wissens und Bewusstseins im mehrsprachigen Kontext. In: Bredel u. a. (Hrsg.), S. 452-464.
Oomen-Welke, Ingelore/Kühn, Peter 2009: Sprache und Sprachgebrauch untersuchen. In: Bremerich-Vos u. a (Hrsg.), S. 139-184.
Ossner, Jakob 2001: Die nächsten Aufgaben lösen, ohne „kleinere Brötchen zu backen". Anmerkungen zu Bernd Switalla: Grammatik-Notizen. In: Balhorn/Giese/Osburg (Hrsg.), 232-241.
Ossner, Jakob 2006a: Sprachdidaktik Deutsch. Eine Einführung. Paderborn u.a.
Ossner, Jakob 2006b: Kompetenzen und Kompetenzmodelle im Deutschunterricht. In: Didaktik Deutsch, H. 21, S. 5-19.
Paul, Ingwer 1999: Praktische Sprachreflexion. Tübingen.
Peyer, Ann 1997: Satzverknüpfung. Syntaktische und textpragmatische Aspekte. Tübingen.
Peyer, Ann 1998: Sätze. In: Praxis Deutsch H. 147 (Basisartikel), S. 12-22.
Peyer, Ann 1998: Sätze verknüpfen: und? als? wegen? In: Praxis Deutsch, H. 151, S. 47-54.
Peyer, Ann 2010: Texttheorie. In: Spinner, Kaspar H./ Kaemper-van den Boogart, Michael (Hrsg.): Lese- und Literaturunterricht. Teil 1: Geschichte und Entwicklung, konzeptionelle und empirische Grundlagen. (DTP Band 11.1). Baltmannsweiler, S. 238-266.
Peyer, Ann in Vorb.: Methodische Konzepte der Sprachreflexion im Unterricht. In: Gornik, Hildegard (Hrsg.): Sprachreflexion und Grammatikunterricht (DTP Band 6).
Pflaum, Stefan 2003: Ich hab' mein Herz kompliziert oder Zahnwürste und Bratbürste. 194 Sätze aus der Zwischengrammatik gesammelt von Stefan Pflaum und 68 Gedichte von Stefan Pflaum. Freiburg i. Br.
Pieper, Irene 2007: Bildungsstandards, Kompetenzen und die Arbeit am Kanon: Was mag eine gut stehende Fachdidaktik gegenwärtig eigentlich leisten? In: Gailberger, Steffen/Krelle, Michael (Hrsg): Wissen und Kompetenz. Entwicklungslinien und Kontinuitäten in Deutschdidaktik und Deutschunterricht. Baltmannsweiler, S. 121-135.

Polenz, Peter von 1985: Deutsche Satzsemantik. Grundbegriffe des Zwischen-den-Zeilen-Lesens. Berlin/New York.

Portmann-Tselikas, Paul R. 2002: Textkompetenz und unterrichtlicher Spracherwerb. In: Portmann-Tselikas, Paul R./Schmölzer-Eibinger, Sabine (Hrsg.): Textkompetenz. Neue Perspektiven für das Lernen und Lehren. Innsbruck u.a.

Reusser, Kurt 2005: Problemorientiertes Lernen. Tiefenstruktur – Gestaltungsformen – Wirkung. In: Beiträge zur Lehrerbildung, H. 23/2, S. 159-182.

Riegler, Susanne 2006: Mit Kindern über Sprache nachdenken. Eine historisch-kritische, systematische und empirische Untersuchung zur Sprachreflexion in der Grundschule. Freiburg.

Rosebrock, Cornelia/Nix, Daniel 2008: Grundlagen der Lesedidaktik und der systematischen schulischen Leseförderung (2., korr. Aufl.). Baltmannsweiler.

Spinner, Kaspar H. 1994: Neue und alte Bilder von Lernenden – Deutschdidaktik im Zeichen der kognitiven Wende. In: Jahrbuch der Deutschdidaktik 1994, S. 127-144.

Sprachwelt Deutsch, Sachbuch, 2003 (Autorinnen und Autoren: Peyer, Ann u. a.). Bern und Zürich.

Sprachwelt Deutsch, Werkbuch, 2003 (Autorinnen und Autoren: Breitenmoser, Beatrice u. a.). Bern und Zürich.

Steets, Angelika 2003: Lernbereich Sprache in der Sekundarstufe II. In: Kämper-van den Boogart, Michael (Hrsg.): Deutsch-Didaktik. Leitfaden für die Sekundarstufe I und II. Berlin, S. 232-248.

Steinig, Wolfgang/Huneke, Hans-Werner 2002: Sprachdidaktik Deutsch. Eine Einführung. Berlin.

Switalla, Bernd 2001: Grammatik-Notizen. In: Balhorn/Giese/Osburg (Hrsg.), S. 212-232.

Voigt, Gerhard 2001: Schwierigkeiten beim Grammatikunterricht. Ein Statement. Skizze des Bewusstseinszustands eines grammatikinteressierten Gymnasiallehrers für das Fach Deutsch. In: Mitteilungen des Germanistenverbandes, H. 1, S 18-25.

von Uslar, Moritz, 2010: 99 Fragen an Hans Magnus Enzensberger. In: ZEITmagazin, 12.08.2010, Nr. 33. URL: http://www.zeit.de/2010/33/99-Fragen-Enzensberger [recherchiert am 12.1.2011].

Willenberg, Heiner 2007: Die Kompetenztheorie für den Deutschunterricht baut noch kein Haus. In: Didaktik Deutsch, H. 22, S. 13-22.

Quellenverzeichnis

S. 66: © REUTERS/Ruben Sprich; S. 81: Textauszug aus: Uwe Johnson, Das dritte Buch über Achim, S. 7 f. © Suhrkamp Verlag Frankfurt am Main 1973; S. 82: Textauszüge aus: Uwe Johnson, Begleitumstände, S. 189 f., S. 190 f. © Suhrkamp Verlag Frankfurt am Main 1980; S. 150 und S. 191: © Walter Uhlein; S. 155/156: Mit freundlicher Genehmigung von der Bauer München Redaktions GmbH, München, Fotos: Tamas Magyar, Produktion: Dany Rohe

Verzeichnis der Arbeitsblätter zum Downloaden

Alle Arbeitsblätter aus dem Buch finden Sie auch zum Downloaden im Internet. Siehe dazu bitte auch den Hinweis auf Seite 216.

Unter **www.friedrich-verlag.de** finden Sie Materialien zum Buch als Download.
Bitte geben Sie den Download-Code in das Suchfeld ein.

DOWNLOAD-CODE: d11041ap

Hinweis:

Download-Material (PDF)

Das Download-Material enthält Arbeitsblätter zur Sprachreflexion und zur Analyse von Sätzen, die Sie bei der Vorbereitung Ihres Unterrichts unterstützen.
Als Käufer des Buches (ISBN 978-3-7800-1041-4) sind Sie zum Download dieser Datei berechtigt. Weder die gesamte Datei noch einzelne Teile daraus dürfen ohne Einwilligung des Verlages an Dritte weitergegeben oder in ein Netzwerk gestellt werden. Dies gilt auch für Intranets von Schulen und sonstigen Bildungseinrichtungen.

Der Verlag behält sich vor, gegen urheberrechtliche Verstöße vorzugehen.

Haben Sie Fragen zum Download?
Dann wenden Sie sich bitte an den Leserservice der Friedrich Verlags GmbH.
Schreiben Sie uns oder rufen Sie uns an!

Sie erreichen unseren Leserservice
Montag bis Donnerstag von 8 – 18 Uhr
Freitag von 8 – 14 Uhr
Tel.: 05 11/4 00 04-150
Fax: 05 11/4 00 04-170
E-Mail: *leserservice@friedrich-verlag.de*

Wir freuen uns über Ihre Rückmeldungen und helfen Ihnen gerne weiter!